警察法学论文集

中国人民公安大学法学院　编

中国政法大学出版社

2018·北京

中国人民公安大学法学院简介

　　中国人民公安大学法学教育肇始于中央政法干校时期的法律一室和法律二室，当时，师资力量雄厚，在全国政法院校中具有较高的学术地位。1984年改建为全日制大学后，成立了法律系，开始了法学本科教育。2013年2月，更名为法学院。经过近30多年的努力奋斗，法学院已经成为我国公安教育，尤其是公安法学教育的重镇。

　　公安大学法学院的发展方针是坚持法学本色，强化公安特色，突出智库担当，服务执法实践。

　　法学院有7个教学教研室、2个行政办公室，以及4个非在编科研机构。法学院重视学科发展和建设，现已形成了较为完整的人才培养和学科体系，具备博士点和硕士点覆盖的全部法学二级学科资格。法学院重视师资队伍的培养和结构优化，目前已经形成了一支高水平、高学历、学科配置相对齐全的师资队伍。

目 录

教师论文

警务信息的性质与公开范围探析[1]

高文英 *

内容摘要：警务信息与一般政府信息不同，不仅信息主体的职能具有一定的特殊性，而且信息范围庞杂，性质也具有多样性。本文从警务信息公开与政府信息公开的区别入手，通过对侦查权性质各种观点的分析，提出了我国警务信息公开中有关刑事侦查部分不受《政府信息公开条例》规制的原因。通过对警察执法的特殊性分析，提出了警务公开的意义和应当注意的法律问题。

关键词：信息　警务信息　警务信息公开　政府信息公开

实践中常发生这样的一类案例，当事人要求公安机关公开在刑事办案过程中的信息，比如申请公开撤回《起诉意见书》、撤销《提请批准逮捕书》、撤销《逮捕证》等信息，甚至有当事人要求公安机关公开侦查的整个过程等。在要求公开而公安机关不予公开的情形下，一些当事人选择了诉诸法院寻求救济。对于这类申请公开的案件，法院大多驳回了相对人的诉讼请求，理由是：公安机关依据《刑事诉讼法》以及其他相关规定在履行刑事侦查职责时制作或获取的材料，不属于《政府信息公开条例》第二条规定所指的政府信息。本文拟从警务信息的概念、警务信息与政府信息的关系入手，来探析警务信息公开的范围，旨在为警务公开的法治化尽一点绵薄之力。

---

〔1〕　本文为中国法学会 2017 年度部级法学研究一般课题，课题编号 CLS（2017）C07 的阶段论文之一。

* 高文英，中国人民公安大学法学院，教授。

一、警务信息的性质

(一) 警务信息的概念

"信息"一词本身不是我国的本土产物,而是从英文"information"翻译而舶来的。我国香港特别行政区与台湾地区则多将它翻译为"资讯"。信息是一个高度概括的概念,很难用统一的文字对其进行定义。[1]作为一个如此严谨的科学术语,学术界目前尚没有统一的定义。信息是一个发展中的动态范畴,从其所表现出来的情况来看,信息所涵盖的范围在不断扩大,随着人类社会的发展其范围也必将进一步扩大。因此,社会各界对"信息"都有其自己的表述。[2]根据各专家对信息的研究成果,科学的信息概念可以界定为:信息是对客观世界中的各种事物的运动状态和变化的反应,是客观事物之间作用的表征,而表现的则是客观事物运动状态和变化的实质内容。

对于警务信息而言,警务信息是对警务活动及其警务运动方式的反映。通常而言,凡是有警务活动的地方就会产生、制作和储存警务信息。具体来说,典型的警务信息主要来源于以下两个方面:第一,警务信息来源于基层的执法活动。第二,警务信息来源于警务管理实践活动。但在理论界对于警务信息范围大小的界定却有不同的认识,究其原因就是对制作、获取警务信息的主体认识不同。有一种观点认为依照我国现行的国家机构组织的设置,警务信息的制作主体除了公安机关(一般说的交警、铁警、民航警察、林业警察等)之外,还应当包括行使《刑事诉讼法》规定的刑事侦查、逮捕等职权的国家安全机关、狱侦部门以及军队保卫部门。另一种观点认为上述主体过于宽泛,只将警务信息的制作、获取主体认定为各公安机关和国家安全机关而排除了上述的其他机关。笔者认为,公安机关的警务主要包括刑事、行政执法办案和日常治安管理,此外还存在许多警务活动可能与民众的切身利

[1] 邓宇等:"信息定义的标准化",载《医学信息》2006年第7期。

[2] 1948年,信息奠基人美国数学家香农(Shannon)在题为"通讯的数学理论"的论文中指出"信息是用来消除随机不定性的东西"。这一定义经常被人们看作是经典性定义并加以引用。控制论的创始人维纳(Norbert Wiener)则认为"信息是人们适应外部世界,并使这种适应反作用于外部世界的过程中,同外部世界互换的内容和名称"。经济学家认为"信息是提供决策的有效数据"。我国著名的信息专家钟义信教授认为"信息是事物存在方式或运动状态,以这种方式或状态直接、间接的表述"。

益更为密切，因此在对警务信息的界定中要做广义的理解。因此，可以将警务信息界定为：公安机关在行使其职权、履行其职责的过程中所制作或获取的与人民群众的合法权益和社会公共利益密切相关的、以一定形式记录、保存的所有与警察权能有关的各种信息。

我国公安机关是国家的行政机关、是政府的一个组成机构，在国际社会上也是如此。例如，美国的《信息自由法》所确定的义务主体就是"行政机构"，警察局在美国属于"行政机构"，当然被包括了进去。既然如此，那为什么警务信息公开与政府信息公开的关系在理论上还会存在争议？有人说公安机关作为一个行政机关，政府信息公开不管从哪个层面和角度理解，与警务信息公开都属于属种的关系，警务信息公开就只是政府信息公开的一个方面。简单的推理来看是这么回事，其实事实并非如此。要弄清警务信息公开和政府信息公开的关系，在承认公安机关是行政机关、是政府的一个组成机构这个大前提下，还必须从公安机关作为一个特殊的行政机关所拥有的特有职权入手分析。其所拥有的与一般行政机关不同的职权就是《刑事诉讼法》或者是其他法律所赋予的其在打击刑事犯罪活动当中的侦查权。可见侦查权就是公安机关与一般的行政机关的根本区别之所在。

（二）侦查权及其相关信息的性质

在刑事诉讼活动中，侦查权是指检警等特定国家机关依法所享有的对刑事案件进行立案、专门的调查、勘察、取证等一系列的行为，从而得以侦破刑事案件并确定相关犯罪事实、犯罪证据和犯罪嫌疑人的一种国家权力。但侦查权是属于国家权力中的"行政权"还是"司法权"？这在理论界是存在尖锐分歧的，这种分歧甚至影响了警务信息公开在法律上的规制。有的学者认为我国的政府信息公开的相关法律法规都是将公开义务主体限于狭义上的政府，不能对立法、司法等机构加以规制，原因主要有两方面：一方面，由于立法采取了"政府信息公开"的称谓，其适用主体就自然地被限定在了政府机构范围；另一方面，现有的信息公开的相关法律法规都是由各级政府制定的行政法规或地方性法规，因此只能约束政府机构，不能规范立法、司法等机关。但它是不是就完全可以规范公安机关呢？在我国实践中这显然是不可以的，所以从理论上对侦查权性质进行正确界定十分重要。

支持侦查权行政属性的学者大多从侦查权的实施主体、手段所强调的效率性、侦查发起的程序及侦查的救济措施来加以论证。理由包括：

（1）世界多数国家都是将侦查权主要赋予警察机关。因为犯罪侦查与治安管理之间有着千丝万缕的关系，所以他们认为作为国家治安保卫机关的警察机关是最佳的侦查权行使机关，当然这些国家中也不乏一些国家曾试图设置独立的司法警察机构专司犯罪侦查活动，但都以失败而告终。于是他们就认为，由行政机构所享有的侦查权，其所实施的侦查行为当然地就具有行政属性。

（2）"迟来的正义非正义"。侦查所采取的手段必须强调效率性，这就坚持了行政的高效原则而非司法权的正义。他们认为审判本就是一种正义的体现，如果侦查过于强调司法的正义便可能会丧失侦查的最佳时机，这就是侦查要坚持及时性原则的原因。否则很有可能导致侦查的失败而使得整个实质正义丧失，因此，侦查采取的手段必须体现行政模式的高效原则。

（3）从侦查权发起的主动性来看，它的理论基础确实在于行政权而不像司法权那样被动。在西方大陆法系理论中，侦查权的行使是由作为行政机构的警察机关所主宰的，同时由于作为侦查对象的"事实"具有相当的易变性，因此，侦查措施也不可能按照不变的规则进行。相反侦查措施随具体情况的变化而变化，具有相当的灵活性。因此在侦查的发起等程序方面，侦查权更多地符合行政权的特点，在法律上不易受到约束。

由于英国等普通法系国家认为侦查权是主要体现行政性的国家权力，加之司法最终的设置，因此侦查权在整个行使过程中都为司法权所控制着。具体表现如下：

一是事前的司法审查。侦查机关在实施侦查行为限制公民重要基本权利的措施之前，司法权必须介入，不是也不应该是由侦查机关自己的行政权单独做出此决定。在英国，警察机关要对犯罪嫌疑人实施逮捕或者搜查以及扣押等行为，必须预先向治安法官提出申请，同时说明正当理由。治安法官经过认真审查发布许可逮捕、搜查或者扣押令状后，警察才可以实施上述的一系列行为。[1]

二是事后的司法救济。英国将侦查权认定为行政权、具有行政性，它的法律在将警察的羁押等侦查行为视为一种行政行为的同时，就对一切的非法侦查行为设立了司法的救济渠道，侦查行为不具有诉讼豁免效力。对于在侦

---

〔1〕 陈卫东、李奋飞："论侦查权的司法控制"，载《政法论坛》2000年第6期。

查过程中因侦查行为给个体利益造成的一切损害，公民都可以寻求司法救济，向法院就侦查机关的违法行为提起行政诉讼。

在这里需要注意的是虽然英美等国家将侦查权认定为行政权、具有行政性，但这并不代表英美等国家就认为警察机关在从事打击刑事犯罪执法时所获取的各种刑事执法信息都可以主动或依申请向相关权利人公开，也不代表相关权利人就要求公开的事项在警察机关不予公开时可以向法院提起行政诉讼。因为在这些国家，在信息公开立法或政府信息公开立法时就将执法信息公开作了除外规定。例如，英国的《信息自由法》对豁免公开的信息就规定了 24 类，第九类就是与执法有关的信息。他们认为如果披露执法信息有可能对预防和侦查犯罪、拘捕或者起诉犯罪、审判管理、个人得到公正审判的权利、警察机关刑事侦查的方式和方法等造成损害的，则该信息就是豁免信息，行政机关的首长就不得向社会和相关利害关系人公开该信息。

支持侦查权司法属性的学者大多从侦查权的实际运作过程、有关侦查权的法律规定以及侦查行为不可诉性几方面来阐述，理由包括：

（1）一直以来国内学者主流观点就是将侦查权置于司法权的名下。如认为，公安机关的日常工作具有双重权能，即在进行社会治安管理时的行政权和在刑事侦查时的司法权。发展到目前公安部门依旧赞同这种观点，因此在这种理论的支撑下，侦查权是国家司法权的一部分，指依照法律进行专门调查工作和采用有关强制措施的权力。[1] 关于侦查权的这种观点也应运而生了。侦查行为是侦查机关在刑事诉讼活动中，为了查明犯罪情况、收集犯罪证据、揭发犯罪嫌疑人而从事的一切刑事司法行为。这种刑事司法行为是形式意义上的行政行为，但在实质上还是一种司法行为，因此这种刑事司法行为就不受行政法规则的调整和支配。

（2）从相关立法规定上来看，我国《刑法》第 94 条在对司法工作人员进行界定的时候明确地将侦查人员纳入其中，同时根据我国《刑事诉讼法》第 17 条的规定，我国享有侦查权的公安机关是依据我国参加的国际条约进行我国同外国司法机关进行国际刑事司法协助的主体。于是在我国的司法实践理论中就出现了"公安等司法机关"这样的固定称谓。世界上各主要国家都是将侦查阶段纳入到刑事诉讼程序内。因此有的学者认为，"侦查作为刑事诉讼

---

〔1〕 曾龙跃主编：《中国检察百科辞典》，黑龙江人民出版社 1993 年版，第 60 页。

最初的也是最为重要的阶段，具有明显的司法性，虽然其由公安这一行政机关来行使、其发起也具有主动性，但侦查权从本质上来讲就是一种司法权"。有的教科书还认为，侦查权与审判权和检察权同属于司法权，共同完成国家的司法任务。

（3）侦查行为在我国享有诉讼豁免效力。这不同于英国。2018年2月8日起施行的《最高人民法院关于适用〈中华人民共和国行政诉讼法〉的解释》在第1条就明确地将公安机关依照《刑事诉讼法》明确授权实施的行为排除出了《行政诉讼法》的受案范围。这意味着在《行政诉讼法》上也否定了侦查权的行政性，受害人就只能申请检察院进行检察监督。

（三）警务信息公开与政府信息公开的关系

在对侦查权的两种属性进行分析后，警务信息公开与政府信息公开的关系就比较明确了。在国外主要国家中以英国为代表，警察机关在打击刑事犯罪中所实施的侦查行为被认定为一种行政行为，嫌疑人针对警察的违法侦查行为可以提起行政诉讼。将侦查权划归于行政权下的国家中，政府信息公开与警务信息公开的关系就属于属种的关系，警务信息公开只是政府信息公开中的一部分。但是在我国，立法、司法实践以及学界主流理论观点均认为，警察实施侦查权所赋予的具体侦查行为的过程就是在进行刑事司法活动，认为侦查权就属于司法权的一种，依侦查权所实施的侦查行为具有司法性。所以在我国警务信息公开与政府信息公开的关系就属于交叉的关系，警察行使《刑事诉讼法》授权的侦查行为不受行政法规的调整、具有诉讼豁免效力，这也就是在我国警务信息公开中有关刑事侦查部分不受《政府信息公开条例》规制的根本原因。于是基于上述认识，也就导致了在我国司法实践中，人民法院驳回原告提起的要求被告公安机关依法公开刑事侦查阶段的侦查询问笔录等相关诉讼请求的现象发生。

二、我国警务信息公开范围现状的数据评析

笔者曾组织课题组成员在山东烟台和广西南宁与崇左就警务公开范围和标准等问题开展了问卷调查。设定的问题包括：①警务公开应当包括的内容；②经常受理的申请公开的信息范围；③公安行政执法不能公开的内容；④属于可能妨害正常执法活动不能公开的信息范围；⑤属于公安机关应当重点主

动公开的信息范围；⑥属于经常使用的依申请公开的信息范围等；⑦公安机关警务信息公开平台有哪些以及认为何种平台的公开效果最好。回收 252 份有效问卷，废卷 3 份、空白卷 2 份、未回收 3 份。上述相关内容的单选题都做了百分比分析，图表类型主要是柱形图和饼状图。制表及分析如下：

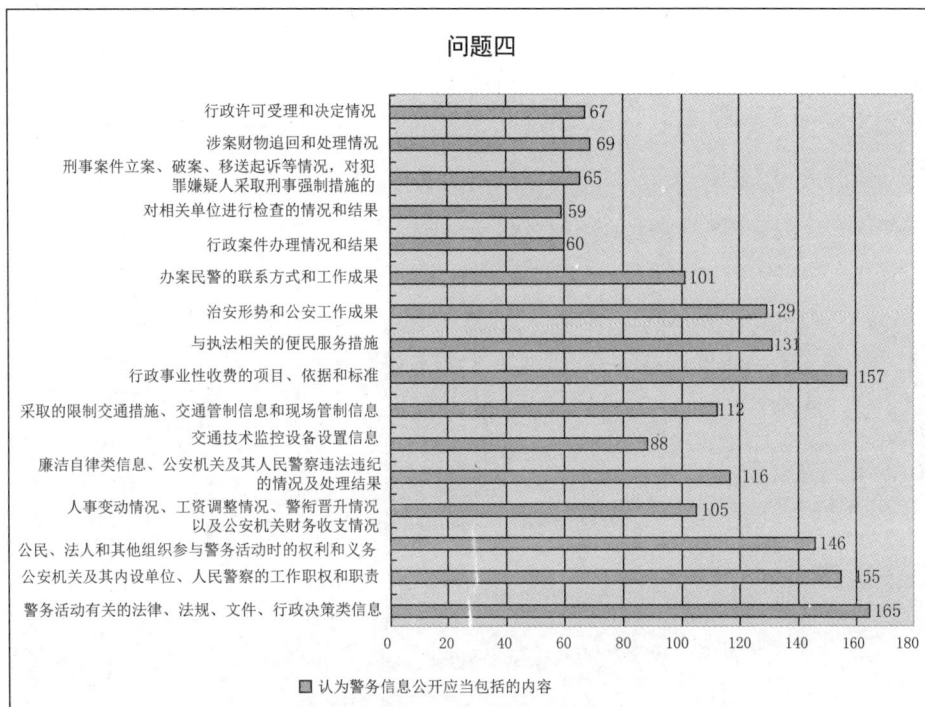

问题四

项目	数值
行政许可受理和决定情况	67
涉案财物追回和处理情况	69
刑事案件立案、破案、移送起诉等情况，对犯罪嫌疑人采取刑事强制措施的	65
对相关单位进行检查的情况和结果	59
行政案件办理情况和结果	60
办案民警的联系方式和工作成果	101
治安形势和公安工作成果	129
与执法相关的便民服务措施	131
行政事业性收费的项目、依据和标准	157
采取的限制交通措施、交通管制信息和现场管制信息	112
交通技术监控设备设置信息	88
廉洁自律类信息、公安机关及其人民警察违法违纪的情况及处理结果	116
人事变动情况、工资调整情况、警衔晋升情况以及公安机关财务收支情况	105
公民、法人和其他组织参与警务活动时的权利和义务	146
公安机关及其内设单位、人民警察的工作职权和职责	155
警务活动有关的法律、法规、文件、行政决策类信息	165

■ 认为警务信息公开应当包括的内容

图1

　　该图是从警察的角度了解其所经常受理申请公开的信息范围。从统计数据来看（见图 1），问卷备选的各项内容均有涉及，其中，高达、甚至超过 120 人次以上低于 170 人次的项目有六项，其中认为警务信息公开内容应当包括警务活动有关的法律、法规、文件、行政决策类信息和公安机关及其内设单位、人民警察的工作职权和职责，行政事业性收费的项目、依据和标准，公民、法人和其他组织参与警务活动时的权利和义务四项最多，数据介于 140 人次至 170 人次之间，分别为 165 人次、155 人次、157 人次、146 人次；五项内容低于 70 人次；其他五项内容介于 70 人次至 120 人次之间，总的来说，警察群体所认为警务信息公开的内容还是比较空泛的，比如，认为应当公开与警务活动有关的法律、法规、文件等公众经过其他途径也可以查询到的警务信息的警察极多，而支持应当公开涉及行政案件办理情况和结果方面的警务信息也就是公众所普遍关注的实质性问题的警察相对来说就比较少。详见图表。

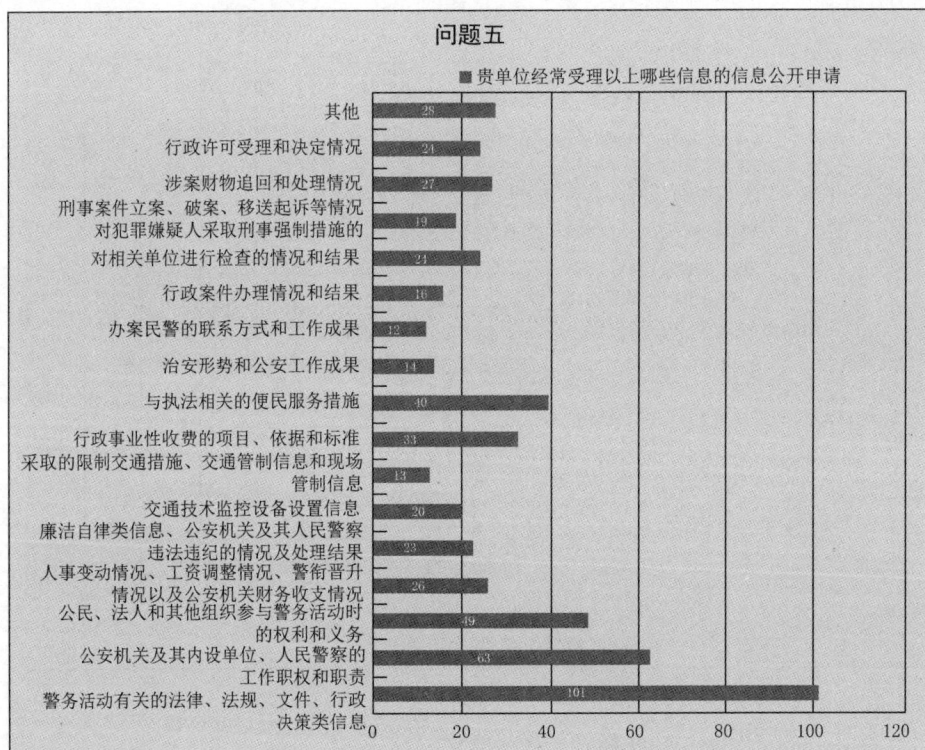

图2

该图旨在了解被访警察所在单位警察受理的信息公开申请包括的具体内容。从图表显示的统计数据来看，各项内容均涉及了，警务活动的有关法律、法规、文件、行政决策类信息情况最多，有101人次；与执法相关的便民服务措施和行政事业性收费项目、依据、标准以及公民、法人、和其他组织参与警务活动时的权利和义务外加公安机关及其内设单位、人民警察的工作职权和职责这四项也较多，分别为40人次、33人次、49人次、63人次；剩余事项及其他受理的信息公开申请均低于 30 人次，详见图表。

问题六

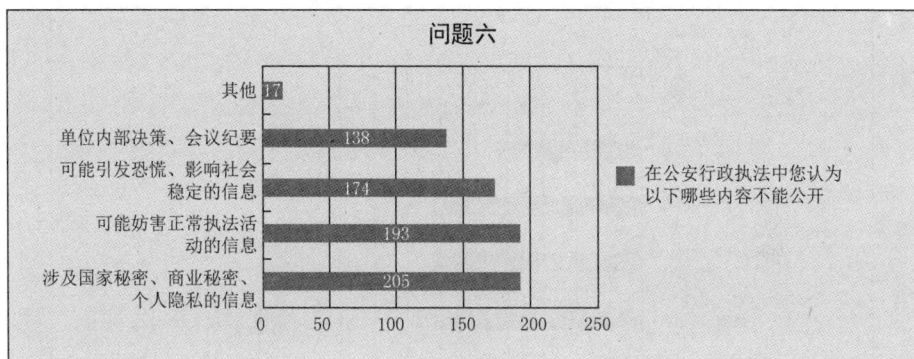

图表条目（从上到下）：
- 其他 17
- 单位内部决策、会议纪要 138
- 可能引发恐慌、影响社会稳定的信息 174
- 可能妨害正常执法活动的信息 193
- 涉及国家秘密、商业秘密、个人隐私的信息 205

图例：在公安行政执法中您认为以下哪些内容不能公开

图 3

该图旨在了解被访警察认为不能公开的行政执法的内容。从统计数据来看，涉及国家秘密、商业秘密、个人隐私的信息有 205 人次；193 人次认为不能公开可能妨害正常执法活动的信息；可能引发恐慌、影响社会稳定的信息有 174 人次——这三项占据大部分。此外，单位内部决策、会议纪要占 138 人次；其他有 17 人次。

问题七

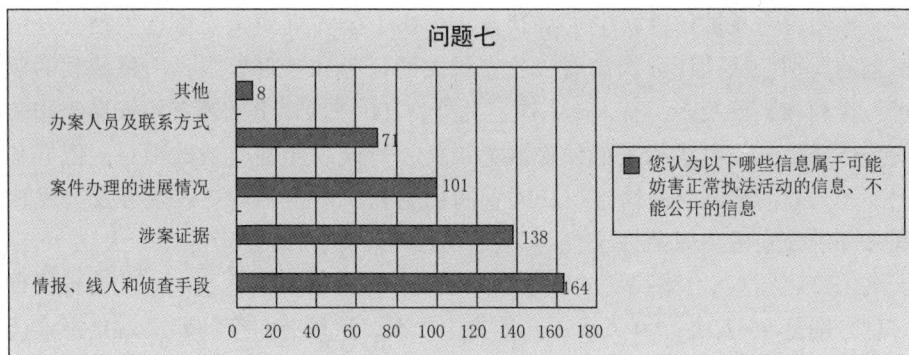

图表条目（从上到下）：
- 其他 8
- 办案人员及联系方式 71
- 案件办理的进展情况 101
- 涉案证据 138
- 情报、线人和侦查手段 164

图例：您认为以下哪些信息属于可能妨害正常执法活动的信息、不能公开的信息

图 4

该图旨在了解警方认为因可能妨害正常执法活动而不能公开的信息。从图表中统计的数据来看，涉及情报、线人和侦查手段方面的信息和涉案证据信息、案件办理的进展情况信息以及办案人员及联系方式信息占据绝对多数，分别有 164 人次和 138 人次、101 人次、71 人次，其他仅为 8 人次。这一部分

都比较符合实际情况，都有可能妨害公安机关正常的行政、刑事执法活动。

问题八

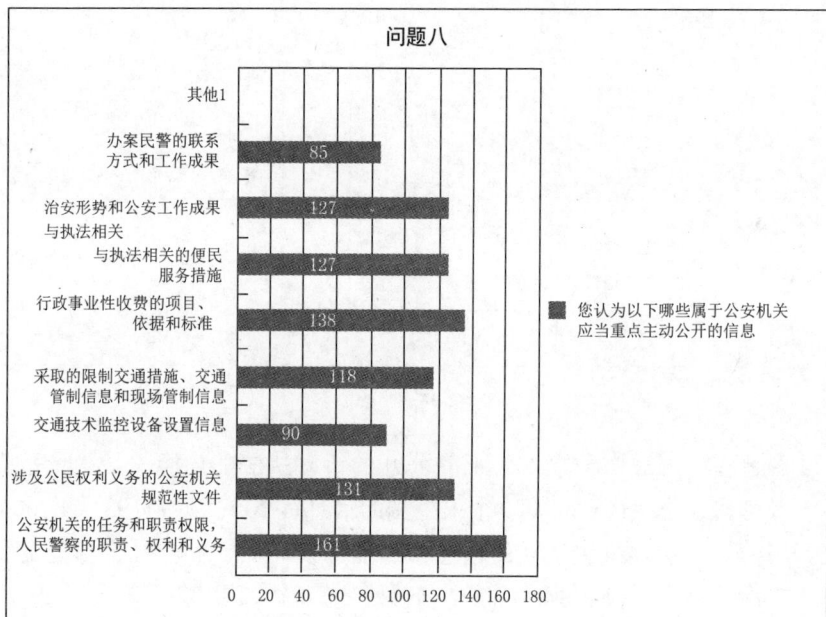

图 5

该图旨在从被访警察中了解其自认为属于公安机关应当重点主动公开的信息的类别。从统计数据来看，公安机关的任务和职责权限，人民警察的职责、权利和义务最多，有 161 人次；此外，100 人次以上的还有治安形势和公安工作成果、与执法相关的便民服务措施、行政事业性收费的项目、依据和标准和采取的限制交通措施、交通管制信息和现场管制信息以及涉及公民权利义务的公安机关规范性文件，分比为 127 人次、127 人次、136 人次、118 人次、131 人次；办案民警的联系方式和工作成果以及交通技术监控设备设置信息分别是 85 人次、90 人次；其他为 1 人次。这里有一个问题，就是警察认为应当重点主动公开的警务信息的类别中，支持应当重点主动公开交通技术监控设备设置信息的人较其他信息少很多。因为设置交通技术监控设备就是为了规范司机的驾驶行为，主动公开交通技术监控设置情况才更有利于实现这一目的，相反，如果把监控摄像头有意隐藏起来，目的就是为了"秋后算账"，这就有违现代行政法基本理论了。

问题九

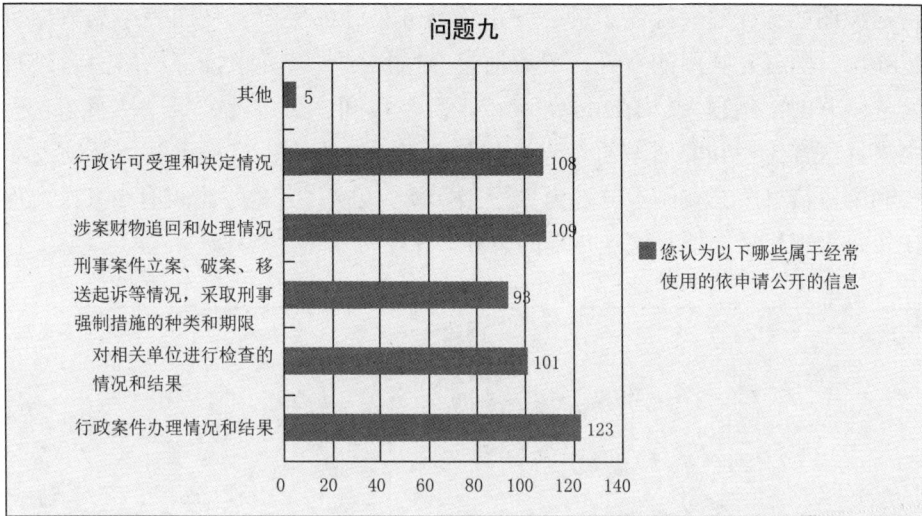

其他 5

行政许可受理和决定情况 108

涉案财物追回和处理情况 109

刑事案件立案、破案、移送起诉等情况，采取刑事强制措施的种类和期限 93

对相关单位进行检查的情况和结果 101

行政案件办理情况和结果 123

您认为以下哪些属于经常使用的依申请公开的信息

图6

该图旨在向被访警察了解经常使用的依申请公开的信息情况。从统计数据来看，行政案件办理情况和结果有123人次；涉案财物追回和处理情况有109人次；行政许可受理和决定情况有108人次；对相关单位进行检查的情况和结果101人次；除了其他信息，刑事案件立案、破案、移送起诉等情况，采取刑事强制措施的种类和期限涉及的信息相对来说比较少，为93人次；其他依申请公开的信息最少，仅为5人次。据图可见，公安机关经常使用的依申请公开的信息都是与百姓日常生活联系比较紧密的信息。

问题十

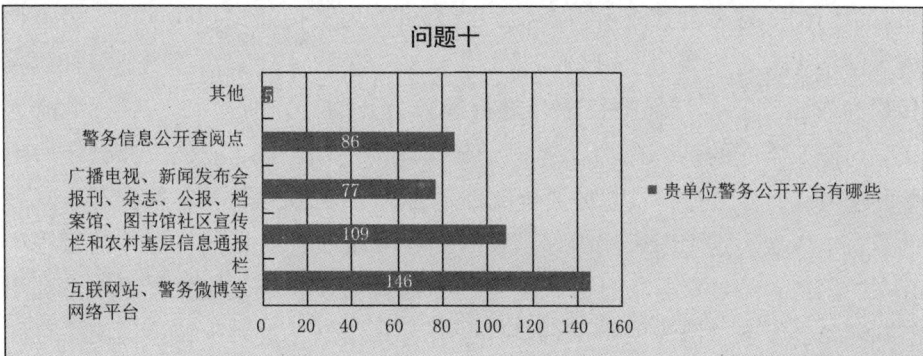

其他

警务信息公开查阅点 86

广播电视、新闻发布会、报刊、杂志、公报、档案馆、图书馆社区宣传栏和农村基层信息通报栏 109

互联网站、警务微博等网络平台 146

贵单位警务公开平台有哪些

77

图7

该图的统计数据旨在了解公安机关警务公开的平台，从图表中的数据可以看出，随着互联网的普及，警方通过互联网站、警务微博等网络平台进行警务公开的比例很大，有 146 人次；其次是报刊、杂志、公报、档案馆、图书馆社区宣传栏和农村基层信息通报栏，有 109 人次；广播电视、新闻发布会和警务信息公开查阅点分别为 77 人次和 86 人次；其他平台仅有 5 人次。这比较符合现代社会信息快速传播的条件。

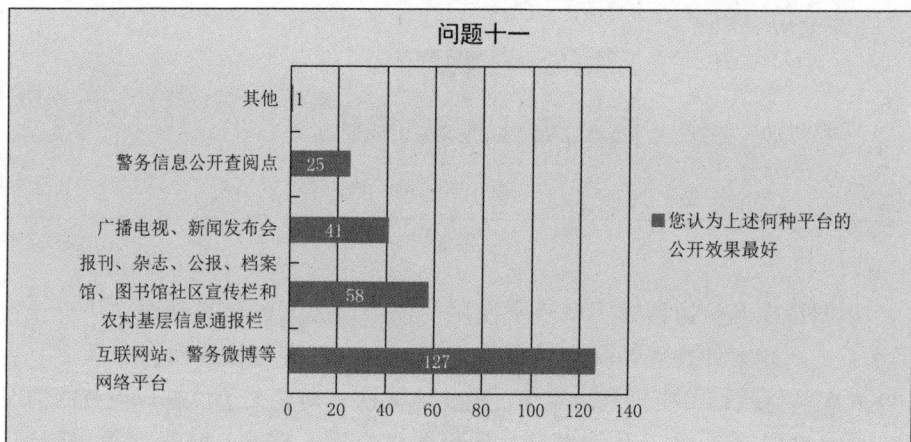

问题十一

- 其他 1
- 警务信息公开查阅点 25
- 广播电视、新闻发布会 41
- 报刊、杂志、公报、档案馆、图书馆社区宣传栏和农村基层信息通报栏 58
- 互联网站、警务微博等网络平台 127

■您认为上述何种平台的公开效果最好

0 20 40 60 80 100 120 140

图 8

图 8 是在图 7 的基础上，旨在了解公安机关干警心目中对公开平台的最佳选择，也就是认为其心目中的平台进行警务公开的效果最好，从统计数据来看，与图 8 现有公开平台有类似，即大多数人支持通过互联网站、警务微博等网络平台进行警务公开的与报刊、杂志、公报、档案馆、图书馆社区宣传栏和农村基层信息通报栏平台进行警务公开的，分别有 127 人次和 58 人次；与图 8 不同的是，有 41 人次被访警察认为广播电视、新闻发布会平台应该利用起来，多于警务信息公开查阅点平台的 25 人次；认为其他公开方式好的只有 1 人次。这个图表就很好地反映出了在现实社会里信息在传播过程中存在的困境，虽然警务信息公开的途径看似比较多，但公安机关更乐意利用互联网站、警务微博等网络平台对外公开警务信息。这对于城镇等网络普及较高的地方来说方便快捷，但却不能满足广大乡村地方公众的需求。

警务信息公开虽然取得了一定的成果，但是，总体来说警务信息公开的内容比较空泛、缺乏实质，警务信息公开虽途径众多但实际公开方式还是过于单一，不能够满足社会各个地区公众的需要。总的来说，依调研结果显示，我国的警务信息公开工作任重道远。

三、警务信息公开存在的主要问题

近年来，随着我国公安行政机关自身的公仆意识、服务意识的增强，全国各地公安机关陆续进行了一些公开工作制度、办案程序、执法依据、公安机关的任务和职责权限、治安形势和公安工作成果、与执法相关的便民服务措施、行政事业性收费的项目、依据和标准以及采取的限制交通措施、交通管制信息和现场管制信息等警务信息公开实践。这一系列警务信息公开实践，在一定程度上满足了公众对警务信息的需要，方便了群众日常工作和生活的需要，同时也提高了公安机关工作运行过程中的透明度，在一定程度上实现了警察权力在阳光下运行，这也有利于现代警务工作的建设。但是，总的来说，我国的警务信息公开仍没达到人们预期的要求。这一方面是由于我国的警务信息公开实践起步较晚；另一方面，公民权利的实现意味着义务机关义务的履行，然而，往往权利的实现与义务的履行存在利益冲突。总的来说，我国当前的警务信息公开仍存在以下几方面的问题：

1. 警务信息公开程度不高、内容空泛、缺乏实质

这一点在上面调研图 1 里就有很好的体现，很多公安机关都将与警务活动有关的法律、法规、文件、行政决策类信息和公安机关及其内设单位、人民警察的工作职权和职责作为警务信息公开的主要内容。以上这些信息都缺乏实质，不是公众所关注的那部分具有实质性的警务信息，比如决策依据、办案程序等。目前，我国很多公安机关在警务信息公开上不排除有"应付"之嫌，为了自身工作的"便利"而不愿公开具有实质性内容的那部分警务信息。

2. 警务信息公开不及时，更新滞后

目前，网上面向公众服务的市局一级的网站多有建立，甚至发达地区分局的网站也都建立起来了，所以利用网络进行警务信息公开已经成为一种趋势。但是，据调查访问的几个公安局、公安分局网站中，只有北京市公安局网站上的警务信息公开更新，比如一周治安播报，较为及时，其他的公安网站更新都比较滞后，有的甚至十天半个月也不更新一次。

3. 警务信息公开方式多样，但在具体警务信息公开时公开方式还是过于单调

据调查研究图8显示，警务信息主要是通过互联网站、警务微博、报刊、杂志、公报、档案馆、图书馆社区宣传栏和农村基层信息通报栏、广播电视、新闻发布会和警务信息公开查阅点进行公开。随着网络媒体的进一步发展，警方更愿意通过互联网站、警务微博等网络平台进行警务信息公开，对于农村基层信息通报栏却很少使用，这样看似方便快捷，但基于我国城乡居民比例以及网络在乡村的普及情况来看，在我国主要利用网络媒体进行警务信息公开对于很多乡村百姓来说"华而不实"，对他们而言几乎不可能搭上警务信息公开这趟"便车"带来的好处。使用单调的方式进行警务信息公开不可能真正实现警务信息公开的目的。

4. 警务信息公开不够规范，警务信息公开法制建设落后

警务信息公开是公安机关在遵循相关法律法规进行警务公开的一项重要内容，而不是某公安干警的个人行为。但在警务信息公开实践中由于警务信息公开法制建设落后，致使警务信息公开缺乏微观上的制度规范，导致在警务信息公开过程中会出现一系列问题，比如，对于何为国家秘密、商业秘密、个人隐私等警务信息公开的除外规定具体界定不清，使得在警务信息公开实践中容易出现泄密现象和个别公安机关为了自己工作的"便利"而以警务信息涉及国家秘密、商业秘密或个人隐私为由而拒绝公开等情况。

四、我国警务信息公开范围的排除

公安机关的行政执法活动，如道路交通管理、社会治安和户籍管理等通常不会涉及危害国家安全的信息，并且这些方面多与人民群众的生活息息相关，因此，具有行政性的警务信息应该全部公开，除非涉及国家秘密、商业秘密和个人隐私等不予公开的情形。但是，经权利人同意公开或者公安机关认为不公开可能对公共利益造成重大影响的涉及商业秘密、个人隐私的警务信息，也可以予以公开。警务信息在具有刑事司法性时就不同了，因为在这方面涉及的国家秘密、商业秘密和个人隐私就比较多，这方面的警务信息公开虽然也要坚持公开为原则不公开为例外，但公开时必须权衡利弊，要坚持社会的整体利益和公安工作的大局为重，同时兼顾个人的知情权。

我国警务信息公开范围的排除的难点就在于对警务信息公开"底线"的

把握上。警务信息以公开为原则，但当涉及国家秘密、商业秘密和个人隐私等不予公开的情形时例外。需要说明的是，经权利人同意公开或者公安机关认为不公开可能对公共利益造成重大影响的涉及商业秘密、个人隐私的警务信息，也可以予以公开。由于相关法律法规没有对国家秘密、商业秘密和个人隐私作具体明确的界定，导致在实践中很难对其作精确的掌握。同时，在对商业秘密和个人隐私的认定上也涉及公安机关的自由裁量行为。因此，对于相似的警务信息，不同的公安机关可能作出截然相反的决定。这不仅不能实现设立警务信息公开的制度的初衷，反而会使公安机关的权威在公众面前大打折扣，甚至会因此引发信任危机。所以，对于警务信息公开范围的除外规定，在法律法规宏观规定的基础上，还应该由国家相关部门作相对统一的具体规定以更好地规范公安机关的警务信息公开实践。

警务信息公开不单是公安机关转变思想观念就能真正做到的，而是一项系统复杂的工程。由于对警务信息的概念和范围理论上存在着分歧，加之，一些西方国家和我国对侦查权及其相关信息属性认定的不同，因此，警务信息公开与政府信息公开的范围也就存在一定的差异。但相信，对警务信息公开的概念与范围进行清晰的界定必定会在实践中对公安机关警务信息公开工作具有较大的指导作用。

参考文献：

［1］郝赤勇、周山主编：《警务公开与公民权利》，现代出版社1999年版。

［2］张超：《警务法治化建设进路研究——以警务公开为视角》，中国人民公安大学出版社2013年版。

［3］［美］N. 维纳：《维纳著作选》，钟韧译，上海译文出版社1978年版。

［4］杨旺年主编：《刑事诉讼法学教程》，中国政法大学出版社2008年版。

［5］曾龙跃主编：《中国检察百科辞典》，黑龙江人民出版社1993年版。

［6］杨伟东：《政府信息公开主要问题研究》，法律出版社2013年版。

［7］王少辉：《迈向阳光政府——我国政府信息公开制度研究》，武汉大学出版社2011年版。

［8］张明杰：《开放的政府——政府信息公开法律制度研究》，中国政法大学出版社2003年版。

［9］周汉华主编：《外国政府信息公开制度比较》，法律出版社2003年版。

［10］李步云主编:《信息公开制度研究》,湖南大学出版社 2002 年版。

［11］仇保兴:《让权力在阳光下运行——"政务公开"随谈》,红旗出版社 2000 年版。

［12］应松年、袁曙宏主编:《走向法治政府:依法行政理论研究与实证调查》,法律出版社 2001 年版。

治安管理处罚与刑罚的衔接

——以寻衅滋事为视角[1]

高文英* 赵 凯**

内容摘要： 治安管理处罚与刑罚的衔接是行政执法与刑事司法衔接的组成部分，其对于规范警察权的行使、保护利害关系人的合法权益以及维护社会公平正义具有重要的价值。由于衔接要素在法律上的模糊性和缺乏有效的法律监督等原因，实践中经常会出现有案不移、有案难移、以罚代刑等问题。文章以寻衅滋事行为为视角，通过对寻衅滋事行为立法的梳理和实践的研究，从治安管理处罚构成要件的理论、治安管理处罚与刑罚衔接的立法以及监督等方面提出完善建议。

关键词： 治安管理处罚 刑罚 衔接

《治安管理处罚法》作为一种调整社会安全秩序的法律，其第三章"违反治安管理的行为与处罚"在内容上与《刑法》分则的第二、三、四、五、六章部分条款存在交叉或重合。这些交叉与重合在实践中就会产生一定的问题：一种行为同时受到两部法律的调整，在法律的适用上应该选择哪一种。这种法律竞合给公安机关的行政执法带来一定困惑，甚至两部法律在对一些行为的语言文字表述上完全一致，对于这些行为，公安机关既可以依照《治安管

---

〔1〕 司法部"国家法治与法学理论研究项目"：《完善治安管理处罚与刑事司法衔接机制研究》（15SFB2013）。

* 高文英，中国人民公安大学法学院，教授；

** 赵凯，北京市第一中级人民法院，法官助理。

理处罚法》对其进行治安处罚，司法机关也可以依照《刑法》对其进行刑事处罚。[1]因此从维护当事人的合法权益、促进社会公平正义以及维护法制统一的角度来看，完善治安管理处罚与刑罚的衔接都很有理论和实践意义。法律竞合产生的适用冲突，这是衔接问题产生的缘由。寻衅滋事行为在《治安管理处罚法》和《刑法》中都有规定，而且在实践中也有大量的案例可以进行实证参考，因此以寻衅滋事为视角，可以对两种处罚衔接的完善提供很多有益的经验。

一、《治安管理处罚法》与《刑法》的法律竞合

衔接，是"事物相连接"的意思。[2]衔接作为解决法律竞合的方式，是将竞合的法律进行对接的过程。法律竞合是衔接的基础，只有对法律竞合进行归类整理，分析具体的竞合类型，才能选择相应的衔接方式。

（一）寻衅滋事行为在两部法律中的竞合

完善治安管理处罚与刑罚的衔接，需要对两部法律中的竞合的条文进行分析，归纳不同的竞合类型，进而选择相应的衔接方式。《治安管理处罚法》和《刑法》中都有关于寻衅滋事行为的规定，通过对法律条文直观的对比，可以总结出以下几点关于区分违法与犯罪的衔接要素。

《治安管理处罚法》	《刑法》
结伙斗殴	随意殴打他人，情节恶劣的
追逐、拦截他人的	追逐、拦截、辱骂、恐吓他人，情节恶劣的

---

〔1〕 例如《治安管理处罚法》第 40 条与《刑法》第 245 条对"非法侵入他人住宅"行为的规定：

第 40 条　有下列行为之一的，处十日以上十五日以下拘留，并处五百元以上一千元以下罚款；情节较轻的，处五日以上十日以下拘留，并处二百元以上五百元以下罚款：

（三）非法限制他人人身自由、非法侵入他人住宅或者非法搜查他人身体的。

第 245 条　非法搜查他人身体、住宅，或者非法侵入他人住宅的，处三年以下有期徒刑或者拘役。司法工作人员滥用职权，犯前款罪的，从重处罚。

〔2〕《现代汉语词典》，商务印书馆 2006 年版，第 1476 页。

《治安管理处罚法》	《刑法》
强拿硬要或者任意损毁、占用公私财物的	强拿硬要或者任意损毁、占用公私财物，情节严重的
其他寻衅滋事行为	公共场所起哄闹事造成公共场所秩序严重混乱

在对"追逐、拦截"的行为表述上，《治安管理处罚法》与《刑法》的表述完全一致；在对"殴打"行为的表述上，斗殴和殴打的意思相一致，因此两部法律在对"殴打"的规制上内容相互交叉；结合司法解释对财物数额的规定上，"强拿硬要"等行为通过对数值的描述实现该种行为在两种处罚上的阶梯对接。结合相应的司法解释，"殴打"可以通过其造成的危害后果、"追逐、拦截"可以通过其违法情节、"强拿硬要"等行为可以通过其数值大小来选择法律的适用。

（二）治安管理处罚和刑罚规范层面的竞合分析

通过对《治安管理处罚法》与《刑法》具体条文的比对，结合寻衅滋事行为两种处罚在法律规范层面的分析，可以得出三种竞合类型。

1. 内容完全一致类

内容完全一致类，即《治安管理处罚法》与《刑法》在对部分危害行为的规制上，法律用语完全一致或者基本一致，从法律效力来讲，两部法律都有调整该种行为的空间效力，在法律的适用上，国家只能选择一部法律对该种行为进行调整，根据一事不再罚的法律原则，一般不会出现既对行为人进行治安管理处罚又进行刑事处罚的情形。[1]如《治安管理处罚法》和《刑法》在对"引诱、教唆、欺骗他人吸毒"行为、"非法侵入他人住宅"行为、"强迫他人劳动"行为、"招摇撞骗"行为、"伪造、变造、买卖公文证件"行为、"窝藏、转移和代为销售赃物"行为等规制的法律用语上几乎完全一致。

2. 内容竞合交叉类

内容竞合交叉类，即《治安管理处罚法》与《刑法》都对某些危害行为

---

〔1〕 实践中也存在例外，如刑事处罚后还需要吊销公安机关发放的许可证。

进行规制，但法律或者司法解释对该种行为有着基本的描述，通过这些描述就可以较为明确地选择和适用相应的法律。例如《治安管理处罚法》与《刑法》都调整盗窃行为，根据《治安管理处罚法》第49条，盗窃公私财物的处拘留并可以并处罚款；根据《刑法》第264条，盗窃公私财物，数额较大的，或者多次盗窃、入户盗窃、携带凶器盗窃、扒窃的，应该判处刑罚。对盗窃行为的描述，是该竞合交叉行为在衔接上的一种方式。

3. 内容阶梯衔接类

内容阶梯衔接类，即《治安管理处罚法》和《刑法》对危害行为都进行规制，通过对危害行为的某些特征进行量化，不需要借助法律解释即可以实现两部法律的无缝对接。例如，关于持有毒品的危害行为，《刑法》第348条规定"非法持有鸦片二百克以上不满一千克"，便构成刑事犯罪；《治安管理处罚法》第72条规定"非法持有鸦片不满二百克"便构成治安违法，"二百克"就是区分持有鸦片行为罪与非罪的界限。这一类危害行为，法律通过对该行为的某些特征进行量化，就可以之间实现无缝衔接，不会产生适用冲突。

(三) 治安管理处罚与刑罚的衔接要素分析

以寻衅滋事为例，关于斗殴（殴打）行为衔接的认定上，《治安管理处罚法》和《刑法》都有相应的规定，值得注意的是《刑法》中有聚众斗殴罪，对首要分子和其他积极参加者要以犯罪论处，因此行为主体是治安管理处罚与刑罚衔接的要素之一。关于追逐拦截行为衔接的认定上，《刑法》中规定"情节恶劣"是区分罪与非罪的衔接要素之一。关于财物方面的衔接认定，实践中有相应的司法解释，其中数额大小会作为衔接的一个要素。从治安管理处罚中"其他寻衅滋事行为"与《刑法》中"造成公共场所秩序严重混乱"的衔接看，危害后果是衔接的另外一个因素。因此可以总结出四种衔接要素，分别是行为主体要素、违法情节要素、数额标准要素、危害后果要素。

1. 行为主体要素

以行为主体作为衔接要素，主要是在聚众违法犯罪的危害行为中。《治安管理处罚法》与《刑法》对这类危害行为都有规制，不同之处在于对于首要分子和积极参加的行为人，需要进行刑事处罚，其他行为人需要进行治安处罚。

《治安管理处罚法》中和《刑法》中将"行为主体"作为衔接要素的主要有：

表一

行为	《治安管理处罚法》	《刑法》
聚众淫乱	参与聚众淫乱活动（第69条第3款）	对首要分子或多次参加者（第301条）
聚众扰乱社会秩序聚众冲击国家机关	扰乱机关、团体、企业、事业单位秩序（第23条第1款）	对首要分子和其他积极参加者（第290条）
聚众斗殴	结伙斗殴（第26条第1款）、结伙殴打他人伤害他人（第43条第2款）	对首要分子和其他积极参加者（292条）
聚众哄抢	哄抢公私财物（第49条）	对首要分子和积极参加的（268条）

2. 违法情节要素

违法情节要素主要体现在危害行为的实施方式、作用对象上。由于《刑法》以"情节恶劣""情节严重"作为犯罪的构成要件，部分内容竞合交叉类行为和内容完全一致类将其作为衔接要素。

《治安管理处罚法》中和《刑法》中将"情节轻重"作为衔接要素主要有：

表二

行为	《治安管理处罚法》	《刑法》
强买强卖、强迫服务	有强买强卖、强迫服务的行为（第46条）	情节严重（第226条）
虐待家庭成员	有虐待家庭成员行为（第45条）	情节恶劣（第260条）
侵犯通信自由	有冒领、隐匿、毁弃、私自拆开或非法检查他人邮件的行为（第28条）	情节严重（第252条）

续表

行为	《治安管理处罚法》	《刑法》
传播淫秽信息	有传播淫秽信息的行为（第68条）	情节严重（第364条）

3. 数额标准要素

在涉及财产和经济损失等可以进行数额量化的危害行为，以及部分危害公共安全的危害行为（例如交通肇事）中，数额可以作为衔接治安违法与刑事犯罪的要素，数额的大小或者数额多少在一定程度上反映行为的社会危害性，在实践中具有很强的操作性。

《治安管理处罚法》中和《刑法》中将"数额"作为衔接要素主要有：

表三

行为	《治安管理处罚法》	《刑法》
盗窃	有盗窃行为即可（第49条）	数额较大、多次盗窃、入户盗窃、携带凶器盗窃、扒窃的（第264条）
诈骗	有诈骗行为即可（第49条）	数额较大（第266条）
抢夺	有抢夺行为即可（第49条）	数额较大、多次抢夺（第267条）
敲诈勒索	有敲诈勒索行为即可（第49条）	数额较大、多次敲诈勒索（第274条）
故意损毁公私财物	有故意损毁财物即可（第49条）	数额较大（第275条）
非法种植毒品原植物	罂粟500株以下或其它少量毒品原植物的（第71条第1款）	罂粟500株以上或其他毒品原植物数量较大（第351条）
非法持有毒品	鸦片不满200克、海洛因或甲基苯丙胺不满10克或其他少量毒品（第72条第1款）	鸦片200克以上、海洛因或甲基苯丙胺10克以上或其他毒品数量大的（第348条）

续表

行为	《治安管理处罚法》	《刑法》
伪造、变造有价票证、凭证	有伪造行为（第52条第3款）	数额较大（第227条）

4. 危害后果要素

危害后果是反映行为的社会危害性的方式之一，"造成严重后果""致使国家利益遭受重大损失"等危害后果严重的行为构成刑事犯罪，相反，一般的违反社会秩序的行为会受到治安处罚。部分在形式上符合犯罪构成要件的危害行为，由于其情节显著轻微，没有造成严重的社会危害后果，立法者将其排除在犯罪之外，但由于其已经侵害了社会良好秩序的法益，作为维护社会治安秩序的《治安管理处罚法》，承担了法律制裁的角色。

《治安管理处罚法》中和《刑法》中将"危害后果"作为衔接要素主要有：

表四

行为	《治安管理处罚法》	《刑法》
侵入、破坏计算机信息系统	有侵入、破坏计算机信息系统的行为（第29条）	后果严重（第286条）
扰乱国家机关工作秩序	有扰乱机关秩序致使工作不能正常进行的行为	造成严重后果（第290条第3款）
出版、刊载民族歧视、侮辱内容	有出版、刊载民族歧视、侮辱内容的行为	造成严重后果（第250条）
违反安全规定举办大型活动	违反安全规定举办文化、体育等大型群众活动	发生重大伤亡事故或者造成其他严重后果的（第135条）

二、治安管理处罚与刑罚衔接的实践状况

《治安管理处罚法》与《刑法》衔接机制的不完善，直接导致在实践中两种处罚机制的不协调，治安管理处罚与刑罚之间的"断裂"，导致实践中有

案不移、有案难移、以罚代刑、以刑代罚以及处罚不明等突出问题屡次发生。

（一）处罚不明的基本问题突出

处罚法定的原则是公安机关办理治安违法案件必须坚持的一项基本原则，但实践中经常会有这样一种情况：某一行为确实侵犯社会法益，具有社会危害性，但是公安机关却又难以把握该行为的性质，导致处罚欠缺说理性。例如寻衅滋事行为，在《刑法》中，寻衅滋事罪作为一种兜底性的条款，从其设立之初就受到刑法学界的批评。而有"小刑法"之称的《治安管理处罚法》，在立法上借鉴了寻衅滋事罪的相关法律条文，并且以"其他寻衅滋事行为"作为兜底性条文，扩大了寻衅滋事行为的适用范围。2012年浙江温岭虐童案[1]，在公安机关认定行为人颜艳红的虐童行为不构成刑事犯罪后，仅向社会公布了对其行政拘留十五日的处罚决定，至于对该行为性质的认定，公安机关并没有向社会公布。同刑罚一样，治安管理处罚也需要满足一定的责任构成要件，也只有满足了相应的责任构成要件，才能进行相应的处罚。由于治安管理处罚缺少其独立的责任构成要件理论，导致公安机关在行为性质的认定上难以把握，为了防止不必要的麻烦，公安机关只公布处罚结果而不公布处罚案由。

（二）法律对衔接要素的规定不够明确

对衔接要素进行量化分析是为了在实体法上解决治安管理处罚与刑罚的衔接问题。《治安管理处罚法》与《刑法》的部分条文是无缝衔接的，例如非法持有毒品行为，但是仍有大量的危害行为在法律中并没有得到具体的量化，这一方面是为了保证法律适用的灵活性，但是从另一方面讲让法律对所有竞合的危害行为进行量化分析是根本无法做到的，而且也没有现实的必要。从规范层面讲，法律只需要为公安机关、司法机关提供一种较为明确的量化标准，赋予公安机关和司法机关一定的裁量权便可以实现治安管理处罚与刑罚在实体法上的衔接。例如在2014年发生的一起跳入地铁轨道自杀案中[2]，行为人李某跳入地铁轨道道床，影响地铁运营，上海铁路运输法院经过审理

---

〔1〕 百度百科："幼师虐童"，载 http://baike.baidu.com/view/9496879.htm，最后访问时间：2017年4月1日。

〔2〕 孟伟阳、尚铁法："上海首例地铁线路寻衅滋事案宣判 男子扬言自杀影响地铁运营"，载 http://www.legaldaily.com.cn/index/content/2014-07/14/content_5667105.htm? node=20908，最后访问时间：2017年4月1日。

后以寻衅滋事罪判处被告人李某有期徒刑 9 个月。法院认为李某的行为属于在公众场合起哄闹事，造成了公众场所秩序严重混乱，但是从现有法律条文中看，何为"严重混乱"，在认定"严重混乱"时应该考虑何种因素，法律并没有给出明确的规定。2015 年实施的《北京市轨道交通运营安全条例》，将擅自进入轨道纳入处罚范围。[1]但对于入刑标准，需要考虑何种要素，条例并无涉及，因此就会使公众对违法与犯罪界限不能明确掌握，影响治安管理处罚与刑罚的实体法衔接。

（三）缺少完备的监督方式

对衔接过程中出现的有案不移、以罚代刑等问题，当事人的申诉控告权、检察机关的法律监督权目前都无法得到有效的落实。对以罚代刑的问题，其他利害关系人对公安机关的行政处罚不服的，可以申请行政复议或者提起行政诉讼，符合法律规定条件的可以提起刑事自诉；但对于有案不移的情况，法律对公安机关移送职责的可诉性没有明确的规定，只能通过申请检察机关予以监督。由于知情渠道的不畅通，检察机关对公安机关的监督权也不能有效发挥。虽然检察机关对公安机关的执法办案活动有监督权，但是法律对这种监督权也是笼统的规定，且缺乏衔接；另外公安机关每年办理的治安管理处罚案件成千上万，加上人力有限与缺乏有效的信息共享机制等因素，检察机关客观上也很难做到对公安机关的有效监督。

三、治安管理处罚与刑罚衔接机制的完善

治安管理处罚与刑罚都是特定的国家机关对违法行为人实施惩罚性措施的法律制裁手段，二者相辅相成，各自发挥着其独特的价值。治安管理处罚制度的存在，避免了刑罚滥用的危险，刑罚作为最为严厉的法律制裁方式，应当保持其谦抑性。如果治安管理处罚足以抑制违反社会秩序的行为，能够达到保护社会法益的目的，《刑法》就没有必要将其规定为犯罪；同时，治安管理处罚作为行政处罚的一种，其主动性增加了社会管理的有效性，进而节省了大量的司法资源，降低了法律制裁的成本。

氏族社会便出现了刑罚，时至今日，刑罚制度已经发展地较为完善了，

---

[1] 根据第 43 条和第 69 条的规定，擅自进入轨道、隧道等高度危险活动区域，运营单位有权制止；违反治安管理的，由公安机关依法处理；构成犯罪的，依法追究刑事责任。

而将违反社会秩序的一般违法行为从传统的《刑法》中分离出来，则是近代才出现，因此违反秩序法从其产生之初，就带有刑事法律的烙印。但是作为一种基本的法律制裁方式，治安管理处罚应该完善自身的理论基础，加强立法，改进执法路径，只有这样才能与刑罚相互衔接，维护法制统一，促进社会公正。

（一）治安管理处罚构成要件的理论完善

构成要件具有法律责任的推定机能，治安管理处罚法律责任的构成要件是通过对行为人违法行为的分析，进而推定出其需要承担的法律责任。在我国行政法领域，大多数学者认为行政处罚无须以主观上的过错作为责任构成要件。只要认定存在违法行为，就不再问行为人的主观因素，即可视为主观有过错，法律另有规定除外。[1]这种"视为"有过错便会在理论上产生这样的一种困境：对主观上没有违法故意的违法行为人予以行政处罚有违法律的公平正义，但是不进行处罚行政机关又会面临不作为的法律后果。

《行政处罚法》与《治安管理处罚法》都缺少对治安违法责任构成要件的深入理论分析，但由于治安管理处罚和刑罚有着密切的联系，因此在责任构成理论上《治安管理处罚法》不可避免地借鉴了《刑法》上的犯罪构成要件理论，即从主体、主观方面、客体、客观方面对行为人实施的危害行为进行分析。另外，部分学者认为"尚不够刑事处罚"的违法行为只是没有达到犯罪所需要的"量"而非"质"的区别，这又进一步加深了《刑法》上犯罪构成四要件理论在治安管理处罚中的应用，也进一步影响治安管理处罚法律责任的体系构建。

《刑法》上犯罪构成四要件理论近年来饱受争议，犯罪构成"两阶层""三要件"理论则逐渐受到更多支持。作为与《刑法》具有密切联系的《治安管理处罚法》，应当借鉴近年来刑法学界对犯罪构成要件的相关理论而不是比附一个饱受争议的理论，否则传统四要件的诸多弊端也会在治安管理处罚中重新出现。

治安管理处罚的责任构成要件应该包括该当性、违法性和有责性。该当性是指违法行为包含在《治安管理处罚法》中，法律对此行为作出了明确的

---

[1] 杨俊锋："治安管理处罚法的几个问题"，载《山东警察学院学报》2006年第1期。转引罗豪才、湛中乐主编：《行政法学》，北京大学出版社2001年版，第223页。

规定。违法性主要是确认符合《治安管理处罚法》所描述的客观行为是否侵犯了其所要保护的法益，如果存在违法阻却事由，则排除该行为的违法性。有责性主要是判断行为人是否具有可非难性，是否具有责任承担能力。该当性和违法性解决的是行为人治安违法行为是否成立，有责性则是解决是否要对行为人进行治安管理处罚。三个要件依次递进，可以基本确定行为人违法行为是否成立的基本轮廓。

我们可以将治安违法行为的成立要件与处罚要件用图表进行描述：

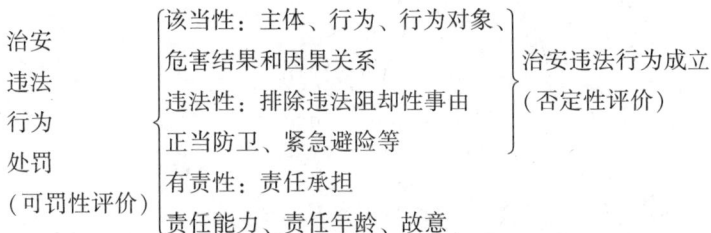

治安
违法
行为
处罚
（可罚性评价）
{
该当性：主体、行为、行为对象、
危害结果和因果关系
违法性：排除违法阻却性事由
正当防卫、紧急避险等
有责性：责任承担
责任能力、责任年龄、故意
}
治安违法行为成立
（否定性评价）

行为仅符合《治安管理处罚法》画出的违法轮廓是远远不够的（该当性），还需要从法律的整体框架内分析该行为是否是立法者所许可的，在实质层面中认定该行为是否侵害了法律所保护的社会秩序，从人性角度看行为人的行为是否存在违法阻却性事由（违法性），除此之外，考虑行为人是否要承担责任，对其进行处罚是否合乎公正（有责性）。还可以从功利的角度看，对行为进行处罚是否对社会有益，是否可以保护被侵害人的合法权益。站在不同的角度，立足不同的实践和经验，因此存在不同的构成要件理论，但理论的选择最终还是要回归到执法与司法实践中，治安管理处罚也涉及公民的名誉、财产、自由等权利，在适用上应当更加精确地对行为人的行为进行评价，进而保护其合法权益，维护社会治安秩序。

（二）治安管理处罚与刑罚衔接的立法完善

《治安管理处罚法》中的违法行为与《刑法》分则中的犯罪行为并不是一一对应的关系，换言之，并非所有的治安违法行为超过一定的限度就构成刑事犯罪，《刑法》中规定的情节显著轻微危害不大的行为并不一定构成治安违法。只有一种行为同时存在于《治安管理处罚法》与《刑法》中，同时受到这两部法律的调整，才会具有衔接的可能性（如下图）。纯粹的治安违法行为与纯粹的刑事犯罪行为不具有衔接的可能性。纯粹的治安违法行为，如吸食毒品，这种行为即使超过一定的限度，造成吸食者自己人身伤害的，也不构成刑事犯罪，不受《刑法》的调整；纯粹的刑事犯罪行为，这种行为只受刑事法律调整，如煽动颠覆国家政权行为，只要实施了造谣、诽谤等颠覆行为，便构成刑事犯罪，即使其情节轻微，也应受到刑事制裁而不能进行治安处罚。

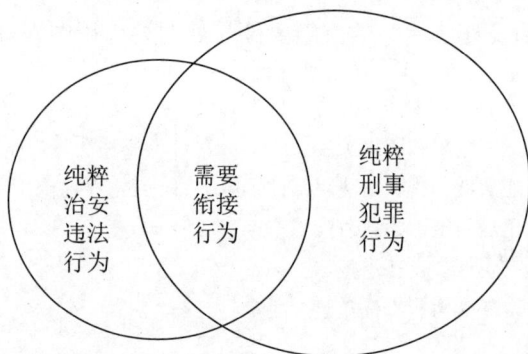

注：小圈代表《治安管理处罚法》调整的行为，大圈表示《刑法》调整的行为。

《刑法》总则中将情节显著轻微危害不大的行为不作为犯罪处理，如果这种行为同时也受到《治安管理处罚法》的调整，那么该危害行为则必然受到治安管理处罚。如果用简明的数学语言对违法与犯罪进行区分（情节与处罚之间的关系），可以得到更为清晰的印象：

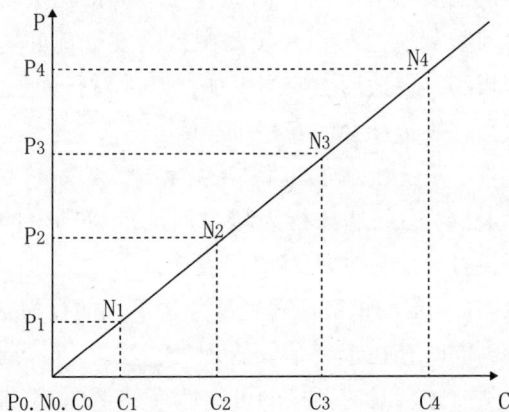

说明：我们用 P 来代替惩罚，C 代替情节，N 代表行为。C0：情节特别轻微；C1 情节

一般；C2：情节显著轻微（违法与犯罪临界点）；C3：情节严重；C4：情节特别严重。P0、P1、P2、P3、P4分别代替与之相应的惩罚，不同的行为从情节一般到情节特别严重有着不同的惩罚方式。

以寻衅滋事行为为例：

表五

N0	情节特别轻微	减轻处罚或者不予处罚[1]
N1	情节一般	五日以上十日以下拘留，可以并处五百元以下罚款
N2	情节显著轻微	十日以上十五日以下拘留，可以并处一千元以下罚款
N3	情节严重	处五年以下有期徒刑、拘役或者管制
N4	情节特别严重	处五年以上十年以下有期徒刑，可以并处罚金

行为主体要素、违法情节要素、数额标准要素以及危害后果要素作为治安管理处罚与刑罚衔接最为主要的要素，通过对各自要素之间的变量进行具体的分析，便可以区分违法与犯罪，实现二者的衔接。

行为主体要素主要是聚众实施危害行为违法与犯罪之间衔接方式的考量重点，对违法情节要素的考量主要是看实施危害行为的时间、地点、行为方式以及作用对象上，数额标准要素一般由法律或者相关的司法解释进行较为明确的规定进而实现处罚上的衔接，危害后果要素的考量侧重于行为造成的人身伤害、经济损失以及对社会良好秩序所带来的不利影响。实践中的危害行为形式多样，内容复杂，对其评价应当是综合性的评价，不能单纯考虑某一衔接要素，只有这样，才能对危害行为做出客观公正的处罚。

对衔接要素进行细化分析是为了构建严密的处罚衔接体系，但是现实中的法律规范不可避免地带有模糊性，甚至出现法律空白。在这种情况下就需要法律原则的指引，进一步指导治安管理处罚与刑罚之间的衔接。现代社会法治倾向于从报复性的观念发展成为恢复正义的观念，恢复正义包含着惩罚

---

[1]《治安管理处罚法》第19条 违反治安管理有下列情形之一的，减轻处罚或者不予处罚：

（一）情节特别轻微的；

……

与教育、挽救与补偿的基本内容。[1]《治安管理处罚法》明确将惩罚与教育相结合原则作为指导公安机关办理行政处罚案件的一项基本原则，虽然《刑法》中没有对惩罚与教育相结合作明确的规定，但是从其相关条文和法律精神上看，也包含了这一原则。在对行为人进行行政处罚或刑事制裁时都应该坚持惩罚与教育相结合，协调法律的强制作用与教育作用，因此将惩罚与教育相结合原则作为治安管理处罚与刑罚衔接的适用原则具有正当性与较强的实践性。

（三）治安管理处罚与刑罚衔接的监督完善

监督机制的完善是实现治安管理处罚与刑罚衔接的内在要求，是制约权力滥用的基本手段。

监督机制的完善以规范公安机关的自由裁量权为主导。治安管理处罚的权限属于公安机关，大部分犯罪行为责任追究程序的启动也依赖于公安机关的立案侦查，因此公安机关在治安管理处罚与刑罚衔接的过程中具有不可替代的作用。公安机关对危害行为涉嫌犯罪的初步认定权和对危害行为性质的独立判断权都具有自由裁量的空间，"将值得追究刑事责任的行为解释为犯罪行为，将没有达到这种程度的行为解释为违反治安管理行为"。[2]语言文字的局限性使任何成文法都具有法律解释的空间，都面临自由裁量的问题，而对自由裁量的控制，理论上一般都是从立法、行政、执法、法律监督等宏观层面去考量。然而，具体到治安管理处罚与刑罚衔接这一具体层面，从微观上规范公安机关的自由裁量权更具有现实意义，例如，坚持处罚公开，向社会公众公开处罚的事实依据与法律依据；扩大公众参与，与社会公众理性互动，提高衔接效率；坚持正当程序，听取利害关系人的陈述和申辩；让具有法律知识的民警全程参与，重大疑难案件经过集体讨论作出决定；及时总结和梳理执法办案经验，注重经典案例的研究和推广；等等。

监督机制的完善以构建两种处罚之间衔接程序为核心。程序的完善对公正和效率都有着积极的法律意义，治安管理处罚与刑罚衔接程序不同于其他行政处罚与刑罚的衔接程序，首先，公安机关全程参与案件的移送，治安案

---

〔1〕 李春华："关于《治安管理处罚法》几个问题的思考——兼论刑法的渗透与影响"，载《公安教育》2008 年第 1 期。

〔2〕 张明楷：《〈刑法〉的基本立场》，中国法制出版社 2002 年版，第 126 页。

件转化刑事案件的移送是由公安机关内部的治安部门向刑事侦查部门移送；其次，作为对危害行为定性依据的证据，都是由公安机关自身进行收集，对证据的合法性、关联性、客观真实性以及证明目的，公安机关都可以进行统一的把握。对于衔接程序，公安机关可以从以下几方面进行完善：对案件移送的方式、期限、流程等作出具体的规定，提高移送的效率，防止案件久拖不结；提高对证据证明力的认识，严格依照法律法规和部门规章收集证据，提高证据的采信度和衔接过程中证据的对接性；确立责任追究机制，防止权力滥用，对有案不移、以罚代刑等问题的相关责任人员进行责任追究，提高办案人员的风险意识；提高衔接程序的智能化水平，通过数据平台等方式加强与检察机关和其他行政机关的信息共享机制。

监督机制的完善以发挥司法机关的职能作用为保障。2017 年 3 月，最高人民检察院开始全面开展对公安机关派出所刑事侦查活动监督工作。[1] 检察机关也可以此为契机，在大数据时代背景下，加强与公安机关执法办案过程中的信息共享，进而对公安机关有案不移等程序违法行为提出检察建议。审判机关也是治安管理处罚与刑罚衔接过程的参与者，根据《刑法》的相关规定，经审理认为情节显著轻微不构成犯罪或者虽然构成犯罪但不需要判处刑罚的案件，确又需要行政机关予以处罚的，审判机关应当将案件移送至相应的行政机关，因此这是一个反向衔接的问题。对于需要进行治安处罚而不是刑事处罚的案件，审判机关应该依照法律将违法行为人及时移送公安机关，由公安机关依照《治安管理处罚法》的相关规定予以处罚。

---

〔1〕 周斌："最高检召开全国电视电话会议 要求年底前全面铺开对派出所刑侦监督工作"，载《法制日报》2017 年 3 月 30 日，第 1 版。

中国古代羁押场所名称探究

白俊华[*]

内容摘要：中国古代羁押场所命名模式，主要根据场所地点、限制行为种类、场所外形特点、官府机构名称等来命名。这种命名的方法一目了然，方便识别。其特征是，即秦代以后多以"狱"来命名，中央级的羁押机构以官府名称命名，从名称上就看出隶属的机构，但从名称上难以判断羁押场所关押的对象。中国古代的羁押场所不存在已决犯和未决犯关押的区别，无论是已决犯还是未决犯都是关押在一个场所。

关键词：古代　狱政　羁押　场所

中国古代虽没有现代意义上的看守所和看守所制度，但是羁押场所是存在的，既有中央羁押场所，又有地方羁押场所。这些羁押场所从秦代以后多称为"狱"。按照《说文解字》的解释，"狱，确也。从狱从言。二犬，所以守也。"因此，后人将"狱"，通常解释为监狱，而羁押场所的其他称谓也被解释为监狱，实际上称为监狱很不准确，因为这些监狱主要是未决犯羁押场所，而不是羁押已决罪犯。

一、古代羁押场所命名的依据

中国古代羁押场所的命名，主要有以下几种模式：

一是根据地点的名称来命名。中国历史上有文字记载的最早国家羁押机关——商朝的中央羁押场所，就是以其所在的地名来命名的，叫羑里。《史

---

* 白俊华，中国人民公安大学法学院，教授。

记·殷本纪》记载："西伯昌闻之，窃叹。崇侯虎知之，以告纣，纣囚西伯羑里"。[1]羑里囚禁过周文王，并成就了《周易》问世。周代的灵台也是以地名来命名的监狱。

秦代的咸阳狱，因在咸阳而得名，是国家的中央羁押场所。在此囚禁过李斯和赵高两位丞相。秦代地方上的羁押场所也是以所设地点来命名，如云阳郡的监狱，因设在云阳，而叫云阳狱，因囚禁过法家代表人物韩非和隶书创造者程邈而著名；阳周狱因设在阳周县而得名，囚禁过秦国大将蒙恬而著名。

汉代的地方监狱多以地名命名，如洛阳狱、钜鹿诏狱、魏郡诏狱、定襄郡狱、陈留郡狱、邓狱（南阳郡邓县监狱）等。

魏晋时期，晋国囚禁皇族成员的羁押场所，即"金墉城"，是以当时的洛阳城内西北角的金墉城命名，主要囚禁皇帝家族的成员。

隋朝时的太原狱、长安狱属于以地方的名称命名的羁押场所。隋初在太原设置河北道行台，后改为总管府，设置太原狱，应为郡狱；但地位重要，归为京畿羁押场所的范围；长安狱设在长安县，因在隋朝廷的地位重要，归为京畿羁押场所的范围。

唐朝时的长安狱，因唐朝的都城长安而得名，属于地方的羁押场所，但也关押犯罪的朝廷官员。

宋代开封府狱，系开封府设置的羁押场所，属于地方上的羁押场所，此外还有秦州狱、静江狱等以地名命名的羁押场所。南宋的临安狱，也属于地方羁押场所，是以地名来命名。

元代的地方羁押场所——平凉狱，是以其所在地名来命名，属于元代平凉府所设的羁押场所。

明代非常著名的地方羁押场所，就是洪洞县监，是中国唯一的、保存最完整的明代县衙古监狱。

清代满族人入关之后，将盛京作为陪都，入关之前的盛京刑部监保留下来，负责羁押囚犯。清朝时的杭州府狱，是浙江杭州府所设的地方羁押场所，清康熙初年发生的庄氏《明史》案牵连甚广，是清初最有影响的文字狱大案，

---

〔1〕《史记·殷本纪》，载 http://www.guoxuedashi.com/hydcd/377662v.html，最后访问时间：2017 年 10 月 25 日。

涉案人员两千余人，全部关押在杭州府狱。江宁狱，是江苏江宁府所设的羁押场所；金坛县狱属于江苏金坛县衙所设羁押场所；吴县狱是江苏吴县所设的羁押场所。

二是以行为特征来命名羁押场所。如夏朝的"念室"，商代的"动止"，周朝的"稽留"，都是以人的行为特征来命名羁押场所的名称。"夏曰念室，殷曰动止，周曰稽留，三代之异名也。又狴犴者，亦狱别名。"[1]"念室"是夏代、唐代、清代的羁押场所，是临时羁押人的地方。唐代沈佺期《被弹》诗："幼子双囹圄，老夫一念室；昆弟两三人，相次俱囚桎。"清代周亮工《书影》卷二："余在念室，旧长汀令石渠王君，讳明翰，年七十矣，从恒山徒步来视予，出一金为余寿。"这里的"念室"就是指羁押场所。《说文解字》中云："念，常思也。"《康熙字典》解释"念"为"【尔雅·释诂】思也。【疏】常思也。"《说文解字》云"室，实也。从宀从至。至，所止也。"《康熙字典》进一步解释"室"为"【孔颖达曰】宫室通名。因其四面穹隆曰宫，因其财物充实曰室。室之言实也。"因此，"念室"的意思是被动地闭门思过，引申为羁押的场所。

"动止"是商朝一种羁押场所的名称。《说文解字》中云："动，作也。"《康熙字典》中"动"的解释"【增韵】动，静之对。"而"止"的解释为："又【广韵】停也，足也。"因此，"动止"就是指动作的停止，行动受到限制，引申为羁押场所。

"稽留"是周朝羁押场所的一种称呼。《说文解字》中云"稽，留止也。"而"留，止也。"因此，"稽留"的意思是停止脚步，留下来，引申为限制人身自由的场所。

汉代的"请室"，是汉代监狱场所的一种称呼。"所谓请室，意思是请罪之室，就是将有罪的官吏拘禁在内，令其反省自己的罪行，借以向上请罪，以求得惩处的宽大。"[2]"请"字，《康熙字典》云："又【韵会】汉请室，请罪之室也。【前汉·贾谊传】造请室而请罪耳。"由此，"请室"是以行为特征命名的羁押场所。

---

[1] 《太平御览》卷六四三引·晋·张华《博物志》，https://baike.baidu.com/item/%E5%8A%A8%E6%AD%A2/9319535? fr=aladdin，最后访问日期：2017 年 10 月 25 日。

[2] 潘君明编著：《中国历代监狱大观》，法律出版社 2003 年版，第 50 页。

　　"待质所"是清朝末年羁押未决人犯和证人的场所。"待"字，《说文解字》上曰"待，[徒在切]，竢也。从彳寺声。"待，即等候、停留之意；"质"字，《说文解字》上曰"质，[之日切]，以物相赘。从贝从所。阙。"意思是具有以人留下抵押担保之意。因此，"待质"就是被迫留下来作为担保等候审判，按照清代各类史料中的记载，就是指候审[1]。"待质所"是根据光绪元年贵州巡抚黎培敬，向清廷呈上《添设平民待质所请饬各直省一律举行折》，而在各省相继设立的，属于地方上未决犯和证人的羁押场所。

　　清朝还有一个地方上的未决羁押场所，叫班房。"班房原指衙署官吏或豪宅仆役等分班值宿处所"[2]，后成为被拘捕的人以及干连证人的羁押场所，属于地方官吏非法设立的羁押场所。

　　三是以羁押场所的形状或者建材材质命名。传说中的我国古代最早的羁押场所，是夏朝的"丛棘"，专门羁押犯人的地方。因用一种灌木"棘"所围成的场所来囚禁罪犯而得名。"严棘，谓狱也，易坎上六曰「系用徽墨，寘于丛棘」也。"[3]《孔颖达·疏》曰："谓囚执之处，以棘丛而禁之也。"《羲经》上云："谓之丛棘。笞杖徒流绞斩，皆吾掌握之中。"

　　西周时期最著名的羁押场所，叫"圜土"，因整个圆形建筑是地下内陷似的，或者在地上围起圆形土墙，故称为"圜土"，借以防止被监禁人逃跑。《竹书纪年》记载："夏后芬三十六年作圜土"。《周礼·秋官·大司寇》记载："以圜土聚罢民"，郑玄注："圜土，狱城也。"《释名·释宫室》则明确指出，狱"又谓之圜土，筑土其表墙，其形圜也"，并设司圜管理"圜土"；另记载："凡害人者，寘之圜土而施职事焉，以明刑耻之。其能改过，反于中国，不齿三年。其不能改而出圜土者，杀。"圜土，除了用以监禁未决犯之外，还关押已决犯并监督其做劳役。

　　春秋时期的吴国，有一种羁押场所叫石屋，因囚室是用石头垒成或者开凿的洞穴而得名。

　　辽代、宋代等都曾有过类似的羁押场所。据史料记载，辽景宗保宁年间，对于谋反的宋王喜隐，曾下诏："复诱群小谋叛，上命械其手足，筑圜土囚祖

---

〔1〕 赵晓华："晚清时期待质人证问题"，载《史学月刊》2005年第9期。

〔2〕 张世明："清代班房考释"，载《清史研究》2006年第3期。

〔3〕 范烨（南朝宋）编撰、李贤（唐）等注：《后汉书卷十六——邓寇列传第六》，http://www.wenku1.com/news/8ECF87C0067D465E.html，最后访问日期：2017年10月25日。

州。"〔1〕道宗时，太子被诬陷谋反，也是"囚圜堵中"，"圜堵"即"圜土"。

宋代曾两次恢复圜土之制，"崇宁中，始从蔡京之请，令诸州筑圜土以居强盗贷死者。昼则役作，夜则拘之，视罪之轻重，以为久近之限。许出圜土日充军，无过者纵释。行之二年，其法不便，乃罢。大观元年，复行。四年，复罢。"〔2〕

元代北方地区有一种地方性的羁押场所，叫"地牢"，就是在地下深挖大坑，四周为坑壁，顶部类似屋顶，略高出地面，入口留有小门。南宋大臣文天祥被俘就囚禁于地牢。

四是以官府机构名称来命名羁押场所。汉代的廷尉诏狱，就是以官名命名的羁押场所，由廷尉官员奉旨进行管理，主要负责羁押原是将相大臣、皇亲国戚的囚犯。廷尉是官名，始设于秦代，负责掌管刑狱。此外，还有都船诏狱、若卢诏狱、司空诏狱、居室狱、内官狱、考工狱、导官狱等，都船、若卢、司空、居室、内官、考工、导官都是汉代的官员称谓，这些官府所属的羁押场所就以本府的官称命名。

南朝齐国、梁国的尚方狱，即以官署命名。尚方官署的职责是制造皇室用的兵器和各种玩耍的器物。梁国的周弘正"后为平西邵陵王府咨议参军，有罪应流徙，敕以赐干陀利国。未去，寄系尚方。于狱上武帝讲武诗，降敕原罪，仍复本位。"〔3〕

隋朝时的大理寺狱、内史省狱和御史台狱，都是国家的中央羁押场所，设立在京都地区，主要羁押国家要犯。这三个羁押场所均是以官署的名字命名。

唐代是古代社会发展的鼎盛时期，司法制度日趋完备。在中央设立了以司法长官命名的羁押场所——大理寺狱，它是唐朝的中央羁押场所，负责关押包括犯案的朝廷官员、京城内处以徒刑以上的案犯。御史台狱，也是唐朝以官府的名称命名的羁押场所。御史台是唐朝的中央监察机构，负责"掌以

---

〔1〕《辽史》第七十二卷，列传第二，https://baike.baidu.com/item/耶律喜隐/9192806，最后访问日期：2017年10月27日。

〔2〕《宋史》卷二百一志第一百五十四，http://writesprite.com/16233，最后访问日期：2017年10月27日。

〔3〕《南史》—颜延之 沈怀文 周朗列传，http://www.sbkk88.com/mingzhu/gudaicn/shishu/nanshi/333596.html，最后访问日期：2017年10月27日。

刑法典章纠正百官之罪恶"，以及依据皇帝的诏令参与重大案件的审判。因审判需要而设御史台狱，但时设时废，很不固定。"旧，台中无狱，未尝禁人；有须留问，寄禁大理。李干佑为大夫，奏请于台置狱，虽则按问为便，而增鞫狱之弊。至开元十四年，御史大夫崔隐甫奏罢之，须留问者，依前寄禁大理。"[1]

宋代建朝初始，因为废除了唐代中央羁押场所大理寺狱，在御史台设立了御史台狱，属于诏狱，这是皇帝强化君主专制的体现。著名的诗人苏轼曾被关押在御史台狱。至熙宁九年神宗皇帝下诏："京师官寺，凡有狱皆系开封府司录司及左右军巡三院，囚逮猥多，难于隔讯，又暑多瘐死，因缘流滞，动涉岁时。稽参故事，宜属理官，可复置大理狱。"[2]宋代大理寺狱，时置时废，折射出政权体制内部权力争斗的激烈。南宋临安建都以后，也设立大理寺狱，曾囚禁过岳飞。

元代以官府命名的羁押场所有刑部狱，属于元代的中央羁押场所之一，另一个中央羁押场所是大都狱，但同时也是地方羁押场所。大都既是元朝都城的名称，也被用以命名羁押场所。元朝还有一个中央羁押场所，叫大宗正府狱，属于以官府命名的羁押场所，专门关押诸王、驸马以及蒙古贵族等涉案罪犯。宣政院狱是元代官署宣政院下设的羁押场所，也是中央羁押场所之一，主要羁押僧官和僧人犯罪的案件。

明朝，在掌管刑法和狱讼事务的刑部之下设立羁押场所，称为刑部监，属于明代的中央羁押场所，监内分为已决监和未决监监室，各六间。明朝还有一个中央监狱，叫都察院监，因从属于都察院而得名。都察院的职责是监察百官，因此，都察院监关押的都是被指控犯罪的朝廷命官。明代由皇帝直接控制的监狱，叫锦衣卫狱，也是以官署的名字命名，属于诏狱，是朱元璋加强专权的工具，因民怨沸腾而撤销。明成祖统治时期，为了镇压反对者恢复了锦衣卫狱。镇抚司监，是明朝皇帝亲自掌管的监狱，属于锦衣卫属下办理狱讼的镇抚司所设羁押场所，后分为"南北司监"，"南司专理本卫的刑名

---

〔1〕《唐六典御史台卷第十三》，http://www.guoxue123.com/shibu/0401/01thy/062.htm，最后访问日期：2017年10月27日。

〔2〕《宋史·志》第一百一十八·职官五，https://wenku.baidu.com/view/16bcb776a417866fb84a8e90.html，最后访问日期：2017年10月27日。

及军匠，北司专理诏狱"[1]，成为皇帝专横，奸臣陷害官员的工具。东厂和西厂监狱，分别是明代特务机关东厂、西厂的羁押场所，专门负责刺探官员和百姓的言行，发现有对当朝不满的言行，一律予以严惩，制造无数冤狱；此外西厂还负责监视东厂。明代还设有兵马司狱，专门负责羁押游民的羁押场所。兵马司是明代专门负责巡捕盗贼、梳理街道及追捕囚犯职责的机构，设有东南西北中五个指挥司，总称为"五城兵马司狱"[2]。

清代的刑部沿袭旧制，属于审判机关，设有羁押场所称为刑部监，由刑部提牢厅和司狱司直接管辖。刑部监主要负责羁押新收的囚犯和秋审待决的囚犯。清代的慎刑司监，属于以官府机构命名的羁押场所，负责羁押内务府管辖的旗人、太监、匠役等罪犯。

二、古代羁押场所命名的特点

从以上古代羁押场所名称的分类情况看，古代羁押场所的命名，具有如下几个特点：

一是秦代以后，无论是中央的羁押场所还是地方的羁押场所多以"狱"来命名，如秦代的咸阳狱、汉代洛阳诗狱、唐代的大理寺狱、宋代的台狱等；而之前羁押场所的命名，多以羁押场所的外形或者建筑材质等命名。如夏代的丛棘、周代的圜土、吴国的石室等。

二是古代的中央羁押场所，多以官府的职能部门的名称来命名。如汉代廷尉诏狱、唐代的大理寺狱、宋代的台狱和大理寺狱、元代的刑部狱、明代的刑部监和都察院监。地方上的羁押场所多以地方官府所在地的地名来命名，如秦代的云阳狱、阳周狱；汉代的洛阳寺狱、邓狱；唐代的长安狱、浔阳狱；宋代的开封府狱、秦州狱；元代的平凉狱；明代的洪洞县监；清代的杭州府狱、江宁狱等。

三是从古代羁押场所的名称中能够区分出羁押场所的隶属关系。地方上的羁押场所的隶属关系自不待言；中央羁押场所的隶属关系也很明显，如唐代、宋代的大理寺狱隶属于审判机关大理寺；宋代的台狱隶属于御史台寺；元代的刑部狱隶属于刑部；明代的刑部监隶属于刑部、都察院监隶属于都察

---

[1] 潘君明编著：《中国历代监狱大观》，法律出版社 2003 年版，第 132 页。

[2] 潘君明编著：《中国历代监狱大观》，法律出版社 2003 年版，第 139 页。

院；清代的刑部监隶属于刑部等。除此之外，还有历朝各代的诏狱。从"诏狱"的名称就可以清楚知道是根据皇帝命令办理案件羁押皇族等囚犯的场所。

四是除了清代的待质所外，难以从古代的羁押场所名称中区分是未决犯羁押场所，还是已决犯的羁押场所。实际上古代的羁押场所大都具有双重功能，既负责未决犯羁押，又负责已决犯的羁押，但未决羁押的功能要多于已决羁押的功能。

三、中国古代羁押场所的性质

在监狱学的范畴内，均将中国古代的羁押场所称作监狱。纵观中国古代羁押场所的命名，多以"狱"来称谓，兼少有其他称谓名称，直到明朝时才有"监"字称呼，但仅仅是单字用法。与"狱"合用为"监狱"来称呼羁押场所的，则是在清朝[1]。就中国古代羁押场所的性质而言，并不符合现代监狱的性质和特点，用"监狱"来称呼中国古代的羁押场所，并不是很贴切。

古代羁押场所并没有像现代羁押场所性质那样严格地界定羁押的性质。古代羁押场所的性质，要根据其实际所发挥的作用来确定。确定古代羁押场所的性质，需要与中国古代刑罚种类联系起来。"中国古代监狱与刑制相消息，从前监羁罪犯，并无已决未决之分。其囚禁在狱，大都未决犯为多。既定罪，则笞、杖折责释放，徒、流、军、遣即日发配，久禁者斩、绞监候而已。"[2]

中国古代的刑罚体系，大致以隋朝为分水岭，之前主要是肉体损害为主的刑罚体系，被概括为"墨、劓、剕、宫、大辟"；之后为"笞、杖、徒、流、死"。隋朝之前，除了"大辟"之外，对囚犯实施完"墨、劓、剕、宫"之后，要么释放，要么要附加一定的劳役，送至某些场所或者某些地点从事劳动，人身自由被限制。对被处以"大辟"刑罚的囚犯而言，羁押场所仅仅是等待上级或者皇上复核或者刑罚执行的场所。因此，古代的羁押场所仅仅是暂时囚禁场所，并不具有现代意义的长期监禁罪犯的性质。之所以如此，

---

〔1〕 柯劭忞等：《清史稿》卷 144·志一百十九·刑法三，http://www.wenku1.com/news/188A42B53D1A4FC4.html，最后访问日期：2017 年 10 月 27 日。

〔2〕 柯劭忞等：《清史稿》卷 144·志一百十九·刑法三，http://www.wenku1.com/news/188A42B53D1A4FC4.html，最后访问日期：2017 年 10 月 27 日。

原因在于古代生产力低下，需要更多劳动力从事各个领域的生产，各级官府不会慷慨地向囚犯提供食物而不需要其付出劳动，无财力和人力给囚犯提供衣食住而长期关押。

由此，可以认为在隋朝之前的中央司法机关和地方州府郡县附属的羁押场所的性质，应当与现代看守所的性质类似，主要承担审前羁押的功能，而不是刑罚执行功能。

自隋朝开始，古代削减肉刑的改革和新的刑罚体系基本完成，直至清代前中期，基本上实行的是"笞、杖、徒、流、死"五刑，同时在此五刑基础上，各朝代又赋予了新的内容，如唐代的流刑增加了"加役流"，宋代的流刑中增加了"刺配"，元代的"流远刑"，明代的"充军刑"，清代的"发遣刑"。对于被处以"笞、杖"刑的，则在被实施完"笞、杖"刑之后予以释放；被判处徒刑的，则被强制服劳役；被判处流刑的，则判决之后送到流刑之地服刑；对犯死罪的，则要移送上级机关审判并等待皇帝的复核。由此看来，隋朝之后官府羁押囚犯的场所，应当属于未决羁押的性质。

中国古代的羁押场所不存在已决犯和未决犯关押的区别，法律制度上也没有体现出已决犯和未决犯之间的差别，无论是已决犯还是未决犯都是关押在一个场所。一些朝代的羁押场所内虽然实行男女分别关押，重犯和轻犯实行分别关押，死囚犯单独关押，但是已决犯和未决犯则没有分别关押。中国古代已决犯和未决犯混合关押，与有限的司法资源投入有关。古代财富资源的有限，没有足够人力和物力资源将判刑的囚犯羁押在固定场所进行改造，当庭执行完的刑罚或者予以释放，或者送至某个场所附加劳役。而流刑之地，主要是服劳役或者兵役，实行自给自足的制度，并没有专门的羁押机构和场所。所以，古代的物质条件，决定了羁押场所的审前羁押的性质。

纵观中国古代羁押场所，从开始的杂乱无章，到逐步形成了相对规范设置的发展过程。汉代时羁押场所设置繁多，标准各异，反映出统治者治理社会的水平低下；到了唐代，逐步实行标准统一的羁押场所的设置，说明了统治者认识到规范化是中央集权的一种体现；而到了清代，由于社会分工越来越细化，反映在羁押场所设置上，就是相对区别化，尤其清朝末年，这反映出法律制度在进步。

除了诏狱和其他专门羁押场所外，无论是中央的羁押场所，还是地方的羁押场所，抑或是京畿地区的羁押场所，都与审判权紧密相关，属于审判机关下设羁押场所，这与中国古代政府机构单一有直接的关系。古代地方政府机构设置虽然单一、简化，但却行使现代社会地方政府的一切职权，没有分工没有监督，行政和司法是地方政府两项重要的职能，审判机构附设羁押场所，也就顺理成章。

中国古代羁押场所具有审前羁押场所的性质，还有一个重要的根据就是中国古代附在刑罚之上的劳役，除了死刑判决需要交由上级进行复审和皇上的复核外，其他种类的刑罚，都要附带强制劳役。而负责接受劳役的场所，则具有现代劳动改造机关的性质。

除了上述羁押场所之外，古代还有一些特殊的羁押场所。这些羁押场所中的诏狱，从其羁押囚犯的情况看，应当属于监狱性质。诏狱，即指皇帝亲自过问的刑狱案件，又指关押案件囚犯的场所。诏狱所羁押的囚犯，多数是皇亲国戚、宫中大臣、府郡高官等。或者是为了防止皇亲国戚内部事情不至于泄露出去，或者是为了掩盖事实不被揭露，囚犯大都要在诏狱中进行持续性关押。有些朝代的诏狱，往往不经过审判而径行羁押囚犯，直至囚犯死亡或者被皇帝开恩释放。所以，诏狱属于监狱性质比较明显。

古代专门羁押某类刑罚或者某种性别囚犯的羁押场所，应当属于监狱的性质。如汉代的永巷、蚕室、暴室、居室署狱等都属于监狱性质。永巷是我国历史上第一座女犯监狱，因狭长的小巷而得名，后成为掖庭狱，专门负责关押宫内犯罪的妇女，并实行严格看管。蚕室是专门羁押受宫刑的囚犯，汉代受到宫刑的罪犯，要在蚕室实行监禁。暴室是署设狱，专门羁押宫中犯罪的妇女，并从事纺织、印染等劳役。居室署狱是官署设狱，羁押的囚犯要从事皇家的衣食住行用等物品的制作工作。唐代的掖庭局狱与汉代的掖庭狱的性质一样，属于唐代的女子监狱，囚犯要从事劳动。清朝时各地的罪犯习艺所是取仿日本监狱设制的近代史上的新式监狱，其功能在于"惩戒犯人，令习工艺，使之改过自新，藉收劳则思善之效，并分别酌收贫民，教以谋生之计，使不至于为非"[1]，关押对象以轻罪人犯为主，兼押一些贫民，是属于监狱性质的羁押场所。

古代接受流刑的场所，则不具有审前羁押的性质，纯粹是监狱性质的劳动惩罚场所。如宋代的牢城、海南岛和沙门岛、岭南则是宋代等流放囚犯之

---

〔1〕 哈恩忠："清末开办京师习艺所史料"，载《历史档案》1999 年第 2 期。

地，元代奴儿干配所和肇州配所，则是元代囚犯流刑发配充军的场所，清代宁古塔遣所和尚阳堡遣所则是被流放囚犯的接收地。流刑囚犯接收地，可以理解为更大范围内监管松散的改造场所。

中国古代羁押场所的明确分工，开始于光绪三十二年的司法体制改革。"自光绪三十二年审判划归大理院，院设看守所，以羁犯罪之待讯者，各级审检亦然，于是法部狴狻空虚。别设已决监于外城，以容徒、流之工作，并令各省设置新监，其制大都采自日本。"[1]清末的修律开始了中国古代羁押场所的彻底变革，现代意义的审前羁押场所开始产生。

参考文献：

[1]《史记·殷本纪》，http://www.guoxue-dashi.com/hydcd/377662v.html，最后访问日期：2017年10月25日。

[2]《太平御览》卷六四三引·晋·张华《博物志》，https://baike.baidu.com/item/%E5%8A%A8%E6%AD%A2/9319535？fr=aladdin，最后访问日期：2017年10月25日。

[3]潘君明编著：《中国历代监狱大观》，法律出版社2003年版。

[4]赵晓华："晚清时期待质人证问题"，载《史学月刊》2005年第9期。

[5]张世明："清代班房考释"，载《清史研究》2006年第3期。

[6]范晔（南朝宋）编撰、李贤（唐）等注：《后汉书卷十六——邓寇列传第六》，http://www.wenku1.com/news/8ECF87C0067D465E.html，最后访问日期：2017年10月25日。

[7]《辽史》第七十二卷，列传第二，https://baike.baidu.com/item/耶律喜隐/9192806，最后访问日期：2017年10月27日。

[8]《宋史》卷二百一志第一百五十四，http://writesprite.com/16233，最后访问日期：2017年10月27日。

[9]《南史》—颜延之 沈怀文 周朗列传，http://www.sbkk88.com/mingzhu/gudaicn/shishu/nanshi/333596.html，最后访问时间：2017年10月27日。

[10]《唐六典御史台卷第十三》，http://www.guoxue123.com/shibu/0401/

---

[1] 柯劭忞等：《清史稿》卷144·志一百十九·刑法三，http://www.wenku1.com/news/188A42B53D1A4FC4.html，最后访问日期：2017年10月27日。

01thy/062. htm，最后访问日期：2017 年 10 月 27 日。

［11］《宋史·志》第一百一十八·职官五，https：//wenku. baidu. com/view/ 16bcb776a417866fb84a8e90. html，最后访问日期：2017 年 10 月 27 日。

［12］柯劭忞等：《清史稿》卷 144·志一百十九·刑法三，http：//www. wenku1. com/news/188A42B53D1A4FC4. html，最后访问日期：2017 年 10 月 27 日。

［13］哈恩忠："清末开办京师习艺所史料"，载《历史档案》1999 年第 2 期。

法律援助值班律师制度研究：规则与实践

马明亮[*]　杨虹军^{**}

内容摘要：当下的以审判为中心的诉讼制度改革、认罪认罚从宽制度的试点、严格排除非法证据的规则，暗含了一个共同的隐喻：被追诉人获得律师的有效帮助是制度改革目标实现的前提。法律援助值班律师制度即为获得律师帮助权的具体保障。经过实务部门近两年的不断推进与努力，实践中初获成效，但也暴露出一些不足，最主要的是犯罪嫌疑人尚不能第一时间获得律师的帮助，这背离了值班律师制度的初衷。本文提出"办案管理中心+值班律师制度"模式，以期解决该问题。

关键词：值班律师法律援助　办案管理中心

一、值班律师制度在中国的建立：动因与历程

（一）动因

笔者多年前参与的"刑事辩护律师的执业状况与问题研究"项目中，就发现刑事法律援助的严重滞后现实的现象，并指出，改革中的刑事诉讼制度越来越向一种律师驱动程序靠拢，未来的诉讼程序能否成为被告人与被害人的人权大宪章，这要取决于律师是否能有效地参与诉讼，而刑事法律援助又

---

　*　马明亮，中国人民公安大学法学院，教授，法学博士；

　**　杨虹军，北京市公安局西城分局法制处处长。

　本文为中国法学会法学研究重点课题：速裁程序中的反悔问题研究［课题编号：CLS（2017）B04］的阶段性成果。

是其中的重要保障。[1]因此，法律援助已然成为我国刑事诉讼制度发展的瓶颈。

该结论在当下的诉讼制度改革背景下不仅不过时，反而更应景。宏观方面，在 2015 年中央办公厅、国务院办公厅印发的《关于完善法律援助制度的意见》中获得明证。该意见不仅把法律援助视为维护法律正确实施的一项重要制度，更视其为一项重要的民生工程。

在微观方面，法律援助与当下的刑事诉讼制度密不可分：比如以审判为中心的诉讼制度改革，它要求高质量的控辩对抗，要求被追诉人必须获得律师的有效帮助，否则无法有效发挥庭审的功能，尤其是司法审查的功能。再比如，认罪认罚从宽制度的试点中，它也要求律师高质量的法律帮助，唯此才能充分确保被追诉人的自愿性与明知性，否则程序无效。而完善的法律援助制度是确保被追诉人获得律师有效帮助的底线。因此，相关的法律文件（详见下文）皆明确规定了值班律师制度。不仅如此，2017 年 6 月实施的《关于办理刑事案件严格排除非法证据若干问题的规定》（下文简称《排非规定》）也意识到，律师的有效帮助对非法证据的审查与排除至关重要。法律援助值班律师可以为犯罪嫌疑人、被告人提供法律帮助，对刑讯逼供、非法取证情形代理申诉、控告。

由此可以发现，刑事辩护的有效性与及时性必然推动法律援助制度的完善，而值班律师制度正是重要的体现。

（二）发展历程

1. 项目试点与制度建设的明确提出

2006 年 9 月到 2008 年 3 月，联合国开发技术署和我国商务部、司法部共同确定的我国首个"法律援助值班律师制度"项目试点在河南省焦作市修武县试行，修武县首期选聘 18 名值班律师参与试点项目，分别在县法院、公安局、看守所、城关派出所各设立一个法律援助值班律师办公室，项目期间共接待咨询事项 1 735 起、接待来访人员 1 953 人，其中帮助解答咨询 1 161 起、引导申请法律援助 171 起、引导至相关部门 267 起以及其他 136 起。[2]为更

---

[1] 马明亮："法律援助：中国刑事诉讼制度发展的瓶颈"，载《西南政法大学学报》2004 年第 4 期。

[2] "我国值班律师制度的实践探索及评析"，载 http://www.lunwenstudy.com/falvzd/126194.html，最后访问日期：2017 年 10 月 16 日。

好地发挥法律援助值班律师工作在刑事诉讼中的职能作用,2015 年中央办公厅、国务院办公厅印发《关于完善法律援助制度的意见》中明确要求建立值班律师制度。[1]

2. 制度的强化与细化

"两高三部"联合制定的以审判为中心的刑事诉讼制度改革、认罪认罚从宽制度试点、严格排除非法证据等多个规范性文件均对法律援助值班律师工作作出明确规定,法律援助机构可在看守所、人民法院派驻值班律师,为犯罪嫌疑人、被告人提供法律帮助。[2]

3. 集大成者:《关于开展法律援助值班律师工作的意见》

为推进法律援助值班律师工作,2017 年 8 月 29 日,最高人民法院、最高人民检察院、公安部、国家安全部、司法部联合印发了《关于开展法律援助值班律师工作的意见》(下文简称《意见》),旨在充分发挥法律援助值班律师在以审判为中心的刑事诉讼制度改革和认罪认罚从宽制度改革试点中的职能作用,依法维护犯罪嫌疑人、刑事被告人诉讼权利。[3]该《意见》是目前的集大成者,就法律援助值班律师职责、运行模式、监督管理、工作保障等 9 个方面作出了规定。

二、值班律师制度的实践成效与现实阻力

从理论上看,值班律师制度的建立将带来诸多法律意义与社会意义,值班律师让犯罪嫌疑人在第一时间获得法律帮助,可以更加便捷而充分地保障被追诉人的诉讼权利。这种功能期待在实践中已经"变现"许多。不到两年的时间里,已然取得斐然成绩。从司法部公布的数据来看,可以分为两个方面:一是帮助被追诉人方面。2017 年以来,各地法律援助值班律师共为犯罪嫌疑人、被告人解答咨询 16.7 万余人次,转交法律援助申请 1.9 万件。二是法律援助工作站建设。目前,全国共建立看守所法律援助工作站 2 300 余个,覆盖率达到88%,人民法院法律援助工作站 1 700 余个,覆盖率51.7%。部分

---

[1]《关于完善法律援助制度的意见》第二部分(四)中明确指出,建立法律援助值班律师制度,法律援助机构在法院、看守所派驻法律援助值班律师。

[2] 参见《办理刑事案件严格排除非法证据若干问题的规定》第 19 条。

[3] 参见《关于开展法律援助值班律师工作的意见》开篇内容。

省份实现了看守所和人民法院法律援助工作站全覆盖。[1]

但同时也存在现实的阻力。根据我们的调研，目前值班律师的功能没有得到充分发挥，值班律师积极性不高，当事人家属咨询的情况也比较少。这是目前最大的现实阻力。原因是多方面的：

一是，法律援助值班律师的角色与功能定位有限，主要限定为法律咨询，不提供出庭辩护服务。这不仅会导致律师积极性受到影响，而且往往被派驻地点周围的律师"截胡"。以看守所的值班律师为例，值班律师一般在看守所接待室设"一桌一牌"。犯罪嫌疑人家属会有更多渠道获得律师帮助，比如看守所（律师值班地点）门口会有律师"蹲点"，这些律师往往案源不足，基于生活所迫，拿着名片在看守所附近徘徊，看到犯罪嫌疑人家属就主动询问是否需要律师帮助，有人称之为"生活律师"。有的律师把自己的联系方式悬挂在看守所附近，甚至很多律师事务所直接把办公地点放置看守所附近。他们也是实质意义的"值班律师"，鉴于值班律师的地点在看守所接待室，门外那些律师们不仅更直接见到当事人家属，而且可以提供全方位的法律服务，因此这些实质意义的"值班律师"业务量似乎更多。

二是，犯罪嫌疑人自身的原因。犯罪嫌疑人即使聘请律师也很少考虑值班律师。从实践来看，犯罪嫌疑人一旦被刑事拘留送往看守所，他们根据自己的案情、知识背景与经济状况，往往会有两个选择，一是案情复杂、重大的，家属一般通过朋友介绍等方式聘请律师；二是案情简单明确的，则不需要律师。当然还包括那些法律知识欠缺的犯罪嫌疑人，即使值班律师就在身边，也觉得没有必要咨询。这两个选择的结果，使值班律师被视为摆设。

三是，法律援助机构提供的费用比较低，再加上派驻的地点比较偏远（比如看守所），共同导致很多律师尤其案源丰富的"大牌律师"也不愿意前往值班。

四是，值班律师在值班地点不能直接接受当事人家属委托成为辩护人，往往还需要到其所在的律师事务所办理相关手续，如果派驻地点比较偏远，当事人家属往往简单咨询，不愿意再跑到律师事务所签订委托协议。而根据《刑事诉讼法》的规定，律师接受家属的委托成为辩护人方可行使诉讼权利。

---

[1] 周斌、刘子阳、蔡长春："4 000多个法援工作站设到看守所和法院/司法部发布法援值班律师典型案例"，载《法制日报》2017年9月28日。

如此一来，值班律师制度及时有效帮助犯罪嫌疑人的初衷就难以实现了。

五是，由于值班律师与出庭辩护不衔接，再加上《刑事诉讼法》关于侦查阶段辩护人的地位与作用的设定，以及强制措施变更的困难，侦查阶段的辩护人主要给予程序性的帮助，由拘留、逮捕变更为取保候审困难比较大，结果实践中的很多会见往往沦为"生活问题的交流"，诸如"家里人一切安好，不用挂念""在里面照顾好自己"，等等。若值班律师不能转化为最终的出庭律师，从其帮助价值与经济收益角度看，都会影响其积极性。

上述这些因素，共同影响到值班律师的作用与积极性。比如，某派驻看守所的值班律师，一周值两天班，不可能全勤。

三、值班律师存在的制度性不足

从法律规范的视角来看，存在系列制度性不足，目前主要有几方面：

一是，"办案管理中心+"模式与值班律师的失位，没有真正实现被追诉人"第一时间"见到律师并获得其帮助。我国《刑事诉讼法》规定，犯罪嫌疑人自被侦查机关第一次讯问或采取强制措施之日起，有权委托辩护人。但目前来看，值班律师的派驻地点有看守所、检察院、法院。而被追诉人被送往看守所之前，值班律师无所作为。

目前，很多侦查机关推广"办案管理中心+"模式，即随着公安执法规范化建设的逐步深入，推广"统一入口、统一审核、统一出口"机制。比如北京市公安局为了进一步加强执法规范化建设，2017年已经全面推进"执法办案管理中心"的办案模式，严格落实所有刑事案件均在执法办案管理中心办理。据此，法制支队的工作分为两大部分：一是在执法办案管理中心做好案件"入口"的法制监督工作；二是在看守所做好案件"出口"的法制监督工作。

从实践来看，目前犯罪嫌疑人的到案方式有传唤、拘传、现场的先行拘留、行政治安部门转交等方式。而按照目前的运行模式，几乎所有的犯罪嫌疑人先被带到执法办案管理中心进行讯问、调查取证。符合拘留条件的，24小时内送往看守所。而这24小时才是我们所说的第一时间。虽然在理论上，律师可以通过执法办案管理中心直接了解案件情况和进展。但从实践来看，执法办案管理中心尚无律师派驻。

二是，派驻看守所的律师与被追诉人之间的交流渠道尚存在物理上的障碍。目前看守所建立的法律援助工作站，基本都设在看守所外面的接待室。律师不能与被追诉人直接对话，不能实现犯罪嫌疑人被羁押后迅速得到法律服务的目标。

三是，公检法与司法行政机关的协调机制与问题解决机制有待进一步完善。如果不能得到司法机关的支持，法律援助值班律师工作很难开展，服务质量也难以保证。

四、"办案管理中心+值班律师制度"模式的探讨

目前来看，值班律师制度在现实运行过程中存在诸多局限，距离制度初衷尚存差距。其原因是多方面的，比如与法律援助机构的支持力度、值班所在地的单位的支持力度相关。更深层次看，与《刑事诉讼法》对侦查阶段辩护人地位与作用的界定有关，也与没有获得律师有效帮助的法律后果缺失等因素密切相关。鉴于篇幅，本文重点关注，如何通过值班律师制度让犯罪嫌疑人第一时间获得律师帮助，这需要构建"办案管理中心+值班律师制度"模式。

（一）构建"办案管理中心+值班律师制度"模式的现实意义

目前，为了执法的规范化，北京市公安机关已经将"办案管理中心+"模式全面推进，包括"办案管理中心+派驻检察室"模式。我们认为，办案管理中心作为刑事案件的"入口"，犯罪嫌疑人到案后的第一个24小时发生于此。如果在此阶段，犯罪嫌疑人没有获得律师的法律帮助，将不利于保障人权。尤其是域外诸多国家的经验表明，律师在第一时间介入诉讼至关重要，以至于若犯罪嫌疑人不能及时获得有效的律师帮助，据此可以排除讯问所获得的供述。

包括《排非规定》在内，我国目前的法律规定，针对在讯问过程中犯罪嫌疑人没有获得律师帮助而获得的口供，仍然没有纳入非法证据排除的范围，但该《排非规定》对讯问制度提出诸多要求，加大了对讯问合法性的要求。实践中，侦查人员在讯问开始前必须向犯罪嫌疑人宣读"权利义务告知书"，其中包括委托律师作为辩护人的权利。而如果犯罪嫌疑人要求聘请律师并与之商议，侦查人员如果置若罔闻则属于程序违法。

因此，在权利保障的语境下，构建"办案管理中心+值班律师制度"模式

是"办案管理中心+"模式的内涵之一，是侦查破案与人权保障理念并重的应有之义。

（二）域外经验：如何保障律师第一时间介入刑事诉讼？

域外法治国家非常重视保障辩护律师及时介入刑事诉讼，其做法可以总结为三方面规律：

一是，把被追诉人获得律师帮助权纳入宪法性权利，并演化为讯问过程中的在场权。最为典型的是美国。根据美国宪法第六修正案的规定，在所有的刑事诉讼中，被告人享有获得律师帮助其进行辩护的权利。1966年的米兰达诉亚利桑那州一案中，则要求警察应向犯罪嫌疑人告知"他有权向律师咨询，并且在审讯的时候有律师在场"。由此认为，赋予嫌疑人向律师咨询的机会是保证其宪法性权利的一种方式。[1]

二是，考虑到侦查机关第一次讯问时，律师对案情了解非常少，此时的帮助更多的归为法律咨询。比如《日本刑事诉讼法》规定，犯罪嫌疑人，可以随时选任辩护人。1990年律师协会首创的值班律师制度在短时间内迅速扩大到了全国。该制度已经取得显著效果，特别是在外国人案件和少年案件中取得的成绩更引人注目。[2]

从实践效果来看，在此阶段的帮助也是初步的，甚至有的国家值班律师更像心理医生。在法国，律师扮演的似乎更多是心理医生的角色。[3]所以，这主要是为下一个阶段委托辩护人作准备。

三是，获得律师帮助是犯罪嫌疑人供述合法有效的前提，否则视为非法证据予以排除。比如《德国刑事诉讼法》规定，讯问人有义务尽合理努力确定辩护人。如果没有遵守这些规则，犯罪嫌疑人随后作出的陈述在其提出异议的情况下不能作为证据使用。[4]

---

〔1〕［美］韦恩·R.拉费弗等：《刑事诉讼法》，卞建林等译，中国政法大学出版社2003年版，第616页。

〔2〕［日］松尾浩也：《日本刑事诉讼法》，中国人民大学出版社2005年版，上卷第130～131页。

〔3〕See Stewart Field & Andrwe West, "Dialogue and The Inquisitorial Tradition: French Defence Lawyers in The Pre-trial Criminal Process", *Criminal Law Forum* 14, 2003, pp. 287~292. 转引自马静华："侦查到案制度比较研究"，载《中国法学》2009年第5期。

〔4〕［德］托马斯·魏根特：《德国刑事诉讼程序》，岳礼玲、温小诗译，中国政法大学出版社2004年版，第52~53页。

（三）构建"办案管理中心+值班律师制度"模式面临的困难及其克服

目前看来，构建"办案管理中心+值班律师制度"模式面临的困难主要是法律意识方面的误区。很多侦查人员认为，在办案管理中心派驻律师，实现被追诉人及时得到律师的帮助会影响侦查效能，不利于侦查破案。而犯罪嫌疑人到案后的最初 24 小时是破案的关键，通过讯问获得口供以及相关证据，如果律师这段时间介入，会致使犯罪嫌疑人"保持沉默"或者不认罪，增加破案难度。这种认识尚为"单纯打击犯罪"理念的产物。在法治国家的视角来看，应当认识到，保障犯罪嫌疑人及时获得律师帮助意义重大，比如鉴于大部分的犯罪嫌疑人不知晓法律规则，若没有律师帮助，基于法律适用上或事实认定方面的错误，会引发错案；近年来发掘的系列冤假错案，其成因与当年司法人员不重视律师的辩护意见密切相关。

另外，刑事诉讼立法给予了犯罪嫌疑人诸多诉讼权利，如果没有律师帮助，他根本无法启动这些诉讼权利，这些诉讼权利将成为虚假权利，不利于基本的程序公正。还有，很多情况下，公众的认知在促进司法系统正常运转方面发挥着至高无上的作用，而如果犯罪嫌疑人不能及时获得律师帮助，公众会认为这是一个带有"迫害"意味的恶的司法体系，其惩恶扬善、营造良好社会秩序的功用将丧失殆尽。[1]

（四）模式的具体设计

法律援助机构在办案管理中心派驻值班律师，为没有辩护人的犯罪嫌疑人提供法律帮助。其中最为核心的问题是，办案管理中心这一阶段，如何让犯罪嫌疑人在第一时间获得律师帮助？包括介入的时间、方式。这关涉办案管理中心与值班律师的工作衔接问题。建议侦查人员第一次讯问犯罪嫌疑人之初，应当告知犯罪嫌疑人有权聘请律师，有权申请会见值班律师，接受值班律师的帮助。犯罪嫌疑人要求会见值班律师的，侦查人员及时通知值班律师。

侦查人员可能在理念上不能及时转变，不能有效地完成该工作衔接，这需要配套的解决方案，比如加强侦查人员相关的业务培训，将保障律师执业权利的执行情况纳入对办案部门的执法质量考评，等等。

---

[1] 关于获得律师帮助的意义，详细分析可以参见 Veronica J. Finkelstein, "Better Not Call Saul: The Impact of Criminal Attorneys on Their Clients' Sixth Amendment Right to Effective Assistance of Counsel", *University of Cincinnati law Review*, Vol. 83. 2015, pp. 1219~1220.

股权众筹与非法集资的联系与区别

刘　文*

内容摘要：股权众筹是新兴的利用互联网集资的一种方式，由互联网上的众筹平台作为居间人，投资者与集资者之间签订投资合同，投资者购买集资者的股份。股权众筹与非法集资既有联系，也有区别。股权众筹是一种集资方式，与非法集资有交集。符合《公司法》和《证券法》等法律规范的股权众筹，属于合法的集资。而不符合《公司法》和《证券法》等法律规范的股权众筹，就属于非法集资。但非法的股权众筹只是非法集资的一种方式。

关键词：股权众筹　非法集资　联系　区别

股权众筹是新兴的利用互联网集资的一种方式，由互联网上的众筹平台作为居间人，投资者与集资者之间签订投资合同，投资者购买集资者的股份。作为一种新兴的集资方式，由于缺乏相应的完备规范，易被非法利用；并且，我国现有的《公司法》和《证券法》对集资的某些不尽合理的限制规定，使得一些违反法律相关规定而借助股权众筹创设股份公司的，会被作为非法集资而受到法律制裁。因此，分析股权众筹与非法集资的联系与区别，不仅具有理论意义，更具有重要的实践意义和应用价值。

---

　　* 刘文，中国人民公安大学法学院教授，二级警监。中国法学会民法学研究会理事、中国法学会证券法学研究会理事。

一、股权众筹与非法集资的联系

（一）股权众筹是一种集资方式

股权众筹是一种新兴的利用互联网集资的方式。国内第一个做股权众筹的是美微公司，在网上卖股权，通过众筹，获得 1 194 个众筹的股东，占到美微传媒股份的 25%，整体融资 500 万。国内第一个做有担保股权众筹的案例是贷帮网袋鼠物流项目，项目上线 16 天，79 位投资者完成了 60 万的投资额度。该项目是由第三方机构提供为期一年的担保，在一年内如果该项目失败，担保机构将全额赔付投资人的投资额度。

集资，即募集资本，是从事商品生产经营的企业和个人融通资金的方式之一。非法集资是指个人或者企业在募集资本的活动中所实施的各类违法行为。利用互联网集资的股权众筹，是集资的一种方式。在集资的过程中，或者在集资后对所募集资金的使用中，如果违反强制性法律规范（既包括实体法也包括程序法），才属于非法集资。因此，可以认为，非法集资就是指个人或者企业在募集资本的活动中所实施的各类违法行为的统称。众筹，属于公开向不特定人群募集资金，很容易涉嫌非法集资。股权众筹如果违反法律的强制性规定，即属于非法集资。

（二）股权众筹与非法集资有交集

股权众筹，有的是合法的，有的是非法的。非法的股权众筹，即属于非法集资。符合《公司法》和《证券法》等法律规范的股权众筹，属于合法的集资。而不符合《公司法》和《证券法》等法律规范的股权众筹，就属于非法集资。前面提到的美微公司的股权众筹，即属于非法集资。在 2013 年年初，美微传媒在淘宝店"美微会员卡在线直营店"出售会员卡，购买会员卡就是购买公司原始股票，单位凭证为 1.2 元，最低认购单位为 100，只需要花120 元下单就可以成为持有美微 100 股的原始股东。但我国《公司法》明确规定，有限责任公司股东人数不能超过 50 人。《证券法》规定，向不特定对象发行证券，或者向特定对象发行证券累计超过 200 人的，都属于公开发行证券，需要经过证券监管部门核准才可进行。证券监管部门曾与美微传媒进行 4 次谈话，证监会提出三点要求：第一是不再通过网络发行，第二是保护现有投资人利益，第三是不定期汇报公司经营情况。不过证监会并未对美微作严厉处罚，而是选择"软处理"：要求美微公司先公开发布退股声明，然后在淘宝上退款。[1]

在美微之后的一年多以来，我国的股权众筹多采用"领投+跟投"的投资方式，由富有成熟投资经验的专业投资人作为领投人，普通投资人针对领投人所选中的项目跟进投资。但是，领投人带领众多跟投人向集资人提供融资，如果领投人与集资人之间存在某种利益关系，便很容易产生道德风险问题，若集资人获取大量融资款后跑路，更会让投资人损失惨重。因此，对股权众筹急需规范。

二、股权众筹与非法集资的区别

(一) 非法的股权众筹只是非法集资的一种方式

非法的股权众筹只是非法集资的一种方式，而非法集资行为则是多种多样的。由于非法集资行为的种类和其所违反的法律的多样性，对于非法集资行为的性质也不能一概而论。在各类非法集资行为中，有些违反了民法。属于民事违法作为；有些违反了行政法，属于行政违法行为；违反刑法的，即属于构成犯罪的非法集资行为。

涉及刑事犯罪的非法集资，比较常见的是非法吸收公众存款和集资诈骗两个罪名。这两个罪名有相同之处，都是违反国家金融监管的制度，向社会上不特定的对象募集资金，利息返还等违背了国家有关规定。但这两个罪名也有显著的区别，非法吸收公众存款罪的犯罪主体是出于工商业经营的需要，但又不具备现行法律和国家有关金融政策所规定的贷款、融资的条件等，因而采取给付远高于银行同期利率的利息吸纳社会不特定多数对象的资金，并用于实际生产经营。这种行为，如果情节严重，会因破坏国家金融管理秩序而被认定为犯罪。集资诈骗的性质更加严重一些，是向社会特定不同的对象诈骗，根本没有经营项目、偿还集资本息的意图。不法分子往往虚构一个项目或理由，例如植树造林、加盟连锁经营店等，向投资人游说项目前景如何美好，骗大家来投资。诈骗者将钱骗到以后，有些钱可能会继续用于包装项目，为吸引后来的投资人而向先投资的一些人返还部分的利益，大部分钱则

---

[1] "美微传媒筹资被叫停背后：众筹在中国是否可行"，新浪网 2013 年 3 月 22 日报道，http://tech. sina. com. cn/i/2013-03-22/09578172527. shtml，最后访问日期：2017 年 5 月 8 日。

会被诈骗者转移隐匿，甚至被诈骗者挥霍浪费。对此种行为，司法机关就应按照集资诈骗的罪名来定罪判刑。

集资行为，如果违反《公司法》《证券法》等民商事法律法规和《银行法》等金融行政法律法规，则属于民事违法行为和行政违法行为，集资人要受到相应的民事制裁和行政制裁，相关的受害人还可以要求非法集资人给予民事赔偿。例如，按照我国《证券法》的规定，未经批准以发售股票、债券的方式集资，属于非法经营证券业务，由证券监督管理机构予以取缔，没收违法所得，并处以违法所得一倍以上五倍以下的罚款；没有违法所得或者违法所得不足三十万元的，处以三十万元以上六十万元以下的罚款。对直接负责的主管人员和其他直接责任人员给予警告，并处以三万元以上三十万元以下的罚款。

（二）实践中采取股权众筹方式集资的既有合法的也有非法的

股权众筹是当前政府鼓励的并予以规范的集资方式，现在已经明确归属于证监会监管，筹备中的《对股权众筹平台指导意见》提出，公司股东不得超过 200 个，单个股东投资金额不得超过 2.5 万元，整体投资规模控制在 500 万元内。现在，股权众筹基本上还是用《公司法》和《证券法》来规范。

在鼓励全民创业和对互联网高度重视的导向下，股权众筹，也逐步开始得到国家政策的支持。2014 年 11 月 19 日，国务院总理李克强主持召开国务院常务会议，会议要求建立资本市场小额再融资快速机制，并首次提出"开展股权众筹融资试点"。但我国现在还没有修订《公司法》和《证券法》，也没有针对股权众筹颁布单行法规，对股权众筹予以特别规范。

若对股权众筹予以特别规范，可以借鉴国外的相关立法经验。美国有《乔布斯法案》（Jobs Act）为众筹中的股权型众筹予以规范。国务院研究中心田辉在其论文《美国乔布斯法分析及对中国的启示》中写到乔布斯法案"新设了对众筹融资的注册豁免机制。在乔布斯法中，确立了对众筹融资的发行豁免条件：发行人每年最高合计的众筹融资不超过 100 万美元；投资者的投资金额需满足以下要求：第一，年收入少于 10 万美元的个人累计投资至多为 2 000 美元或年收入的 5%中的高者；第二，年收入超过 10 万美元的个人可将其收入的 10%用于投资。必须通过经纪人或资金门户进行众筹融资"。[1]我

---

〔1〕 田辉："美国乔布斯法分析及对中国的启示"，载《中国经济时报》2013 年 1 月 15 日、16 日。

国今后若颁布规范股权众筹的法规，或者修订《公司法》和《证券法》，可以借鉴美国的立法经验，对股权众筹的投资人加以资格限制，仅允许有风险承受能力的天使投资人，参与股权众筹。

另外，我国还需要对股权众筹平台，即提供股权众筹的网络服务运营商，加以规范。我国将来无论颁布规范股权众筹的法规，或者修订《公司法》和《证券法》，均应当要求股权众筹平台对集资人负监督义务和职责，而不应仅仅是一个居间人。从现在的股权众筹平台与投融资双方的服务协议可以看出，股权众筹平台除了居间功能之外，对自己的负有管理监督股权交易的职能和义务并未明确，并且股权众筹平台要求投融资双方订立的格式合同所规定的权利义务也存在不对等。

总之，股权众筹与非法集资既有关联也有区别，要对股权众筹予以规范，扼制以股权众筹为名的非法集资，使股权众筹成为一个合法又高效的集资方式，为创业者提供资金支持。

"突发群体性事件"界定研究

徐伟红[*]

内容摘要： 突发群体性事件涉及人数多，影响大，一直是公安机关防控的重点。但是现行法律规范和学术界对突发群体性事件的界定众说纷纭。对突发群体性事件认识的不统一，直接导致处置上的混乱。本文系统研究了我国现行法律规范中与突发群体性事件相关的概念，并在国内外学者关于突发群体性事件研究的基础上，结合社会发展和突发群体性事件实际处置的需要，重新定义了突发群体性事件，具体论证了突发群体性事件的认定标准，以期对突发群体性事件处置有所帮助。

关键词： 突发群体性事件　界定　认定

随着经济和政治体制改革的不断深入，人们在生存权得到保障之后，对发展权、知情权等权利更为关注。同时，国际形势在保持基本平稳的基础上，不稳定、不确定因素明显增多。传统安全威胁仍然存在，非传统安全威胁迅速扩展。在这种大小环境的共同作用下，突发群体性事件高发将是一种必然趋势。突发群体性事件由于涉及人数多，影响大，一直是公安机关防控的重点。但是现行法律规范和理论界对突发群体性事件的界定不尽相同，对突发群体性事件的称谓更是多种多样。对突发群体性事件认识的不统一，直接导致了处置措施使用上的混乱。因此，正确界定突发群体性事件的涵义，准确把握突发群体性事件的特征，对有效预防和妥善处置突发群体性事件具有重要意义。

---

* 徐伟红，中国人民公安大学法学院副教授。

一、"突发群体性事件"一词的渊源

突发群体性事件并不是什么新鲜事物，该社会现象古今中外比比皆是。受不同时期政治、经济、文化等因素的影响，对突发群体性事件的认识、称谓不尽相同。

在古代，突发群体性事件多被称为"起义""民变"等。近代的突发群体性事件多被称为"起义""运动"等。

新中国成立后，群体性事件除了沿用"运动"一词外，在不同的时期，还出现了具有时代特点的称谓。20世纪50年代，处于解放初期，国家政治形势比较严峻，剿匪、反霸、土改、镇压反革命运动刚刚结束，一旦出现群体性事件，执政者更愿意从政治方面找原因，群体性事件多定性为"骚乱""反革命暴乱""聚众闹事"等；60年代中期至70年代中期，中国处于非正常时期，发生了无产阶级文化大革命，群众运动风起云涌。该时期的群体性事件有很多具有时代特点的称谓，如"大串联""夺权运动"，具体表现形式为"集会""游行""批斗大会""武斗"等；80年代，随着文化大革命的结束和改革开放政策的实施，特别是随着一系列法律的颁布施行，人们开始从法律的视角认识一些社会事物，产生了"治安事件"[1]"突发事件"[2]的概念。学术界有学者借鉴国外"紧急情况""紧急事件"的说法，提出了"治安紧急事件"[3]的概念；90年代，群体性事件除沿用了"突发（性）事件"[4]"治安突发事件"外，还出现了"紧急治安事件"[5]"突发性治安事件"[6]"群体性事件"[7]等概念。

---

〔1〕 1980年公安部公布施行的《人民警察使用武器和警械的规定》第2条规定："人民警察在执行逮捕、拘留、押解人犯和值勤、巡逻、处理治安事件等公务时，可以根据本规定，使用武器和警械。"

〔2〕 公安部在1988年11月2日颁布《关于处置各种突发事件的几点意见》。

〔3〕 张子路、龚太华：《治安紧急处置方略》，中国人民公安大学出版社1989年版。

〔4〕 1995年《中华人民共和国人民警察法》第17条规定："对严重危害社会治安秩序的突发事件，可以根据情况实行现场管制。"

〔5〕 1994年5月30日中共中央办公厅、国务院办公厅发布《关于处置紧急治安事件有关事项的通知》。

〔6〕 1994年《城市人民警察巡逻规定》第4条规定："人民警察在巡逻执勤中履行以下职责：……（四）警戒突发性治安事件现场，疏导群众，维持秩序"。

〔7〕 1999年中央办公厅发布《关于预防和妥善处置群体性事件的紧急通知》。

21世纪初，相关的称谓逐渐统一于"群体性治安事件"和"群体性事件"。典型的规范性文件有《公安机关处置群体性治安事件规定》（公发〔2000〕5号）、《关于积极预防和妥善处置群体性事件的工作意见》等。2009年9月，《党的建设辞典》再版发行，群体性事件被收入其中。虽然实践中仍有不同的称谓，如"群体性涉访事件""群体性治安事件"等，但"群体性事件"作为一个术语相对固定下来，为学界、传媒和社会普遍采用。本文根据《中华人民共和国突发事件应对法》，将群体性事件统一称为"突发群体性事件"。

二、对突发群体性事件的不同界定及评析

（一）法律规范中突发群体性事件的定义及评析

诸多法律规范直接或间接定义了突发群体性事件，如2000年4月5日公安部发布的《公安机关处置群体性治安事件规定》（以下简称《规定》）、2005年6月国务院制定《国家大规模群体性事件应急预案》（以下简称《预案》）、公安部制定的《关于群体性事件统计中几个问题的解答》（以下简称《解答》）等。

《规定》第2条将群体性治安事件表述为"聚众共同实施违反国家法律、法规、规章，扰乱社会秩序、危害公共安全、侵犯公民人身安全和公私财产安全的行为"。该概念从聚众性、违法性、危害性三个方面定义了群体性治安事件。有学者直接将其作为突发群体性事件的定义，笔者以为不妥。首先，该概念对事件的性质没有界定，即没有区分突发群体性事件是由人民内部矛盾引起还是由敌我矛盾引起。由敌我矛盾引起的恐怖袭击、暴乱、骚乱等事件与人民内部矛盾引起的事件在行为的目的、性质、危害性等方面是截然不同的，国家对两类事件的容忍度、处置方法也是不同的。如果混淆了两类事件的性质，对事件的处置是极为不利的。其次，该定义忽略了突发群体性事件的潜在风险。有些突发群体性事件的发生，并没有对公共安全及生命、财产安全造成现实危害，而是存在造成危害的风险。如厦门的"PX散步事件"[1]，上万人参加了"散步"抗议，整个事件参加人采用了温和、有序的

─────────────

[1] 2007年，PX项目引起了厦门公众的广泛关注和强烈反对。同年6月，厦门人通过集体"散步"方式，影响了政府决策，集体维权成功。

方式进行，对公共安全及人身、财产安全没有造成任何侵害。但是毫无疑问，上万人的聚集对公共安全、社会秩序构成了极大的潜在威胁，公安机关等政府管理部门应当采取适当措施，防患于未然。

《预案》中将大规模群体性事件定义为"严重危害人民群众生命财产安全、扰乱社会治安秩序的群体性行为，以及造成重大社会影响的群体性行为"。将修饰语"大规模"对应的"严重"等词去掉，可以得出"群体性事件"是危害人民群众生命财产安全、扰乱社会治安秩序的群体性行为，以及造成社会影响的群体性行为。该定义看到了群体性事件的潜在危险性，把造成实际危害的群体性行为和虽然没有造成实际危害，但对社会造成影响的群体性行为都定义为群体性事件。该定义的不足是对事件的性质没有作出定义。

公安部在《解答》中将群体性事件定义为：10人以上（含10人），聚众共同实施的违反国家法律、法规、规章，扰乱社会秩序，危害公共安全，侵犯公民人身安全和公私财产安全行为的事件，并具体规定了群体性事件的10种表现形式。该定义明确了群体性事件的人数要求，实际操作性强。不足之处是对事件的性质和潜在的危害没有作出规定，把没有造成实际危害的聚众行为排除在群体性事件之外。

《中华人民共和国突发事件应对法》[1]把突发事件定义为：突然发生，造成或者可能造成严重社会危害，需要采取应急处置措施予以应对的自然灾害、事故灾难、公共卫生事件和社会安全事件。突发群体性事件是突发社会安全事件的一种，这是突发群体性事件相关概念中效力级别最高的。

还有大量的地方性法规、规章以及规范性文件对突发群体性事件进行了定义。如《深圳市预防和处置群体性事件实施办法》把群体性事件定义为：由人民内部矛盾引发的、众多人员参与的危害公共安全、扰乱社会秩序的事件。该定义把突发群体性事件定义为由人民内部矛盾引发的，同时还定义了突发群体性事件的聚众性和危害性。不足之处是对突发群体性事件的违法性和潜在危险性没有作出定义，这样很容易把突发群体性事件与经批准进行的集会、游行、示威混淆，而两类事件对公共安全、社会秩序的影响大相径庭，处置手段、处置结果也有很大区别。

---

〔1〕《中华人民共和国突发事件应对法》由中华人民共和国第十届全国人民代表大会常务委员会第二十九次会议于2007年8月30日通过，自2007年11月1日起施行。

（二）学术研究"突发群体性事件"定义

在突发群体性事件的理论研究中，学者们从不同视角定义了突发群体性事件。

有学者认为，群体性事件是因人民内部矛盾而引发，由部分公众参与并形成有一定组织目的的集体上访、集会、阻塞交通、围堵党政机关、静坐请愿、聚众闹事等群体行为，并对政府管理和社会造成影响的行为。[1]该定义明确指出了突发群体性事件的引发原因、表现形式、聚众性和对社会造成影响等几个重要特点，而且将突发群体性事件的潜在危险性也纳入其中。不妥之处是没有关注到突发群体性事件的违法性，因为根据《中华人民共和国集会游行示威法》的规定，经公安机关批准，公民是可以进行集会、游行和示威的。对于合法的集会、游行和示威，公安机关应当协助、保护、帮助维持秩序。不分事件性质统称为群体性事件，对事件的处置不利。

还有学者认为，群体性事件是指主要由人民内部矛盾引发的，一定数量群众参与的游行、示威、静坐、上访请愿、聚众围堵、冲击、械斗、阻断交通，以及罢工、罢课、罢市等严重影响、干扰乃至破坏社会正常秩序的事件。[2]该定义明确了群体性事件的性质、聚众性、危害性及群体性事件的方式。但该定义忽视了群体性事件的违法性和潜在危害性。

还有学者将群体性事件定义为：由某些社会矛盾引发的，特定群体或不特定多数人临时形成的耦合群体共同实施没有合法依据的规模性聚集、对社会造成负面影响的群体活动、发生多数人之间语言行为或肢体行为上的冲突等群体行为，并对社会秩序和社会稳定造成负面重大影响的各种事件。[3]该定义涵盖了群体性事件的性质、聚众性、非法性、危害性，并描述了群体性事件的表现形式，非常有借鉴意义。不足是该定义忽略了群体性事件的潜在危害性，并且将群体性事件定义为造成负面影响的群体活动。但事实是有些事件并没有造成负面影响，甚至有些事件影响还是正面的，如2010年9月，中国民间保钓联合会在北京日本驻华大使馆前抗议日本巡逻船撞击中国渔船

---

〔1〕 中国行政管理学会课题组："群体性突发事件研究专辑"，载《中国行政管理》2002年增刊，第5页。

〔2〕 王伟光：《提高构建社会主义和谐社会能力》，中共中央党校出版社2005年版。

〔3〕 周保刚：《社会转型期群体性事件预防、处置工作方略》，中国人民公安大学出版社2008年版，第37页。

事件，形式温和，影响正面，但也必须加以关注，并且启动相应的应急预案。

三、域外关于群体性事件的界定

域外虽然没有群体性事件这一提法，但是类似的术语很多，如"集群（集合）行为""社会冲突""集体抗争""社会运动""骚乱""暴乱"等。

美国社会学家罗伯特·帕克从社会学的角度将"集合行为"定义为在集体共同的推动和影响下发生的个人行为，是一种情绪冲动。[1]斯坦莱·米尔格拉姆认为，集群行为是自发产生的，相对来说是没有组织的，甚至是不可预测的，它依赖于参与者的相互刺激。[2]戴维·波普诺则指出，集群行为是指"那些在相对自发的、无组织的和不稳定的情况下，因为某种普遍的影响和鼓舞而发生的行为"。[3]但对集群行为中群体违法或犯罪行为，如球迷闹事行为和集会、游行、示威中所发生的闹事行为等则直接称之为"骚乱"或"骚乱事件"。

我国台湾地区称群体性事件为"聚众活动""群众事件"。台湾警方认为，"凡多数人，不论其为偶发或蓄意，以不法行动妨害社会治安者，统称之为'群众事件'"。

四、突发群体性事件的再定义

借鉴我国现行法律规范中的相关概念，以及国内外学者关于突发群体性事件的研究，结合突发群体性事件实际处置的需要，笔者认为突发群体性事件是指由人民内部矛盾引发的，突然聚众，造成或者可能造成严重社会危害的，需要采取应急处置措施予以应对的事件。突发群体性事件可以从以下几方面认定：

1. 突发群体性事件是由人民内部矛盾引发的

《中共中央关于构建社会主义和谐社会若干重大问题的决定》中指出，积

---

〔1〕 Robert E. Park，Ernest W. Burgess，*Introduction to the Science of Sociology*，University of Chicago Press，1921，p. 865.

〔2〕 ［美］巴克：《社会心理学》，南开大学社会学系译，南开大学出版社 1984 年版，第 176 页。

〔3〕 ［美］戴维·波普诺：《社会学》，李强等译，中国人民大学出版社 1999 年版，第 566~567 页。

极预防和妥善处置人民内部矛盾引发的群体性事件，明确了群体性事件是由人民内部矛盾引发这一重要特征。这是对突发群体性事件性质的界定。

突发群体性事件虽然是多数人规模性聚集，并往往伴有语言或行为上的冲突，但其终究是人民内部群体间的利益冲突，或是利益群体与公权力之间矛盾冲突所致。聚集行为的目的多为表达诉求、直接争取和维护自身利益或发泄不满引起更大关注，而不是为了颠覆国家政权。突发群体性事件的这一性质，可以帮助我们区分突发群体性事件与恐怖袭击、暴动、骚乱等由敌我矛盾引发的事件；帮助我们区分开是突发群体性事件与群众庆典等合法群众聚集活动。群众庆典活动虽然也是多数人的聚集活动，但它不是由任何矛盾引发的，故不能称其为突发群体性事件。而不同性质的事件处置的方法和处置手段是完全不同的。

2. 突发群体性事件具有群体性（规模性）

根据《现代汉语词典》的解释，"群体"是指本质上有共同点的个体组成的整体。"群体"与"集体"是两个相近的概念，二者的主要区别在于群体可以是临时的、自发组成，而集体则是固有的、相对稳定的组织。基于"群体"的基本含义，突发群体性事件的参加人既可以是特定集体中的人员，也可能是由具有相同或相似目的、相互依赖、相互刺激的耦合人员。

关于群体性对人数的要求，实践中适用的标准不尽相同。如公安部的《解答》中把群体性事件定义为10人以上（含10人）；《深圳市预防和处置群体性事件实施办法》根据参与人数的多少，将群体性事件分为四个级别，其中参与人数在5人以上、30人以下，为一般群体性事件，即群体性事件的最低参加人数为5人；江苏省高级人民法院、江苏省人民检察院、江苏省公安厅做出的《关于办理聚众斗殴案件适用法律若干问题的意见》把聚众定义为3人以上；也有地方公安机关将群体性事件定义为5人以上（不包括5人），其主要根据是《信访条例》第18条。[1]

关于突发群体性事件的最低人数认定，笔者建议设定为10人以上。原因有二：一是该人数是公安部的规范性文件设定的，其效力及于全国；二是如果

[1]《信访条例》第18条："信访人采用走访形式提出信访事项的，应当到有关机关设立或者指定的接待场所提出。多人采用走访形式提出共同的信访事项的，应当推选代表，代表人数不得超过5人。"

界定为群体性事件将采取相应的应急措施，起算人数太少，公安机关的处置成本将成倍增加。另外，从行为的严重性角度，群体性事件人数起算点不宜太少。

3. 突发群体性事件具有突发性（不可预测性）

突发群体性事件不按法律规定的正常程序进行，具有不可预期性。从事件的发生看，也许事件发起者是经过周密准备的，也许公安机关事先通过渠道得到了信息，但该事件在进行前并没有按照法律规定经过主管机关的批准，所以没有法律上的可预期性；而且事件一旦发生后，事件的参加人可能不断地增加，参加人的情绪在相互的刺激和鼓励下会越发高涨，进而使事件的规模和方式具有不可预测性，使事件的结果也具有不可预测性。所以突发群体性事件具有不可预测性的特点。

4. 突发群体性事件具有或者可能具有严重社会危害性

首先，危害既包括现实的危害，也包括潜在的危害。突发群体性事件无论其目的是否合法，其采用的规模性聚集的方式都在一定程度上对社会造成影响，这也正是突发群体性事件的最终目的，即通过规模性聚集造成较大影响，引起社会的普遍关注。影响有的是直接对社会造成了危害，如采用冲击党政机关驻地、拦截交通工具、罢工、罢课、罢市、打砸抢烧等非法手段的群体性事件；有的危害是间接的，而且近些年间接危害性特征越来越突出。由于突发群体性事件人数多，影响大，易引起关注，也容易造成效仿，是引发社会不稳定的因素。另外，有些事件虽然整个过程没有造成现实的危害，如采用散步等温和的方式进行的群体性事件，但人员的大规模聚集，随时有不可预测的危险发生。

其次，突发群体性事件的危害是严重的。根据《现代汉语词典》的解释，"事件"是指历史上或社会上发生的不平常的大事情。"大"在突发群体性事件中表现为规模大、影响大，造成或可能造成的危害也比较大。否则，只能称其为案件或事情，而不能称其为事件。

关于突发群体性事件是否具有违法性，理论界和实务界都存在着截然不同的观点。《规定》和《解答》明确要求突发群体性事件具有违法性；而《预案》则无违法性的要求。笔者以为，违法性并不是突发群体性事件的必备要件。突发群体性事件大多存在着违法性。这里的违法既包括事件目的、手段等违法，也包括程序违法。有些突发群体性事件采用冲击党政机关、拦截交通工具、打砸抢烧等非法手段；有些突发群体性事件虽然最初的目的和手段合法，但其未经过批准便采取了集会、游行、示威等方式，构成程序违法。但也确实存在不具有违法性的突发群体性事件，如 2017 年 9 月末，北京通州万达广场，接连几天每天至少几百号人排队等待酷骑共享单车退押金，没有人组织完全自发形成聚集。[1]整个事件无论目的还是手段，无论实体还是程序都不存在违法性。可是数百人聚集又情绪激动，随时可能演变为其他性质的事件，最后警方出面维持秩序。酷骑事件没有违法性，但却是突发的群体性事件。

参考文献：

[1] 中国行政管理学会课题组："群体性突发事件研究专辑"，载《中国行政管理》2002 年增刊。

[2] 王伟光：《提高构建社会主义和谐社会能力》，中共中央党校出版社 2005 年版。

[3] 周保刚：《社会转型期群体性事件预防、处置工作方略》，中国人民公安大学出版社 2008 年版。

[4] Robert E. Park, Ernest W. Burgess, *Introduction to the Science of Sociology*, University of Chicago Press, 1921.

[5] [美] 巴克：《社会心理学》，南开大学社会学系译，南开大学出版社 1984 年版。

[6] [美] 戴维·波普诺：《社会学》，李强等译，中国人民大学出版社 1999 年版。

---

[1] "通州酷奇总部 市民排长龙要押金"，载 http://finance.ifeng.com/a/20170929/15702549_0.shtml#p=1，最后访问日期：2017 年 11 月 5 日。

试论特色的公安刑法教学

付立忠*

内容摘要： 新时期公安院校的刑法教学应当围绕教学理念更新、知识体系构建、刑警执法策略等核心问题突出公安特色，主要体现三点：一是树立公安刑法的特色理念，应当聚焦公安刑事执法实践，着重解决公安刑事管辖之罪的罪质界分与构成等根基问题；二是构建公安刑法的特色知识体系，具体包括罪质界分理论、罪质构成理论、罪责关系理论；三是探索公安刑法的特色刑警执法策略，主要包括严格坚守罪刑法定的策略、综合平衡执法效益的策略、理性掌控刑罚正义的策略和适度规制执法频度的策略。

关键词： 公安刑法教学　公安司法实践　罪质界分与构成　刑警执法策略

众所周知，法学教育是我国高等教育的重要组成部分，它是以传授法律知识、训练法律思维、培养合格法律专业人才为内容的教育活动。而刑法是法学专业中十分重要的核心课程，在公安院校法学教育体系中占有重要的地位。在我国，建设有中国特色的社会主义近四十年，但公安院校刑法教育的发展情况却不尽人意，有关的刑法教学活动所一直沿用的刑法教材几乎与普通高等院校别无二样，相关的教学内容、课程体系、教学方法等也没有明显的公安特色可言。目前，我国的司法体制改革处于大变革时代，整个法学教育出现新的发展机遇，也面临巨大的挑战，特别是公安院校的刑法教学如何适应、如何变革的问题几乎无可回避。本文试图围绕新时期下公安院校刑法

---

* 付立忠，中国人民公安大学法学院副教授，北京木樨地南里。

教学应有的特色，主要围绕教学理念更新、知识体系构建、刑警执法策略等核心问题进行初步的探讨，以期抛砖引玉。

一、公安院校刑法教学应有的公安特色理念

公安院校的刑法教学是否存在应有的公安特色理念，回答绝对是肯定的。或许有人认为这只是视角与层次、程度与范围的差异问题而已。一般理解而言，公安院校的刑法教学特色在于培养的是从事公安刑事诉讼工作的专门人才，侧重传授的是刑事侦查的刑法知识体系。这种理解实际上是将培养目标与手段混为了一谈。公安院校刑法教学的主要特色在于，其他检法机关从事刑事诉讼活动所不具有或者非基本的情形。毫无疑问，改革开放以来，公安院校的刑法教学在管理制度、师资队伍、课程设计、教学内容、教学方法等几方面都有了长足的发展，但仍然存在公安特色理念不突出等问题。主要表现在：教学队伍中的主体教师没有或者不知道公安特色的刑法教学理念为何物；公安院校的刑法教学所依托的教材与普通高等院校的大同小异甚或简化版，几乎没有任何公安特色的内容或者体系方面的创新可言；实际教学活动或者具体讲授中没能突出刑法的公安特色所在；本科课程考试、研究生入学考试等理论环节的考核几乎与普通高等院校的没有区别；刑警人员培训、警察执法资格考试等专业实践环节的考核也没能很好地体现出解决公安实际问题的特色，例如量刑情节认定等问题，完全没有必要纳入警察执法资格的考核范畴。在中国梦、一带一路国家大政方针策略指引下，特别是法官员额制、全国巡回法庭设立、刑事案件速裁程序试点、认罪认罚从宽制度试点、国家监察委组建、国务院金融稳定发展委员会成立等一系列司法行政体制改革的背景下，公安院校的刑法教学活动应当谋划大略，积极探讨新形势下的突出公安特色理念的刑法教学议题。或许公安特色理念不突出等问题的深层次根源在于公安系统的理论研究教学人员及实践领域业务骨干人员安于现状、缺乏进取新领域的开拓精神。

这里似乎有必要换个角度或者从另外层次上进行反思，今年建党日，张维迎教授在北大国家发展研究院毕业典礼上演讲时指出："中华文明是世界最古老的文明之一，并且是唯一延续至今的古老文明。古代中国有过辉煌的发明创造，为人类进步做出了重要贡献。但在过去500年，中国在发明创造方面

乏善可陈。让我用数字说明这一点。根据英国科学博物馆学者 Jack Challoner 的统计，从旧石器时代（250 万年前）到公元 2008 年之间产生了 1001 项改变世界的重大发明，其中中国有 30 项，占 3%。这 30 项全部出现在 1500 年之前，占全球 163 项重大发明的 18.4%，其中最后一项是 1498 年发明的牙刷，这也是明代唯一的一项重大发明。在 1500 年之后 500 多年全世界 838 项重大发明中，没有一项来自中国。"还特别强调指出："公元 1500 年之前和 1500 年之后的不同。1500 年之前，全球分割成不同的区域，各区域之间基本处于封闭状态，一项新技术在一个地方出现，对其他地方的影响微乎其微，对人类整体的贡献非常有限……但 1500 年之后，全球开始一体化，不仅技术发明的速度加快，技术扩散的速度变得更快，一项新技术一旦在一个地方出现，很快就会被其他地方引进，对人类整体的进步发生重大影响……因此，1500 年之后，创新才真正有了国家间的可比性，谁优谁劣一目了然！中国在过去 500 年没有做出一项可以载入史册的发明创造，意味着我们对人类进步的贡献几乎为零！比我们的祖先差远了！"笔者理解，近代中国文明发展史停滞不前与近代中国教育缺乏想象力和创新力不足应当密切相关，中国的教育理念与体制应当彻底改进，而法学教育应当聚焦真正能力的培养与提升，不光是围绕掌握知识的不断考核。在社科领域，现代科学意义上的刑法学产生于 200 多年前的西方，而法治意义上的新中国刑法学是伴随着我国第一部刑法逐步发展起来的，可谓时间不长、发展有限、任重道远。正如陈兴良教授所言："1979 年至 1997 年是我国刑法学恢复重建的阶段，而 1997 年至今是我国刑法教义学茁壮成长的阶段。1997 年至今已有二十年了，我国刑法学已有很大发展，刑法教义学的基础已然奠定。回顾这段历史，对于明确我国刑法学的学术走向具有参照意义。"[1]显然，公安院校的刑法教义学的发展离不开普通意义上刑法教义学的茁壮成长环境。那么，公安院校的刑法教义学的发展大方向是明确的，但更应努力探寻公安刑法教学的应有特色理念。一切从实际出发，理论联系实际，实事求是，在实践中检验真理和发展真理。这不仅是认识世界和改造世界的根本观点和根本方法，也是正确理解公安院校刑法教学的应有特色理念的根本前提和基本保证。因此，原地踏步肯定不行，必须针

---

〔1〕 陈兴良："刑法教义学的发展脉络——纪念 1997 年刑法颁布二十周年"，载《政治与法律》2017 年第 3 期。

对新情况、新问题积极探索有公安特色的刑法教学新思路，而有公安特色的刑法教学新思路的问题的答案应当到公安刑事执法实践中去探寻。

实践证明，马克思主义在中国发展的成果就是毛泽东思想和中国特色的社会主义理论体系，而中国特色的社会主义理论体系的灵魂就是实事求是，实事求是马克思主义的精髓所在。2017年五四青年节来临之际，习近平在中国政法大学考察时明确指出，法学学科是一个实践性很强的学科，法学教育要处理好知识教学和实践教学的关系。这实际上为中国法学教育的改革发展提出了方向指引。从普通刑法理论联系公安机关面临特殊实践问题的终极意义看，公安院校刑法教学的应有特色理念不能迷失方向，而应当聚焦刑警刑事执法实践，即着重解决公安刑事管辖之罪或者面临的罪质界分、罪质构成、罪责关系等根基问题。而此罪与彼罪的界限、重罪与轻罪的区别、罪数的界分、犯罪未完成形态的认定、量刑适用、大部分刑罚执行等问题领域均不是公安刑事执法的特色理念所在。也可以说，公安院校刑法教学的应有特色理念在于公安机关独自承担的刑事执法职能所反映的特殊情形，这同检法机关各自承担不同的司法职能一样相互不能替代，应当说各有千秋，公安系统刑警刑事执法职能也有特色。现实情况表明，公安院校的刑法教学在诸多环节和主要领域并没有真正体现应有的特色理念。主要表现在两个方面：一是在公安理论研究体系方面，从公安院校编写或者使用的刑法教材来看，迄今仍没有一部以公安刑事执法实践所管辖的罪质界分、罪质构成、罪责关系等为核心的全面体现公安机关刑事执法工作的刑法教材，甚至在相关的刑法教材中既没有明确阐述公安机关管辖的案件范围，也无初步的、框架式的管辖之罪质界分、罪质构成、罪责关系的概括介绍，更无专门的、系统的理论板块加以群类化论述；从本科教学过程、重点安排、案例研讨、平时期中及期末考试考查、学位论文等关键环节看，往往将上述特色核心以外的内容当作主要分析测试对象，甚至研究生入学考试、培养阶段、毕业论文等基本环节，也没有明显地或者很好地突出公安刑法理论特色。二是在现实公安业务实践方面，入警培训、警衔晋升、执法资格考试等重要节点同样也没有面对公安刑事执法工作的实践，考核内容往往秀而不实，没能全面体现公安刑事执法特色，而真正需要考核或者解决的问题却很少提及或者无人问津。例如，公安管辖之罪的罪质界分等重大疑难问题时常浮现，相关的罪质构成等复杂疑惑问题也层出不穷，有关的边界与区别、罪责关系等一般性问题也普遍存在。

道理虽然不言而喻，但令人费解之事还有，有关文件、领导讲话、会议报告、研讨发言等信息表明，对于公安特色讲得头头是道，可究竟怎么回事、如何在分属层面上体现等问题往往没有了下文，而具体操作层面的诸如教学过程与环节更是呈现出不知所云的状态。当然问题的核心还是在于没有相应的公安特色知识体系作为支撑，进一步说是在于如何理解与构建公安院校刑法教学应有公安特色理念所必须具有相应的公安特色知识体系。总之，聚焦公安刑事执法实践，着重解决公安刑事管辖之罪的罪质界分、罪质构成、罪责关系等根基问题应当是公安院校刑法教学应有的公安特色理念所在。

二、公安院校刑法教学应有的公安特色知识体系

公安院校刑法教学的核心任务应当是培养合格的刑警法律人才，但以目前刑法教材为基础的培养模式并不完全符合刑警法律人才的培养要求。作为支撑与展现公安院校刑法教学应有的公安特色理念的公安特色知识体系，应当具备相对完整的系统性、结构性、独体性的属性，并且有其特定的基本内容和表现形式。结合《国家中长期教育改革和发展规划纲要（2010-2020年）》"牢固确立人才培养在高校工作中的中心地位，着力培养信念执著、品德优良、知识丰富、本领过硬的高素质专门人才和拔尖创新人才"的规定精神，积极探索并合理构建公安院校刑法教学应有的公安特色知识体系，理应成为相关研究者、专业人士、有理想的实践者共同努力的奋斗目标之一。具有公安特色刑法知识体系的构建，并非靠对现行刑法理论体系进行缩减与增加的简单处理方式就可完成，必须抓住事物矛盾的主要方面及关键环节进行全方位、系统性的统筹谋划。正如上文所议，公安院校刑法教学的应有特色理念在于着力解决刑警刑事执法实践所面临的罪质界分、罪质构成、罪责关系等根基问题。那么，以罪质界分与构成为核心和相关理论板块为基本内容的框架体系应当就是公安特色知识体系的主要界域范畴所在。按理说，搭建公安特色刑法基石性知识理论体系应当举全国公安院校刑法教学领军人士和刑警实务高手之智慧才能顺利实施，这里也只能尽力试之了。

1. 罪质界分理论

罪质界分理论涉及的主要是罪与非罪界域里的区别与鉴别等相关理论问题。显然，罪与非罪问题在传统刑法理论体系中并不占有重要位置和独立的

地位，主要在刑法总论中的正当行为、刑法分论中所有个罪认定等理论板块中加以论述区分。但实践中，公检法基于案件管辖分工不同，罪与非罪问题呈现的阶段差异、急缓程度、证据查缉等明显存在巨大差异，特别是公安机关承担了绝大多数刑事案件的立案侦查工作，刑警在开启刑事诉讼程序中扮演重要角色，面临办案时间紧迫、初查事实举步艰难、犯罪现象千奇百怪、罪与非罪界限混杂难辨等诸多棘手困惑，而依靠传统刑法相关理论根本无法解决或者不能很好解决。问题根源或许在于普通刑法理论是统而揽之（例如，根据犯罪概念及特征来区分罪与非罪的界限，根据刑法总则规定的犯罪构成一般要件来区分罪与非罪的界限，根据刑法分则规定的具体个罪的特定构成要件来区分罪与非罪的界限等），并没有针对公检法各自面临的刑事问题而阐述。因此，应当积极探索针对公安刑事司法的具有公安特色的罪质界分理论板块。基于公安刑事执法的实际，这里罪质界分理论的内容主要包括罪与非罪的界域理论，次要的也包括罪与非罪中罪的构成理论部分（这部分主要在第二个特色罪质构成中阐述），但侧重点应当在于罪与非罪中的非罪理论部分。罪质界分理论应是公安特色刑法知识体系的核心要素，属于关键的环节，相当于排球比赛的节点、局点。在某种意义上承担了鱼嘴分流功能，分为非罪的部分实际上还能发挥防止冤假错案件的作用，而归入有罪的部分则进入诉讼的下一个流程，即系统的内部侦办过程及后续的系统外的检法核判过程。总之，罪质界分理论的具体理论板块的构成及概念、原理、详细内容等可能需要长期积累与在研究探索的过程中形成，目前只能粗线条地大体构想一下，主要包括以下框架内容（肯定存在诸多探讨余地）：①罪与非罪的界域。罪与非罪的界域主要指罪与非罪的混合或者竞合情况，如民事违法与刑事犯罪的关联（给车加油后不给钱趁机逃掉行为的性质，是民事违约还是抢夺犯罪，目前倾向民事侵权性质）、治安违法与刑事犯罪的关联（接近犯罪数额的行为性质确定问题，网络寻衅滋事行为的性质确定问题等）、行政违法与刑事犯罪的关联（内幕交易行为的性质，已达到有关司法解释的标准但现实相关部门并没有作为犯罪来处理等）、合法行为与刑事犯罪的关联（捡拾大量公园景池钱币行为是否构成犯罪，目前倾向非罪性质）。②纯正的非罪。刑法犯罪概念中"但书"的规定，即情节显著轻微、危害不大不认为是犯罪的情形。③程序的非罪。犯罪已过追诉时效期限的情形；依照刑法告诉才处理的犯罪，没有告诉或者撤回告诉的情形；犯罪嫌疑人、被告人死亡的情形。④事实存疑的非罪。事实难以查明或者无法查明的情形，如被害人下落不明的犯罪案件中是否存在犯罪嫌疑人或者被告人的犯罪行为。⑤性质争议的非罪。专家非罪意见特别是权威专家的非罪意见应当作为重要的除罪理由加以研讨，还值得探讨的是应否遵循"法不责众"或者民意标准来酌情处理（倾向可以）。⑥证据排除的非罪。案件中已有证据，如物证非同一性质结论的司法鉴定，明确能够排除犯罪嫌疑人或者被告人的犯罪行为；证据存在程序上的瑕疵，司法解释明确规定应当排除的情形。⑦证据疑惑的非罪。应当本着疑罪从无的原则精神来处理。

2. 罪质构成理论

犯罪构成理论包括单个罪与数个罪的构成条件问题，是刑法理论大厦的基础或根基，公检法均用这理论来完成相应的刑事诉讼活动。但由于公安机关刑警之运用具有初步性（事实初步确定、证据初步查实、性质初步确定等非中间性、非最终性）和过程性或者阶段性（事实证据性质均需进一步核查审定或者进一步完善等非终极性）等特色。因此，相应的犯罪构成理论之展开与阐述应当从公安管辖案件的实战需要加以整合提炼、开拓升华。根据公安部案件管辖分工的规定，目前公安机关直接管辖的刑事案件占刑法全部 468 种罪名的 78.8%以上，共有 369 种，具体包括内保、反邪部门管辖的 32 种，经侦部门管辖的 79 种，刑事侦查部门管辖的 125 种，禁毒部门管辖的 11 种，治安部门管辖的 102 种，边防部门管辖的 4 种，网安部门管辖的 5 种，反恐部门管辖的 7 种，消防部门管辖的 2 种，交管部门管辖的 2 种。公安系统管辖这么多的刑事犯罪案件，导致刑事执法实践会存在方方面面的问题，但公安院校刑法教材却没能系统地、总结性地、突出特殊性地加以阐述或者介绍。理论怎么联系实践，又如何面对和解决实际问题，诸如司法解释的绝大多数内容是否应当全部体现在教材中等，这些都是非常值得反思的。类似问题的解决绝不是一朝一夕的事情，这里也仅能"捕风捉影"地说说而已。主要可从以下三个方面注意细化提升：①类型化的罪质构成。公安管辖的重点之罪或者其他整合之罪的形式、内容、分类及原理阐述。例如，危害公共安全类犯罪，以客体特征为主结合犯罪方法、选择手段、侵害对象、实施过程等特点分成五小类进行阐述。还有常见罪、多发罪、疑难罪、关联罪、宜混罪等也有待深入研究阐明。②程度化的罪质构成。主要包括犯罪完成形态的罪质构成、犯罪未完成形态的罪质构成。还有，微罪与轻罪分类在理论上也存在研讨空间。③罪数化的罪质构成。一罪的情形进行类型化处理，有争议的牵连犯、结合犯可以删掉。数罪应当突出主要罪，这方面应当没有难度。另外，还要注意一罪与主要罪的区分，对于众罪的分清应当注意主要众罪与次要众罪的界限，另外在布局、结构、体系等方面还要注意群罪、类罪、竞合罪的划分。同时对于结果犯、情节犯、数额犯、目的犯、走私犯、涉枪犯、恐怖犯等集合式的分类也应当系统阐明。由于条件有限，有关细论兴许需要另文展开，这里不再赘述。

3. 罪责关系理论

学界有人指出，罪责关系是指犯罪和刑事责任之间的静动关系与功能结构。罪责关系的预设前提是刑事责任范畴具有独立性。罪责关系可以验证罪责刑关系暨刑法学体系的自洽性与功能有序性。[1]一般意义上的刑事责任范畴主要包括刑罚目的与功能、体系与种类、刑罚适用、执行与消灭等内容。但本文的罪责关系主要涉及的是针对犯罪而不包括犯罪内容的刑事责任问题，并且主要限于与公安刑事执法工作相关联的部分。而与公安刑事执法工作关系密切的主要是部分刑罚执行的内容，不包括诸如自首、累犯等刑罚适用或者量刑问题，这些问题公安机关无权认定处理，明显属于法院最终判定之事。根据现行《刑法》《刑事诉讼法》的规定，目前公安机关担负的刑罚执行工作主要是拘役、三个月以下的有期徒刑、剥夺政治权利等，而原来属于公安机关负责的管制、缓刑、假释等刑罚执行工作已经转由社区矫正机构专门负责。总之，罪责关系涉及的刑罚执行内容不是公安刑事执法的重点，属于后方阵地，具有附带意义，对于整体公安刑事执法影响不具有全局性，随着司法改革的不断推进，如社区矫正制度的探索与建立、看守所管理体制的调整与完善等，公安刑罚执行的范围还将缩减，公安机关承担刑罚执行的功能也将逐步被弱化。因此，有关罪责关系的理论也将淡化。

三、公安院校刑法教学应有的公安特色刑警执法策略

构建公安特色刑法知识体系应当以教材改革为基本，同时对于培养目标、培养方式、教学体系、教学内容、教学方法、课程体系、教学环节、考试考

---

〔1〕 参见孙道萃："罪责刑关系堪当刑法学体系的核心范畴"，转自载《检察日报》2016年05月12日。

核、师资队伍以及相关的体制机制等方面也要进行相应的全面而系统的调整。目前我国正在深入进行的司法体制改革，实际上也为积极探索公安刑法特色理论带来了新的机遇和挑战，特别是刑警执法策略的开拓与创新就更为必要。整体来看，新时期的公安院校刑法教学不仅强调传授掌握公安刑事执法必要的相关基本概念、法律原理与规则，还更要突出培养特殊的公安特色刑警执法策略，以全面提升运用相关法律原理分析案情，依循法律逻辑准确把握刑事法律关系，妥善解决公安刑事执法实际问题的能力。这里的公安特色刑警执法策略，是指根据公安机关管辖的刑事案件的特殊性，刑警在查办事实证据工作过程中，应当树立罪刑法定的绝对权威，并以此为根基正确分析罪与非罪界域问题，对其中的非罪案件及疑罪案件的性质确定及实体决定慎重采用特殊的策略处理，以期达到执法公正的目标要求。客观而言，公安机关与检法机关在处理罪与非罪界域问题上，确实存在不可比拟的特殊性和复杂性，这种现象尽管长期存在，但缺乏恰当的切入视角展开探讨，目前也只能就某些刑警执法策略提出不尽成熟的想法或思路，主要包括以下几点内容：

1. 严格坚守罪刑法定的策略

罪刑法定属于刑法明文规定的基本原则，公检法三机关在刑事司法过程中必须严格遵守。对于公安机关的刑警执法而言，罪的法定的理解、把握与贯彻应当是主要环节。因此，无论是出罪或者是入罪的处理，刑警执法必须严格按照罪刑法定原则精神来进行，这个严格坚守罪刑法定的策略应当视为刑警执法的根基策略，其灵魂与核心地位不可动摇。实践中，有些区分罪与非罪界限的疑难案件的处理往往存在非法律因素的干扰，这就要求公安机关刑警执法应当杜绝以权代法、长官臆断、领导乱批等现象，严格坚守罪刑法定的策略。比较典型的负面案例是，2001 年年底出台的《刑法修正案（三）》增加了"投放虚假危险物质罪"这一新罪名，但数日之前审理判决的案件，某法院却将案件行为人投放虚假危险物质的行为错误地定性构成以危险方法危害公共安全罪并判处有期徒刑。按照刑法理论通说，行为人投放虚假危险物质的行为根本不能构成以危险方法危害公共安全罪，而根据罪刑法定的精神，这种投放虚假危险物质的行为，在该修正案生效之前，毫无疑问地应当视为"法无明文规定不为罪"的情形。如果公检法三机关能够严格依照罪刑法定原则处理，特别是如果公安机关刑事执法能够顶住外来压力，严格坚守罪刑法定的这一策略，也许就能够避免类似的冤假错案的发生。

2. 综合平衡执法效益的策略

公安执法工作应当有诉讼成本意识，以降低成本，提高效益为基本，以投入较小的成本来取得良好的执法效果为原则。但在解决公安执法工作中面临的有些罪与非罪问题时，则要发挥好第一道诉讼关卡的过滤功能，妥当选定执法切入点，采取综合平衡执法效益的策略，作出合理的处理决定。例如，对于罪与非罪性质不明的伤害案件，如果案件主要争议不在结果而是双方斗气，不需要轻微伤与轻伤的司法鉴定结论也能解决争议，那么，案件的处理就可采取这一策略，及时解释相关法律关系及处理原则，在抓大放小化解好主要矛盾的基础上，按照非罪的思路决断处理，而不要拖泥带水、扩大矛盾，变相提高诉讼成本、忽视执法效益。再如，对于有些确实存在证据巨大疑惑或者争议的罪与非罪案件的处理，就可综合考虑并平衡执法成本与特定效益关系而采取这一策略，本着疑罪从无的精神，依据相关程序规定适时作出非罪的处理决定。

3. 理性掌控刑罚正义的策略

公安机关刑事执法活动在一定程度上代表着国家刑事司法力量承担惩处犯罪的功能作用。公安机关刑事执法活动主要包括刑事立案侦查活动，还包括部分刑罚执行活动，但这里需要探讨的是，刑事诉讼首要环节即立案初期的公安机关刑事执法活动所要采取的策略，具体涉及的主要是解决公安刑事立案过程中面临的罪与非罪问题时应当采取理性掌控刑罚正义的策略。由于刑罚正义是刑法正义的主要体现，是司法正义的组成内容，国家刑罚权的合理运作与保障公民权利呈现常态又密切关系。因此，公安机关刑事立案环节涉及的罪与非罪的执法活动，应当体现刑罚正义的基本要求。刑罚不是目的，但刑罚运作的后果必要涉及案件当事人的基本权利的限制、禁止、剥夺等问题，公安机关刑事执法最终目的之一就是实现刑罚正义，正义是根本价值所在，如果刑罚确无必要，那么动用刑罚必将丧失基础。很多防卫案件是否过当的最终判定往往离不开刑罚正义的拿捏与把握，不能把属于正当防卫但造成严重后果的案件强行定性为防卫过当而作为犯罪来处理，这是导致刑罚正义偏离正轨的深层原因。还有些介于罪与非罪边缘的案件，诸多因素已经显示刑罚的必要性非常苍白，及时作出终断刑事诉讼程序的非罪决定处理，也可实现刑罚正义的目标，但如果这个环节出现执法不公，那么刑罚正义的身影也将在个案中荡然无存。

4. 适度规制执法频度的策略

公安机关刑事执法工作，特别是在刑事诉讼启动环节上，既可主动出击，也可量力而行，但应当采取适度规制执法频度的策略。实施此策略的关键在于，应当根据现实需要及自身实际，按特定方案因地制宜地集中展开整治查处涉嫌犯罪案件。有必要提及的是："选择性执法现象是作为执法主体的国家或政府面临情势变化，运用剩余执法权以保证实现其政治、经济及社会目标的结果。选择性执法尽管在转轨时期有其合理性，但弊端已经随着改革的深入而日益凸显，包括对人们预期的扰乱，执法代理人的渎职、腐败，对执法体制进一步改革的阻碍等等。"〔1〕但这里的适度规制执法频度策略并非一般意义上的选择性执法，而是有节制的、重在预防的理性执法。例如，关于醉驾型危险驾驶行为的执法查处，应当选择在人流物流多并且易发危险的地点与时间集中查处，既可惩处立法真正规制的危险驾驶犯罪，又可发挥执法的威慑作用，从而很大程度地预防此类犯罪；如果偏偏动用大量人力物力选择在人烟稀少的地方进行查处，可以想象公安刑事执法水平与相关刑事立法的初衷是否会形成巨大的反差，执法效果是否也会大打折扣。另一方面，采取适度规制执法频度的策略，还包括采取适可而止的克制方式处理相关事态的意思。正如有人指出的情形：按照最高人民法院和最高人民检察院的司法解释，内幕交易等证券犯罪的交易额达到50万元就构成犯罪，就要追究刑事责任，而实际上，根本不可能做到"无差别"的全面追究，因为中国股市俗称"政策市""消息市"，每天达此标准的炒股人士何止千万。因此，我们只能选择类似黄光裕一样的交易额达到数千万、数亿的"大鱼"进行打击。对数十万、数百万交易额的内幕交易案基本不追究刑事责任。〔2〕可见，现实中有些违规不法事实明确存在，甚至已经突破司法解释的底线，行政执法机关没有作为刑事案件移送公安机关，公安机关刑事执法部门也没有启动刑事诉讼程序，但这并非执法不作为，因为这主要是基于社会领域特殊发展阶段、社会危害性波动、法不责众等综合因素作用所致。总之，采取适度规制执法频度的策略应能胜任公安刑事执法启动环节需要妥善解决的罪与非罪界问题的使命。

---

〔1〕 戴治勇："选择性执法"，载《法学研究》2008年第4期。
〔2〕 顾肖荣、陈玲："惩治证券犯罪效果的反思与优化"，载《法学》2012年第10期。

　　需要说明的是，有关公安院校刑法教学的公安特色问题的探讨，仍存在广泛性、体系性、结构性、思路性、方向性的多种探讨可能，或许是关键问题，或许是环节问题，或许是其他问题，但肯定不是全部细节的研讨，不当之处还请诸位海涵！

美国警民冲突的原因及处置对策

孙 鸥* 叶晓川** 钱 程***

内容摘要： 美国是个相对自由的国家，但是，自由是在一定秩序下的自由。美国警察在维护社会秩序过程中，往往会与民众产生冲突。特别是美国警察对枪支有较大的使用权，一旦过度使用枪支，常常会引发民众的普遍性抗议。本文简单地介绍了美国警民冲突的种类及其原因，以及警民冲突的危害，目的是拓展我国民警的视野。

关键词： 美国警民冲突 影响

一、美国警民冲突的种类

（一）社会管理引发冲突

"2010年8月15日，'柠檬水女孩'的故事成为美国媒体关注的焦点。7岁的俄勒冈州女孩朱丽在一个地方集市上售卖柠檬水，因为没有卫生执照，被地方卫生管理执法人员驱逐。"[1]女孩的遭遇引发美国社会的广泛关注，民众指责当地管理机构无权将小女孩赶走，称其扼杀了小女孩的创业热情。当时见证了整个事件的麦克尔·弗兰克林是网上知名人士，他是一个民间网站的成员。弗兰克林采访了朱丽的母亲，将采访过程在网上播出，立即引发美国民众的强烈反响。民众指责卫生执法人员用"官僚主义"之水浇灭了小女

---

* 孙鸥，女，1973年生，硕士，上海市公安局宣传处，副处长；

** 叶晓川，中国人民公安大学教师；

*** 钱程，兰州市公安局民警。

〔1〕"我们为何对美国'柠檬水女孩'的故事这样感怀"，载 http://news.sina.com.cn/o/2010-08-16/165217972629s.shtml，最后访问日期：2017年1月7日。

孩的美好童年，不少网友还回忆起儿时卖柠檬水的经历。在网民的压力下，俄勒冈州政府的卫生部门首脑被迫向朱丽登门道歉。

为了城市的环境卫生，卫生警察取缔小女孩乱摆地摊的行为是依法履行职务行为。但是，小女孩的创业激情受到打击。在美国民众看来，警察不能僵硬地执法，应当在执法过程中考虑被执法对象的特殊情况，执法不能一刀切，政府应当在城市管理与民众创业之间寻求平衡。

（二）警察过度使用枪支引发冲突

美国公民可以合法地持有枪支，为了保证警察的执法安全，法律规定只要警察感觉生命受到威胁时，就可以使用枪支。由于自我感觉具有主观性，每个人的自我感觉可能都不一样，加之，警察的自我感觉缺少明确的客观标准，以致警察开枪后常常引发民众的质疑。

"2006年11月25日清晨，贝尔在夜总会参加完婚前最后一次单身聚会后，和几名好友驾车准备离开。贝尔的车撞到一名正在夜总会执行任务的便衣警察，又与一辆没有标志的警车两次相撞，警察立即向贝尔的车辆开枪射击。"[1]夜总会附近居民亚伯拉罕·卡马拉回忆说："25日清晨4时左右，他正准备开始工作，突然听到远处响起连续的枪声，最初好像有4声枪响，然后就砰、砰、砰连续响起。"警方的调查显示：5名警察向贝尔的车辆开了50枪，其中，21枪击中目标，贝尔当场身亡。本案中，警察连开50枪明显是超过制服犯罪的需要，过度使用武力的行为特别明显，此事在美国社会引起强烈反响，再度引发了人权组织和民众对美国警察粗暴执法的高度关注。

美国财政部、司法部规定："执法人员只有在必要时，并且只有合理地确信当事人将会对执法人员或他人造成紧迫威胁时才能使用致命强制力。"美国警察开枪时必须牢记两个原则：一是开枪必须具有目的上的正当性，警察开枪必须是为了保护自己或民众的生命安全，或者是为了防止更大的罪案发生，警察不能出于恶意而开枪。二是只有在别无选择的情况下才可以开枪。美国警察在开枪前必须想清楚一个问题：除了开枪以外，还有没有别的办法制服犯罪？比如说，当犯罪嫌疑人驾驶汽车向一名警察冲撞过来，假如这个警察能够凭借纵身一跃而脱险，那么，按照洛杉矶警察局的规定，警察就不应当

---

〔1〕 "纽约3名警察涉嫌50枪射杀黑人新郎被判无罪"，载 http://news.sina.com.cn/o/2010-08-16/165217972629s.shtml，最后访问日期：2016年2月3日。

开枪。本案中，警察连开50余枪，完全是过度使用武力，而且造成不必要的伤亡，从而引发民众抗议。

（三）司法不公引发警民冲突

美国实行"三权分立"制度，法院掌握裁判是非的权力。在美国，警察开枪是否正当必须由法院最终裁决。由于美国实行陪审团制度，陪审团成员是从当地居民中随机选取。担任陪审团成员并不需要法律知识，陪审团成员裁判时往往是跟着感觉走，所以，陪审团的裁判有时并不公正。

2009年元旦，白人警察莫瑟利在奥克兰水果谷地铁站月台上逮捕涉嫌斗殴的格兰特。当时，格兰特已经被制服在地，莫瑟利只要将格兰特带回警察局就算完成了任务。此时，谁都没有想到的是，莫瑟利却拔出手枪，将格兰特射杀。莫瑟利在法庭上辩称自己原本是想拔泰瑟枪的，由于紧张误拔手枪导致格兰特死亡。2010年7月9日，民众聚集在奥克兰市政府前面的空地上，等候洛杉矶高等法院的宣判结果。当天下午4时，由8名女性和4名男性组成的陪审团宣布莫瑟利为无意过失杀人。由于陪审团中白人较多，民众认为陪审团的判决不公，奥克兰街头的人群开始和平抗议。在和平抗议中，民众抨击此案的宣判结果为白人至上的种族歧视，游行的民众高喊要正义，要公正。[1]

任何一个社会都会存在矛盾，都需要一个裁判是非的机构，现代社会将裁判是非的权力委托给法院行使。法院在行使裁判权力时，必须做到客观，公正，才能化解社会矛盾。在美国的审判系统中，通常由陪审团负责定罪，由法官适用法律。本案中，担任陪审团的成员具有民族歧视情绪，没有做到客观公正地裁判是非，致使法院的判决没有起到定分止争，化解矛盾的功能，相反，激化了种族矛盾，加剧了警民冲突。

二、警民冲突的影响

任何一个社会都需要有正常的秩序，否则，普通民众将生活在惶恐不安之中，而警察正是社会秩序的守护人、保卫者。警察在守护社会秩序时，不仅需要民众理解，更需要民众配合。一旦警民关系发生冲突，将严重影响警

---

〔1〕 "美国加州宣判白人警察为无意过失杀人引发骚乱"，载 http://news.sina.com.cn/w/2010-07-09/155720646564.shtml，最后访问日期：2016年3月20日。

察职能的发挥，同时会对社会不同阶层之间造成隔阂，甚至冲突。

（一）引发种族对立

贝尔于婚礼当天的晚上死于警察的枪口，引发其家人和民权组织的强烈抗议。2006 年 11 月 25 日，黑人民权领袖雷夫·沙普顿在医院看望伤者后举行新闻发布会，强烈谴责警察滥用暴力，沙普顿说："我将和这个家庭站在一起。这件事情太令人反感。警方所说的一些情况让人感觉不对劲。"原本是一起治安事件，由于警察滥用暴力，毁灭了一个幸福的家庭，让年幼的孩子失去父亲。沙普顿声称："他发现两名伤者被警方用手铐铐在病床上，对此深感愤怒，我们不是反对警察，而是反对警察的暴行。"在沙普顿演讲后，美国的黑人团伙纷纷上街游行抗议。

由于受到文化、教育、家族财富的影响，美国少数族裔有时缺少遵纪守法的意识，一些人时常成为社会秩序的挑战者。从警察的执法实践看，受到警察枪击的大多是少数族裔的美国人。由此导致少数族裔的民众认为警察对他们抱有偏见，没有做到公正执法。为了表达自己的不满，美国少数族裔往往通过游行示威，甚至骚乱来反抗警察的执法不公。

（二）引发治安问题

2014 年 8 月 9 日，18 岁的非洲裔青年迈克尔·布朗在美国密苏里州弗格森一条街道上被白人警官达伦·威尔逊拦截后开枪打死，引发当地连日示威活动，示威活动不断升级，最终形成长达几个星期的骚乱。[1]18 日，弗格森警方向抗议人群动用催泪瓦斯和闪光弹。据法新社报导，骚乱已造成两人受伤，另有 31 人被拘捕。在警方处置骚乱活动中，密苏里州高速公路巡逻队队长荣恩·约翰逊表示，警方并未开枪，而是示威者开枪打伤人。当地目击者称，在警方采取行动前，数小时的街头抗议活动虽然气氛紧张但是大体平静。有个别抗议者在大街上随意投掷物品，发泄愤怒。抗议者向配有防暴装备和装甲车的警察投掷小型物体，可能是石头。在街头抗议期间，由于担心受到伤害，当地一些民众不敢轻易出门。

骚乱是对现在秩序的破坏，而警察作为社会秩序的维护者，在发现骚乱时必须立即恢复社会秩序，让社区民众能够享受正常的工作、生活环境。在

---

〔1〕 "弗格森小镇恢复平静：州长杰伊下令撤出美国民警卫队"，载 http://www.sinovision.net/politics/201408/00307667.htm，最后访问日期：2015 年 6 月 6 日。

平复骚乱的过程中，如果警民之间缺少有效的对话沟通机制，在骚乱民众与警察之间就会发生直接的冲突。一旦警察在处置骚乱时缺少执法智慧，发生人员伤亡事故，警民冲突的程度就会升级。

（三）对当地经济产生影响

密苏里小镇弗格森在美国是个非常不起眼的地方，如果不是美国警察枪杀手无寸铁的黑人青年迈克尔·布朗，弗格森的居民仍然在享受平静的生活。布朗事件后，由于当地警方调查时没有邀请媒体参与，调查过程缺少透明度，一些黑人团体感觉警方的调查结论缺少公正性，从而导致社区黑人走上街头游行示威，当地政府采取了一系列军事化行动来应对抗议群体。尽管军队迅速平息了当地的骚乱，但是，当地民众的心理并没有随着骚乱的平息而回归宁静。正如纽约时报中文网评论的那样，当地政府采取的平息民众骚乱的措施更适合巴格达，而不是密苏里州的一个郊区城镇。从 2014 年 8 月至 11 月，经历了数个星期的抗议和骚乱后，警民冲突对当地的经济产生严重的破坏，数十家商店遭到损毁，当地的就业机会减少。目前，小镇弗格森的经济有发展迹象，但是，仍面临严重的经济挑战，人们的生活水平与骚乱前相比呈大幅度下降趋势。

稳定就是生产力，创造社会财富离不开良好的社会秩序。骚乱不仅会影响正常的社会秩序，而且使得外地投资者不敢轻易前来投资，从而减少当地社区民众的工作、就业机会，进而对当地的经济产生负面的影响。

（四）针对警察的人身攻击增多

警察执法理应得到民众的尊重，但是，民众尊重警察执法的前提是警察必须公正执法，警民关系融洽。一旦发生警民冲突，警察就会首当其冲地成为攻击对象。警民冲突的一个直接后果就是对警察的人身攻击增加。2016 年 5 月 5 日，美国的巴吞鲁日市发生一起警察枪杀一名卖 CD 的非洲裔男子的案件。在警方对案件的调查期间，美国各地的非洲裔民众已经纷纷抗议，事发地巴吞鲁日市每天都有抗议活动。2016 年 7 月 18 日，美国德克萨斯州达拉斯市爆发狙击警察案，造成 5 人死亡，6 人受伤。10 天后，巴吞鲁日市也发生枪击警察案，行凶者被当场击毙。[1]警方后来证实凶手是密苏里州 29 岁的海

---

〔1〕"美国达拉斯警察在闹市区遭狙击 5 死 6 伤"，载 http://news. sohu. com/20160708/n4584343 51. shtml，最后访问日期：2016 年 7 月 19 日。

军陆战队退伍军人加文·朗恩。加文·朗恩曾在南加州的三个军事基地服役，2010 年退役。加文·朗恩在社交媒体上主张以暴力解决美国黑人遭受的压迫，他的文字显示出对黑人分离主义的兴趣。

三、警民冲突的原因

（一）种族歧视

美国是一个移民国家，受到宗教、文化等因素的影响，一些少数族裔在美国仍然受到不公正的待遇，这或许是美国警民冲突的症结所在。1964 年，美国国会就通过《民权法案》，将种族歧视视为犯罪行为，但是，一部法律并不能从根本上改变美国少数族裔的社会地位。由于受到教育、宗教、文化等因素的影响，非裔族群在美国的社会结构上仍处于低端位置，处于相对贫困状态，最终导致非洲裔族群成为美国社会犯罪的主体人群。这样的种族结构伴随美国社会对少数族裔普遍潜在的歧视心理，进一步引发美国警察在执法过程中对于非洲裔族群的普遍偏见，从而可能过度执法。美国《时代周刊》援引了一位学者的观点："警方在更富有的白人社区的执法行为几乎总是比在贫穷的非洲裔社区的执法行为更文明。"

（二）警察执法的危险程度加大

按照《美国宪法》的规定，美国公民可以合法地持有枪支。一旦民众持有枪支，在武力上民众就与警察处于同等的状态，从而让美国警察在执法过程中处于较为危险的境地。为了保障警察依法行政与人身安全，法律对警察开枪的限制不能过高，从而客观上造成美国警察滥用枪支的现象时有发生。由于美国警察开枪的标准是"自己的生命或他人的生命受到现实的威胁"时，就可以使用枪支。因此，何时开枪，完全取决于警察是否感觉到生命受到威胁。加之，美国在审判警察开枪伤人的案件时往往引入陪审团制度，以白人为主的美国社会普遍倾向于赋予警察更多的权力，民间舆论倾向于支持警察在执法过程中对所谓的"可疑人群"扣动扳机。

（三）部分警察存在暴力倾向

从社会的执法系统看，警察处于执法的最前端，直接面对不法行为或犯罪行为。为了控制局面，警察有时必须使用武力。如果使用武力没有节制，就会形成暴力依赖情节，从而在执法中容易产生暴力倾向。美国自称是一个法治国家，但是，不少美国人对司法的信任度并不高。美国哈佛大学的一项调查显示，近半数美国年轻人不信任美国的司法系统，认为美国的司法系统对不同族裔的人群并不能做到公平对待。由于美国警察在执法过程中存在较大的自由裁量权，部分警察存在暴力执法的倾向。据美国《时代周刊》报道，从 2011 年到 2014 年底，巴尔的摩市就向 100 多位警方暴力执法受害者支付了近 600 万美元的和解费，从侧面印证了一些警察在执法时喜欢依赖暴力解决问题。在巴尔的摩的俚语中，被押上警车就意味着"一个艰难的旅程"，民众对警察暴力执法的反感与不信任由此可见一斑。

（四）警察滥用权力

为了查明巴尔的摩市警民冲突的原因，美国司法部民权司的调查人员通过走访现任和前任的市领导人、警察局长和警员，社区组织和个人，参与当地警员值班的巡逻，审阅了数十万页的相关文件，形成一份调查报告：从 1990 年至 2000 年，警察部门遗留下来的政策对今天的警察的执法行为仍有重大的影响。当初的部门政策鼓励警员增加截停、搜查和逮捕的数量。在那个年代进入警察局的警员，已经成为今天部门的决策者。因此，警察部门今天依然使用这种数据作为评测警员工作表现的依据。调查人员发现，多名警员表现了对法律的误解，如一些警员错误地认为站立在一家公司或一块空地门前就构成"游荡或非法侵入罪"。在司法部调查人员与警方一同轮班巡逻期间，一名警官命令警员在街角截停并驱散一群非洲裔的青年男子。警员曾异议说，没有合适的理由截停这群男子，警官却说，那就编一个。调查人员还发现，一名警员因担心上司不满而决定驱散深夜在餐厅门前聊天等待食物的人群，因此与一名不愿离开的男子发生争执。警员担心该男子会用脚踢他，向该男子开枪，并射伤了 2 人，包括一名与事件无关的旁观者。这明明是一起过度执法的不当行为，但是，上司却认为这位警员的执法行为是恰当的。

四、美国处置警民冲突的方法

（一）主动向媒体通报案情

在美国，媒体被称为"第四种权力"，媒体对政府的行为有重要的左右作用，美国民众对媒体也有较高的认同度。为了平息警察枪杀贝尔的不利舆论，纽约警察局警长凯利主动与媒体沟通，对媒体详细解释警察开枪的原因，希望得到媒体的理解与社会的认同。凯利对记者解释，"警方经常收到这家夜总会涉及毒品、色情和武器的举报。事发当天，有7名便衣警察到此秘密执行任务，警察偷听到贝尔一伙人中的一人说汽车中有枪。当贝尔等人准备上车时，便衣警察公布身份并拦住了他们，贝尔等人试图开车撞击警方车辆。"25日，纽约市长布隆伯格也出面与媒体解释："我们认为，现场的警察可能出于某种原因，以为一场冲突即将爆发，因此开枪以阻止情况恶化。"政府官员不断与媒体对话，就是试图借助媒体向社会淡化警察不当的执法行为。

（二）在游行队伍中安插警员

美国自称是民主自由的国家，但是，民众并不能充分享受宪法规定的游行示威的权利，美国警方往往通过派遣卧底的方式对民众合法的游行示威活动进行破坏，以便暗中实现阻止民众游行示威的活动。在一些警察看来，游行示威无疑对当地的秩序造成一定的妨碍，他们必须进行控制。

《纽约时报》声称，他们获得的录像资料足以证明，从2004年8月以来，在纽约举行的7次社会集会中，至少有10名纽约警方人员隐姓埋名，以卧底身份打入活动人群。2005年4月29日，在一次自行车示威录像中，纽约警方在第19街和第十大道上开始逮捕骑车者。当警察要给一个身穿运动衫的男子戴上手铐时，这名男子在画面中轻声说："我也是执行任务的。"于是，警察就和其他同事打招呼说："路易，他是卧底。"此时，第二个警察走上前来带走这名男子，两人一起走到街外某处。随后，这名男子就独自骑车离开。

警方卧底并不只是在集会中混个眼熟，他们会伺机采取破坏行动，搅乱整个示威活动的进程。《纽约时报》报道称，在去年纽约举办共和党全国大会期间的一次示威游行中，一名警方卧底佯装被捕，导致全副武装的警方和旁观者爆发一场恶战，以致正常的游行示威活动无法进行。面对如此尴尬的作案证据，纽约警察局并没有反驳，而是争辩自己是出于善意。纽约警方发言人保罗·布朗尼表示："便衣警察潜入集会早有先例，他们并不是要调查集会活动的情况，而是想维持秩序、保护公民的言论自由。"

（三）给予因公伤亡的警察崇高礼遇

2014年12月28日，来自美国各地成千上万的警察聚集到纽约，悼念2014年12月20日被枪杀的两名警察中的一人。在基督帐幕教堂，25 000多名警察送别遭枪杀的拉斐尔·拉莫斯警官。美国副总统拜登、纽约州长库默、纽约市长白思豪也出席了葬礼。拜登在致悼词时说："拉莫斯警官和他的巡逻搭档刘文健警官被杀事件触动了全美国的灵魂。纽约是非常多样化的城市，纽约能够也将会告诉整个美国如何化解分歧。"对遇害的警察，奥巴马专门写信慰问："我们全国人民和你们一样感到悲痛。对警察的任何攻击都是对我们所有人的无理攻击。国家不能够再要求警察来解决社会弊端，国家应该给警察提供必要的工具来建设和加强与他们所服务的民众之间的信任的纽带。"美国政府给伤亡警察崇高的礼遇，无非是借此安抚整个警察的群体，鼓励他们继续地履职。

（四）尽量用平和的方式解决骚乱

2014年8月9日，白人警官达伦·威尔逊枪杀布朗后，引发当地连日示威活动，直至发生骚乱。在处置布朗事件中，密苏里州长杰·尼克松称，"国民警卫队将听从密苏里公路巡警指挥，国民警卫队与抗议者要保持一定距离。"美国总统奥巴马指示当地政府在动用国民警卫队时要有限度，奥巴马呼吁通过"疗伤"方式而非暴力来解决问题。奥巴马在新闻发布会上说："我能理解布朗之死引发的激动和愤怒，但通过抢劫、持枪、甚至袭击警察来发泄愤怒，只会加剧对抗，引发混乱。这不能使正义得到伸张，反而会破坏正义。"

警民之间的冲突归根到底是一个国家的内部问题，属于"人民内部矛盾"。对警民冲突最好能够通过沟通、协商、裁判的方式解决，武力解决警民冲突不是最佳选择。而且，通过武力解决警民冲突，社会要付出高昂的成本。所以，美国总统奥巴马主张通过"疗伤"的非暴力方式解决警民冲突，不失为明智之举，值得借鉴。

（五）进行警务改革

鉴于在布朗案件中，格弗森镇的警察存在执法不规范的现象，美国司法部已经与格弗森市达成协议，对当地警察部门进行改革，以便从根本上消除警民冲突的土壤。在德州达拉斯和路易斯安那州巴吞鲁日发生的造成8名警官身亡的袭警案后，美国各地的警局已经更新了警务行动策略和程序。其中，关键做法是与当地居民搞好关系。另外，在3名警察被杀案发生后，美国各大城市的警察局，包括波士顿、纽约、芝加哥、新奥尔良和洛杉矶都进入高度警戒。纽约市警察局规定所有的警察巡逻都必须两人一组，不得单独出巡，警察巡逻时必须保持高度警戒，吃饭和休息也必须结伴而行。

遗失物拾得人法定报酬权的制度成本

林　凯[*]

内容摘要： 赋予遗失物拾得人法定报酬权是促进遗失物返还、避免动产的社会经济价值耗散的激励机制。通常认为，现行立法之所以不规定此权利，是顾虑其有可能侵蚀一般限度的社会妥当性、背离传统道德秩序、减损拾金不昧的荣誉感、打破拾得人——遗失人权利义务平衡。以上均不足虑。报酬机制真正的制度成本是盗赃物识别与排除、针对内部人机会行为的防范、拾得人谈判筹码加重以及估值争议引发的纠纷、小概率下的遗失人支付困难等。立法宜引入法定报酬权，并严密控制上述成本。

关键词： 遗失物　法定报酬权　激励机制　制度成本

一、引言与文献综述

我国现行《民法》承认遗失物拾得人的约定报酬权，尚未承认法定报酬权。多数学人主张增订后者，本文也明确赞同。不过需要预判法定报酬权实施的制度成本。也唯有如此才能更深地认识报酬机制的价值。本文对此做一些常识性思考，并落脚于具体的制度设计。清楚起见，做四点限定性说明：一是本文不研究"拾金不昧"及其所指涉的物上请求权问题；二是不研究拾得人取得遗失物所有权等其它激励机制；三是不研究费用请求权，成本补偿和额外奖励是两回事；四是不研究以合同之债为请求权基础的约定报酬权，如悬赏广告。

以"拾得遗失物行为"为主题的文献数量相当可观，其下级议题"拾得

---

*　林凯，中国人民公安大学法学院，讲师，法学博士。

人报酬请求权"亦然，但对制度成本鲜有着墨。或因学界赞成拾得人报酬机制入法，对其劣势自然避而不谈；又或因制度成本固非所谓教义问题或规范法学问题。既有文献明确表达了对两类成本的关注：

其一，多位学者指出如果将拾得人的报酬上升为一种法定权利，无疑违背了拾金不昧、助人为乐的传统美德。[1]类似的表述是"报酬机制相对不符合我国几千年来形成的习俗和现阶段和谐社会建设的实际需要"。[2]该观点值得商榷。下文第二部分将其细化为"社会妥当性侵蚀成本""传统伦理背离成本"以及"荣誉减损成本"，予以回应。

其二，个别学者认为，过高比例的报酬会"刺激拾得人的不良心态，产生负面效果"。[3]该提示值得重视。报酬额过高未必值得担心。首先可以通过报酬比例的"分层累退制设计"控制风险，其次具体报酬额毕竟需要遗、拾双方达成意思表示一致。"一些人向失主索要过高的报酬"[4]实不足虑。如果担心的是报酬机制会产生套利空间，进而产生盗赃物识别成本与内部人机会行为成本，则并非多虑。下文第三部分将对此回应。

二、报酬机制的假成本识别

（一）社会妥当性侵蚀"成本"

在报酬请求权机制的正当性构成中，报酬机制的存在有平衡补偿的功能。"拾金不昧"行为是一般理性人未必能轻易做到的行为标准，将此标准上升为私法规则而普遍要求常人，尺度不可谓不严。但法律又不得不做出这样的规定，"毕竟占有他人之物而不返还，总是不能得到法律承认和支持的"。[5]因此，报酬机制其实是在平衡调和前法之严苛。

〔1〕 陈佳等：《物权法实施中的疑难问题》，中国人民公安大学出版社 2009 年版，第 124 页。以及黄军锋："论拾得遗失物及其法律规则"，载《西藏民族学院学报》2009 年第 1 期，第 79~83 页。

〔2〕 参见胡康生主编：《中华人民共和国物权法释义》，第 249 页；黄松有主编：《中华人民共和国物权法条文理解与适用》，第 341 页，转引自刘保玉：《物权法学》，中国法制出版社 2007 年版，第 217 页；以及参见吴高盛主编：《物权法理论与操作实务》，人民日报出版社 2007 年版，第 142 页。

〔3〕 孙毅："道德理想与世俗规范的交融——关于遗失物拾得立法的几点思考"，载《学术交流》2003 年第 11 期；同旨参见时艳蕾："建立我国拾得遗失物处理新框架"，载《决策探索（下半月）》2010 年第 4 期。

〔4〕 马俊驹、陈本寒：《物权法》，复旦大学出版社 2007 年版，第 175 页。

〔5〕 孙宪忠：《中国物权法总论》，法律出版社 2014 年版，第 254 页。

反对者则认为，"拾金不昧"并不要求拾得人主动付出成本或进行利益减损（毕竟存在必要费用偿还请求权），只是物上请求权的必然效果，仅为低限度的道德要求、仅维护基础性的社会妥当性价值而已。所以，报酬机制所对应的价值基准竟在上述底线基准之上无原则退让，阻碍无偿返还义务对公序良俗的正确维护，纵容对隐匿不还的不当行为。该机制对一般限度的社会妥当性已有所侵蚀，其不利后果将溢出法制之外，或致市民社会整体价值观体系坍缩。

报酬机制的赞成者和反对者的区别在于，双方对道德层次评定的标准不同。反对者似乎采用客观标准，即考量施善规模、力度、领域、效果等外在指标，以定其等级。赞成者认为，客观标准固然值得考虑，但在某些场合则应采主观标准，即以一个普通理性人做出此善举所需要克服的主观心理成本来判断。例如，依据主观标准，普通人向灾区捐献 100 元与穷人捐献 10 元、富人捐献 1 000 元，或许彰显了类似的道德境界。又如，对陌生人施以滴水之恩比之对亲友施以救命之恩，道德层次未见得低。具体至本文语境，反对者低估了现实社会普通公众完成一次"拾金不昧"之举的难度，或许失察于一个普通理性人做出拾金不昧决策的真实全过程。在缺乏激励的前提下，普通人产生返还决策并付出行为，是克服数种心理成本的艰难过程。

第一，对隐形负担的心理厌恶成本。所谓隐性成本是指不容易被证据证明且不容易被金钱衡量，当事人很难获得补偿的成本。当事人通过"必要费用请求权"可以追回大部分显性成本，但包含隐形成本的劳动既难以得到补偿，又难以得到尊重和支持，即使主张在一般社会观念中反而显得计较。这些成本包括：其一，没有发票证明的路费和餐费所消耗的成本。拾得人若非履行义务，本可以省去出行和在外就餐的费用，而自然人又不可能具备职业理性，时时注意开发票留证据。其二，等待成本。在法律预设的全过程中，拾得人将有多次等待行为。等待也是一种劳动，却难以对其进行估值补偿。其三，机会成本。法律一般不支持补偿机会成本，例如拾得人为了履行保存与返还的义务，而无法在彼日彼时出行旅游、陪伴家人、阅读闲书、朋友聚会。其四，带有偶然性的损失扩大。比如拾得人因需要等待失主而不能按时接放学的孙子，致使孙子走失的精神损失。[1]

---

[1] 姜瑜："论拾得遗失物制度的法律完善"，载《牡丹江教育学院学报》2012 年第 4 期，第 176~177 页。

第二，多层次的道德唤醒成本。道德家或许认为归还他人遗失物是当然之理，轻易之事。实则相当困难。大部分普通人应能做到被遗失人锁定后被动交出失物，至少能做到被出示证据警示或者警察询问时迅速放弃抵赖，但第一时间主动交出的意愿恐怕并不强烈。不是社会主义初级阶段人民群众道德素质偏低，而是因为人性。主动交还需要唤醒和调用极高的道德成本，与初级阶段没有关系。

首先是自身的贪念与侥幸心理。一些道德家认为克服贪念是理所应当的。他们恐怕忘记了自己身临其境时是如何选择的。贪念是具体的，例如，对特定人来说，交还仅对遗失人有价值的遗失物，如家书、身份证、钥匙等较为容易，交还同时对拾得人也有价值的遗失物，如钱包、手机、钻戒等则需较大的贪欲克服成本；交还写有"重病救急"的装钱信封概率较高，交出写有"某某笑纳"的信封概率较低；交还探头遍布的公众场合拾得的失物容易，否则需要较高成本。对特定物来说，富人克服贪念的成本低，需要克服的是怕麻烦的心理成本，穷人则更容易受到诱惑；独自发现遗失物克服成本高，多个人同时发现克服成本低；成年人需要克服的成本高，年轻人需要克服的成本低；无神论者克服成本高，宗教信仰者克服成本低。

设想一个经济破产的成年人，完全不相信宗教轮回报应，某日在荒郊野外独自拾得内装人民币若干的普通红包一个。此人拾金不昧且不要报酬，恐怕需要极高水平的自制力，几乎必须调用儒家典籍记载的君子最高修行境界——慎独。其荒谬性不言而喻。

长远来看，报酬请求权的重要性可能会逐渐降低，但并不是人会克服贪婪，也不是人民群众道德水平会超越初级阶段，而是随着社会经济不断发展，绝大多数人实现财务自由之后，遗失物就没什么诱惑力了。

其次是自认为并非主动侵害他人财产，遗失人应当自负其责的自我正当化心理。换言之，是克服一种"旁观者正义"的心理成本。对普通人而言，克服主动作恶成本低，克服不作为之恶的成本高。不太恰当地扩张汉娜阿伦特的理论应用，窃取、侵占、诈骗他人财物属于"极端之恶"，而他人过失地将动产遗失而谓自己拾得不还，只算是"平庸之恶"。极端之恶者的存在会让平庸之恶者产生五十步笑百步的侥幸苟延，其他大量平庸之恶者的存在的参照作用以及对偏离"大多数"的恐惧感又会加固拾得人的选择倾向。认为自身没有道德过错，只是被动拾得遗失物因此是局外人而不是主动入局者——

拾得人利益集团的"旁观者正义"心理，也出现在"电车失控"思想实验中普通人的选择理由中。[1]

最后是对遗失人冷漠的防御心理。据一则电视报道，某拾得人将十几万巨款送还失主，失主接过钱时，一句话也没说，脸上毫无表情地走开了。[2]这固然是特例，但似乎确是对真实人性的悲观写照。晚清美国传教士亚瑟·史密斯对我国国民的观察结论是，"没有人愿意主动帮助别人""中国人在对待陌生人的时候缺乏一种帮助和友善""任何一个了解中国的人都清楚，当中国人面对别人所受的痛苦时，所表现出来的那种冷漠是任何文明国家都无法企及的"。[3]不能排除外国人的偏见成分，但以作者利益关联度并结合当今国人习惯倒推，上述言论恐非全是妄语。我国学者韦政通评价中国台湾社会时也批评说，大众普遍丧失道德勇气而冷漠不已，这与我们的不鼓励（对不德、不以、不法表示愤慨的）勇气的教育有关，也与以竞争为手段、以成功目的的台湾社会资本主义倾向有关。[4]拾得人归还失物时，对物品丢失本有过错的遗失人却理直气壮——中国物权法对拾得人有意分配了更多的义务，支持了这种理直气壮——最多一句敷衍的谢谢就了事，这恐怕亦将增加拾得人归还的心理成本。冷漠关系形成恶性循环，陌生人社会成员相互透支信用。此时要求拾得人拾金不昧，难度可想而知。

第三，人情关系的心理成本。古今中外，隐形的人情交易恐怕都重于市场交易和规则行为。普通拾得者不是不想归还，而是认为遗失者欠自己一个人情，不付出代价诚意赎买的话就是不按规矩来。规矩是重要的，给报酬是必须的。在熟人社会中，交易的货币反而不是金钱，而是买单、探望、支援、退让、抬手、撑场、成全、美言、提携、后门、挡枪等手段；付钱尤其是当场付钱反而是"不懂事"或者是绝交的手段。而拾得人和遗失人所在的陌生人社会中，赎买只能用钱而且最好即时交割，不然也是"不懂事"。

极端一些的拾得人可能认为不归还是本分，归还是情分。毕竟东西是遗

---

〔1〕 ［美］迈克尔·桑德尔：《公正：该如何做是好？》，朱慧玲译，中信出版社2011年版，第22~25页。

〔2〕 范高峰："论拾得遗失物报酬请求权——兼论《中华人民共和国物权法》的缺失"，载《华北水利水电学院（社科版）》2008年第1期，第123~125页。

〔3〕 ［美］亚瑟·亨·史密斯：《中国人的脸谱》，龙婧译，陕西师范大学出版社2007年版，第180、184页。

〔4〕 文崇一、萧新煌：《中国人：观念与行为》，中国人民大学出版社2013年版，第54~55页。

失人主动丢的，"我没有对不起任何人"。[1]部分拾得者甚至会认为，人情不到之处就无需"做人"。[2]你丢了，我捡了，谁也不认识谁，两不相欠。在国人的心中，是非对错本来就没什么客观标准，所谓对错实际是看有没有"主动做人情"和"积极还人情"。拼命吃亏、发行人情货币是因为认清了每个人都背靠人情社会的潜在信用而相互担保，所以根本不担心人情货币集体发生膨胀，也不担心系统性金融危机的风险。积极报恩和购买别人发行的人情货币，同理也是因为担心个人人情货币长久不参与交易后会与很多货币汇率脱钩，或可能产生不利于己的汇率波动，以后继续通过人情买卖获取生存所需价值就难了。依此理，越是习惯于从人情关系网络交换获得利益和意义的社会群体，越是不愿意归还，因为一切都是熟人社会，无人情不交往；只有那些习惯于从市场价值网络中从陌生人处赚取利益与价值的社会群体才有返还的心理基础。这和"社会主义初级阶段的道德水平"没有关系。

一言以蔽之，拾得人拒绝返还或索取报酬，被评价为一种"恶"。本文更愿意把它理解成趋利避害的理性而不是恶。当我们认为报酬赎买的对象是善举时，难免产生"给钱才做好事"的不适感。当我们认为报酬赎买的对象是拾得人冲破不愿归还的心理阈值、形成愿意归还的内心意思并最终落实为归还行为的心理阻力或心理依恃成本，或许更容易接受。

（二）传统道德秩序背离"成本"

对若干论者而言，"传统"似乎指两个时期，一是中国古代奴隶制社会和封建社会时期，二是新中国成立之后到改革开放前时期。在这些论者看来，传统时期的中国市民社会存在一种人人普遍遵守道德规范和维护公序良俗的自发秩序。它表现在拾得遗失物场合，就是所谓"拾金不昧"，以及"路不拾遗、夜不闭户"。而今上述良好的伦理价值已经减损殆尽，自觉的道德秩序已经荡然无存。在上述论者看来，以法律手段强迫适法者拾金不昧（遗失物返

---

〔1〕 "对得起/对不起"句式，常出现在国人对行为是非善恶的讨论中，而且往往是决定性的评判标准。例如，父母在规训子女的某些行为时，常以"你这样做对得起我们吗"或者"你这样做对得起死去的××吗"为句式。违反党纪国法者在忏悔时，往往会不自觉使用"我对不起/辜负了组织的培养和信任"的类似表达。演员高某在片场过失驾车导致灯光师冯某死亡，面临死者家属的质询时，脱口而出的反驳是"我对得起永哥"。参见"片场命案：演员高虎驾驶的面包车撞死灯光师"，搜狐新闻http://news.sohu.com/20040714/n221001801.shtml，最后访问日期：2017 年 10 月 27 日。类似的例子举不胜举。

〔2〕 孙隆基：《中国文化的深层结构》，中信出版社 2015 年版，第 149~150 页。

还请求权）已属无奈，赋予拾得人报酬请求权更是焚琴煮鹤之举。它不仅证实了当今社会已经背离传统伦理秩序的事实，更会为此种背离趋势提供合法性背书。在中国现代社会转型与变革的新时期，以拾得人报酬机制为典型代表的"泛交易化"措施，将使得价值断裂的社会经济成本进一步加重。这就是所谓报酬机制的背离传统伦理的成本。

评价论者所描述的"传统"是否真的存在过，需要对浩繁的史实进行考证归纳，自非本文所能。不过本文相信，一般人心目中的所谓温良恭俭让、仁义礼智信的传统道德世界，恐怕是一个"想象的城邦"，把儒家经典虚构的应然，天真地当作了那个时代的实然。又或许只是个人境遇和主观心情的写照。对于失意者而言自然是"一代不如一代"；得志和胜利者却更可能相信今胜于昔，"数风流人物，还看今朝"。其实世道人心，古今皆然，只是表现形式不同而已。至于是不是引入报酬机制就会堕化道德而使人心向诡，答案更加简单。一个社会充满道德说教而丝毫不敢谈报酬，其道德水准是堪忧的。因为这折射出该社会道德体系之脆弱，以至于容不下小小的报酬机制。今日社会有能力把金钱和交易摊在桌面上讨论，说明社会具有更加健康的生态，因为只有社会对国民道德素质有基本的自信才能如此。

第一，判断报酬机制背离新中国成立初期传统，缺乏依据。有人对北京市某遗失物招领处进行调研，结果显示，该处收到的上交遗失物在 60 年代至 90 年代期间几乎逐年递减。"1997 年一个月上交的数量还不及六七十年代一天的数量。"论者就此认为，北京该招领处现在交的少，只能说明今天拾物上交的少了。[1] 这一结论实在过于轻率，显然将面临太多的驳诘。包括并不限于：其一，或许失物返还的措施现今更加多元化，人们未必选择失物招领处。比如，互联网的发达极大降低了搜索和联系成本，私了机制有了存在空间，却难以统计。其二，或许因为种种原因，比如招领处的数量急剧增加、本招领处的信誉不足等，人们即使上交失物招领处，也未必选择此处而选择彼处。其三，随着经济发展，北京市又是经济相对发达地区，遗失物的相对价值降低，返还门槛增加。比如，在 20 世纪 80 年代初期，10 元钱是一笔较大的款项，普通的拾得人可能选择上交。而今，10 元钱价值微小，上交 10 元钱的行

〔1〕 范高峰："论拾得遗失物报酬请求权——兼论《中华人民共和国物权法》的缺失"，载《华北水利水电学院学报（社科版）》2008 年第 1 期。

为极少，因为选择上交本身的交通和时间成本就远不止 10 元钱。所以数量减少了价值总量未必减少。其四，更重要的是，或许论者没有看到，拾金不昧会获得表彰。而这些表彰带来的不仅仅是精神鼓励，而是与提拔、提干、加分、加薪等相关的实用价值。所以这个调查什么都证明不了。事实上，建国初期，我国在编写民法典草案，前后八个版本的草案，都规定拾得人可以向遗失人请求报酬。[1]按照背离论者的逻辑，这是否就说明当下比彼时更接近"传统道德"？

第二，至于说报酬机制背离古代传统，恐怕也是无稽之谈。无论是从古代法律制度、儒家教义、生活事实中，都能撷取到古代社会容许甚至鼓励拾得人报酬权的大量证据。其一，法律制度规定报酬机制。西周时期，具有法律性质的《尚书·费誓》曰："马牛其风，臣妾捕逃，……诋复之，我商赉汝。乃越逐不复，汝则有常刑。"[2]春秋时期关于政治制度的典籍《周礼》中《秋官·朝士》记载："凡得获货贿、人民六畜者，……旬而举之，大者公之，小者庶民私之"。[3]明朝《户律·钱债》规定："凡得遗失物，……私物召人识认，于内一半给与得物人充赏，一半给还失物人。"其二，儒家教义肯定报酬机制。《吕氏春秋·察微篇》记载了"子贡赎人与子路受牛"的故事表明，[4]孔子绝非在善行和报酬之间纠结为难的腐儒。相反，孔子明确认为，国家对于无因管理类善举设立奖励机制是正确的，弟子子路行善后积极领赏更是值得肯定的，因为它会激励更多的善举。相反，弟子子贡行善后清高而不取酬金，把道德拔到与正常人性背反和难以企及的高度，自己是爱惜了羽毛，却扼杀了他人行善的动机，对社会是负价值。其三，社会生活接受报酬机制。这一点，学者王立争在古籍中查找到诸多细节，如《周易》"丧气仆僮""怀其资，得仆僮""得其资（布），我心不快。"[5]此处不赘。

学者王立争细致考证古代规则与事例后指出，古代的确有拾金不昧甚至路不拾遗的传统，然而此种传统不是民众自发的道德传统，恰恰是在报酬、

---

〔1〕 王立争：《物权法：理论反思与制度塑造》，南开大学出版社 2014 年版，第 121~130 页。

〔2〕 范高峰："论拾得遗失物报酬请求权——兼论《中华人民共和国物权法》的缺失"，载《华北水利水电学院学报（社科版）》2008 年第 1 期。

〔3〕 武树臣等：《中国传统法律文化》，北京大学出版社 1996 年版，第 222~224 页，转引自郑云瑞：《物权法论》，北京大学出版社 2011 年版，第 190~196 页。

〔4〕 王立争：《物权法：理论反思与制度塑造》，南开大学出版社 2014 年版，第 121~130 页。

〔5〕 王立争：《物权法：理论反思与制度塑造》，南开大学出版社 2014 年版，第 121~130 页。

取得遗失物所有权的激励机制与针对隐匿不报行为的惩罚机制共同作用下的结果。[1]今人片面地关注结果，将其附会为古人的自觉自愿，却没有看到背后的法律机制。人性未有大变，也将不会有大变，否则人将不人。太史公早已有言：天下熙熙，皆为利来；天下攘攘，皆为利往。历史上从来没有无条件的民风淳朴，"没有无缘无故的爱"，一切都不能脱离生活环境和制度语境。美言善行的道德是光鲜的幕布，后台是国家强制力保证实施的约束与激励机制。路不拾遗，夜不闭户的幕后是盗窃者的人头以及拾金不昧者的提干提拔，武官不惜死的幕后是督战队的机枪以及高格的悬赏金加抚恤金。这恐怕更接近常识和历史的真实。

（三）拾金不昧的荣誉减损"成本"

荣誉感减损成本的调子比社会妥当性侵蚀的调子稍低，它只是认为，拾金不昧行为当然是可以奖励的，但鱼与熊掌不可得兼，获得奖励和善行的荣誉感是零和关系，此其一。其二，自愿的奖励和法定的奖励不同。约定报酬权是拾金不昧者用善行换取金钱，这是个人价值选择问题，可法定报酬权相当于强制抹煞了拾金不昧者的高尚，"做好人"的机会都没有。法定报酬机制的效用如果是以此为代价，终究是不合适的。其三，以金钱这一商品买卖手段来酬谢拾金不昧，令人颇感不适。它一方面矮化了自觉返还者的高尚精神动机，另一方面也将大量谋利动机的拾得人吸纳进拾金不昧的群体，动机与行为天渊之别，却享有同样的荣誉称号。如此一来，拾金不昧行为的荣誉感恐将不复存在，法律的评价功能与教育功能恐将紊乱。对此商榷如下。

第一，无报酬机制赞成者或许认为，我国现行法律不承认法定报酬权，其根本担心就是拾得人返还遗失物的心态不具有善良的意志和自觉的遗失。王连合指出，这混淆了道德和法律的调整对象，混淆了对内心动机的要求和外在行为的要求。[2]设想甲乙两人同样拾得遗失物。甲本想藏匿，但看到报酬意识到有利可图，经过风险计算后，遂通知遗失人返还原物，并在交接时与后者就酬金讨价还价，最后勉强成交。乙拾得后，藏匿意图和返还意图打平，纠结不已。当看到有酬金时，其获得酬金的想法与羞于以此获利的意图再次打平，继续纠结。久拖之下，未能返还该物。如以道德论，甲的行为似

---

〔1〕 王立争：《物权法：理论反思与制度塑造》，南开大学出版社2014年版，第121~130页。
〔2〕 王连合：《中国物权法律制度研究》，法律出版社2016年版，第97~98页。

乎更容易受到谴责，而在法律上，甲的行为更值得肯定，因为其外在行为是法律所鼓励的，社会效用也更高。

第二，少部分无报酬机制的支持者或许还误读了在法律中创设"报酬请求权"这一实体权利的法律效果，因为只有把权利误读成义务，才会得出降低荣誉感的结论。权利的设定不仅不会降低荣誉感，反而有了法定参照物而提高了荣誉感，因为拾得人完全可以放弃报酬以明志，[1]或者放弃部分报酬以示谦让。其实，类似的妙处同样发生在熟人之间。假如拾得人和遗失人是熟人关系，报酬机制的引入也可能增加"做人情"的分量——在无报酬机制语境下，不要报酬是本分；而在报酬机制语境下，不要报酬则是情分。无论如何，拾得人不要报酬时，与遗失人之间达成一种"超越法律"的合意，从中或完成人情的传递和关系的巩固，或完成自我道德实现的过程。报酬机制其实并没有真正被无视，反而是成全人情或自我价值的重要参照物。

第三，无报酬机制者在价值观上是断裂和自相矛盾的。究其实质是在人性预设上摇摆不定。孟茜较早讨论了报酬请求权的隐含的人性预设。[2]无报酬机制的立法理由通常是，支付报酬难免有损拾金不昧行为的荣誉感，而不支付报酬则有利于弘扬传统道德，弘扬社会主义价值观。其自相矛盾之处在于：一方面，由于法律是人的行为底线而非较高的要求，立法不支持支付报酬，言下之意是认为拾金不昧和无偿返还属于底线性道德，是理所当然之事，暗含性善论的价值预设。另一方面，立法理由却又说无报酬机制有助于"弘扬道德""弘扬社会主义价值观"，即承认无偿返还是一种善举。既然是善举而不是平常举措，自然是以性恶论为人性预设基础的。对普通法律人而言，通晓人性、洞明世事实难做到，却应注意最基本的"人性预设规律"：以性善论为人性预设的规则"看上去很美"却要求严苛，往往可宣传展览而不可当真实施。以性恶论为人性预设的规则表面格调不高却较为宽松、负担较轻，现实可行性较强。

至于为什么会发生上述不自觉的价值分裂，评价者会不自觉提高对拾得人的要求，为什么法律也会迎合这样的观点，不妨做一个思维实验。假定拾

---

[1] 陈甦：《法意探微》，法律出版社 2007 年版，第 107~113 页。

[2] 孟茜："论我国民法制度中的人性预设——以拾得遗失物的报酬请求权为例"，载《赤子》2014 年第 10 期，第 19~20 页。

得人的义务重于遗失人的现行制度安排，是全体潜在遗失人和拾得人投票的结果。如果赞成拾得人义务加重方案，则投赞成票，否则投反对票。本来理论上双方各自代表自己的利益投票，最终结果应当票数相当。实则遗失人多于拾得人。道理很简单，在实际生活中，有明确的遗失人而无明确的拾得人的情况很多，例如拾得人隐匿不还，如遗失物自然毁损灭失，如路不拾遗、视而不见等。这样一来，遗失人占多数，（愿意返还因而能确定身份的）拾得人占绝对少数。投票结果一定是代表多数人利益的结果。换言之，包括立法者在内的所有人，在寻找遗失人——拾得人平衡点时并不是站在客观立场之上，而是不自觉站在遗失人立场之上考虑问题的。

第四，一些无报酬机制赞成者可能并不反对报酬，而只是反对以金钱为报酬。"法律……竟以金钱为诱惑来引导人们'拾金不昧'，这样的法律岂非败德？"[1]正如有论者所主张的那样"用表扬、感谢信、锦旗、优先录取、优先提干"等方式既能起到激励作用，又不至于玷污拾金不昧的荣誉。常识是，不与实际利益挂钩的表彰方式是没有意义的，会在实践中被自行淘汰。只是单纯表扬或写封感谢信，说明受益人还是不愿意付出实际的酬谢成本。在陌生人交往中，不公开的感谢信是没有价值的。之所以若干商主体还愿意接受锦旗，是因为遗失人相当于垫付了拾得人的一部分广告费。如果真的以优先录取和提拔为酬谢方式，那么拾金不昧行为发生井喷式增长是可以预见的，因为报酬过高。金钱反而是既有诚意，副作用又小的报酬方式。

一言以蔽之，实际回报才是对善举的真正尊重。对此，中国台湾法律界有共识。史尚宽言：拾得人报酬，不独为辛劳报酬，而且为荣誉赏金。[2]中国台湾地区"民法"第二草案认为："不昧于己，顾念公益，洵堪嘉许"。[3]再如其法务部"民法物权部分条文修正草案"第805条的修正说明则有："为奖励拾金不昧之精神，亦得承认报酬人有拾金不昧之请求权……"的表述。宣称善意的施与必须无偿，只有无私奉献不计得失的善举才是真正的善举，甚是虚伪。清者阅之以成圣，浊者见之以为淫。无报酬论者把报酬理解为玷

---

〔1〕 梁治平："拾金不昧的美德与法律"，载爱思想网站 http://www.aisixiang.com/data/18265.html，最后访问日期：2017 年 10 月 27 日。

〔2〕 史尚宽：《物权法论》，中国政法大学出版社 2000 年版，第 133 页。

〔3〕 陈彦希："遗失物之拾得"，载苏永钦：《民法物权争议问题研究》，五南图书出版公司 1999 年版，第 153~168 页。

污荣誉的定价和赎买，报酬论者则理解为酬谢和褒奖，不知哪个是更"善意"的观察视角。

（四）拾得人——遗失人权利义务失衡"成本"

论者或许认为，报酬机制的实质是要求遗失人集团单方面支付对价，补偿因拾得人集团整体道德、觉悟、素质水平偏低而必然导致的"见而不拾"或"拾而不还"行为造成的社会经济成本。遗失物毁损灭失、错位配置、低效利用的后果既然是由拾得人的道德境界和行为选择造成的，自应由拾得人自行承担，至少是双方共担乃至社会均担。现行《物权法》严格限制拾得人权利的做法固然有失，但完全可以仿效我国台湾地区立法，通过扩张解释"必要费用"加以调节不正。况且，通说认为拾得行为属于无因管理。[1]无因管理人无权请求遗失人支付报酬是比较法上的共识。[2]引入报酬机制可谓矫枉过正，对遗失人殊为不公。商榷如下。

第一，无因管理人无报酬权是因为，"如果承认管理人的报酬请求权，也可能会诱发大量的过度管理行为，即行为人为获取报酬，在本人事物不需要管理的情形下，仍对其进行管理，然后以无因管理为由主张相应的报酬。"[3]拾得遗失物却有所不同。但凡某个动产在法律上被定性为"遗失物"，一定意味着其需要管理，拾得人的收纳、管理之管理劳动都是必要的。如果不需要管理，那便不是遗失物，可能是无主的抛弃物品，也可能是在时间空间上仍处于遗忘人一定程度上控制因而不太需要他人"管理"的遗忘物。

第二，必要费用远远不能反映拾得人的实际贡献。为了计算没有拾得人返还时，遗失人的真实损失，做一个简单的思想实验，假定一种人人"路不拾遗"的状态，失物无人去拾。那么失物无论拾遗多久，在彻底物理灭失之前遗失人依然是其所有人。不过所有权不能描述全部事实。一个容易被忽略的重要事实是，当遗失人重获失物、复得失物占有、使用、收益、处分权能之时，其所享有的失物的实际价值，已经不是该物的原有价值。

该物的现有价值，与失物丢失时的价值（V1），失物被遗失人亲自找回的概率（P），遗失人因亲自找回该失物而花费的成本 C（包括且不限于时间

---

[1] 高富平：《物权法原论》，法律出版社 2014 年版，第 526~541 页。

[2] 王利明：《债法总则研究》，中国人民大学出版社 2015 年版，第 552~553 页。

[3] 王利明：《债法总则研究》，中国人民大学出版社 2015 年版，第 552~553 页。

成本、精力与精神成本、探知消息与请托帮助成本、交通与运费成本、必要的修复成本、额外加重的养护成本等），遗失物自然磨损价值（Vd），均有关联。在人们的主观感受中，失物找回后的价值（V2）似乎和找回前的价值（V1）大同小异，其实大不相同。我们用 V2 描述失物的现值，用 δV 描述失物对失主损失的价值：

$$V2=P（V1-Vd-C），其中 0≤P≤1。$$

$$δV=V1-V2$$

以某种具体类型的失物带入，可大体估算该失物的现值范围。例如，生鲜水果类失物因易腐性而 Vd 较高；书画雕刻等艺术品类因物理性质脆弱极易受到自然力毁损，Vd 亦高；首饰、票证类则因体积小而发现成本较高，因此 P 值较低。虽然无法穷尽枚举并整体归纳，但足以得出，即使没有任何人去主动拾得遗失物，但是该物一旦丢失，其对于遗失人的价值立即由 V1 减少为 V2。价值减损的幅度 δV 是往往被人们所忽略的，其实往往很可观。

据此，如果存在拾得人且有返还行为，那么拾得人实际上是给遗失人创造了可观的收益。这些收益包括两部分：一部分是将 V2＝P（V1-Vd-C）中的 P 赋值为 1，从而消灭了失物因永久无法找回而自然灭失带来的价值耗散；另一部分是通过缩短"遗失—复得"区间，有效减少了 Vd 和 C 的赋值。由此可见，拾得人给遗失人创造的收益虽然达不到 δV，但依然可观。"遗失—复得"区间越短，该收益就越接近 δV，即遗失人的全部损失。

第三，陈甦较早指出，人们容易忽略遗失人是存在管理过失的。[1] 报酬机制实际上是上述过失的代价，意味着法律不允许遗失人享受假如没有过失遗失该物同等优越的处境。无报酬机制却"等于认可失主对因为不谨慎引起的后果不负责任，这就会导致人们以低效率的方式行事"。[2] 比如遗失人将不再谨慎地将动产有效置于管领控制之下，导致遗失频发，降低财产的利用效率。

至于为什么人们会不自觉忽视遗失人的过失和获益，忽视拾得人的无辜和成本，由于缺乏实证研究，很难给出科学的解释。不妨提出一个假说。上述行为，或许是一种对"失败者/受损失者"给予过分同情的，以及对"获益

---

〔1〕　陈甦：《法意探微》，法律出版社 2007 年版，第 107~113 页。

〔2〕　吴高盛主编：《物权法理论与操作实务》，人民出版社 2017 年版，第 142~145 页。

者/胜利者"给予过分防范或嫉妒的内在心理机制导致的。当个体有所损失时，在此种心理机制的诱导下，人们往往不问此种损失的原因而只看结果，习惯性忽视对责任链条的追查，结果就是往往给予损失者过分的同情或补偿。人们能在这样的补偿行为中获得特殊的道德优越感心理价值。当个体有所获得时，出于同理，人们的内心该个体的利，对此事实产生抵触情绪，同样对该个体的较优越的现实地位的取得是否正当、是否为该个体花费了相应的代价或运气，选择性无视，仅仅着眼于考虑如何削弱此人的优越地位，以补偿道德失衡感所花费的心理成本。假设而已，留待求证。

三、报酬机制的真成本预判

（一）盗赃物识别成本

可能有人主动"制造"遗失表象而去领取报酬。例如，窃取人佯以窃得的失物归还所有权人，不仅洗白行为，而且领得酬金。极端情况下还可以设想这样的可能：儿女向父母要钱（购买点卡、零食、玩具、手机、奢侈品等）而父母不给，儿女遂与人串通，由后者出面将儿女窃取的家中财物"归还"给其父母，以此索取报酬。如何区分遗失物与盗赃物，或许是报酬机制引入后的首要问题。

有学者注意到，2010 年南京出现了以失物招领为经营业务的公司。公司的主要客户是环卫工人、出租车司机等容易发现遗失物的人群。公司的盈利模式是接受上述客户送交的遗失物而公告且保管，遗失人上门认领成功后支付一定费用，公司与客户"七三分红"。[1]此类公司的出现不仅说明报酬机制是必要的——商业比立法对现实需求的发掘更清晰和敏锐，还说明公众心理对商业化的失物返还机制是不排斥的——至少失主本人考虑的是能不能以可接受的代价找回遗失物的问题，而不是从什么渠道找回遗失物的问题。稍作分析即可知，这种方式对于社会、公安等国家部门、遗失人、拾得人、公司五方都是共赢的方案，有极大的参考价值。它可以解放公安部门在边缘化职能的责任负担，充实其在维护社会治安、侦察刑事犯罪等核心职能的警力投入。政府既节省了成本，也转移了公众对于遗失物找回率低的指责抱怨。

---

〔1〕 姜瑜："论拾得遗失物制度的法律完善"，载《牡丹江教育学院学报》2012 年第 4 期，第 176~177 页。

商业利润将驱使公司做出最高效实用的招领启事网站，公告搜索遗失人。政府只要对其进行监管即可，包括在技术上实现登记的不可撤销、实名制登记拾得人与领取遗失物者、设置公司与拾得人自动分账系统等。至于费用，政府依据市场情况设置指导价和上限，各失物招领公司有一定的定价自主权。如果形成竞争则更好：费用过高者和内部的监守自盗情况会损害公司的业务机会，降低其市场竞争力。

问题是如何避免大量盗赃物混入？比如，拾得人可以在窃取他人财物后上交，赚取分红，使该公司成为新的销赃渠道。甚至，该公司就是由与盗窃犯罪集团有联系的、有黑市背景者开设的。这样一来问题更加严重，例如公司可能会不当利用证件、钥匙等遗失物实施不法行为。对后者的防范相对容易，借鉴开锁公司的设立和监管经验，由政府对公司设立人的资质进行特殊审核，加强监管。对前者的治理包括对拾得遗失物者严格实名登记、登记拾得细节、承诺非盗赃物、加强专门打击力度等。但这样依然会有漏洞，真正的窃贼不会选择亲自递交，自会假手他人。

非商业化的失物招领程序也会有盗赃物的问题。私下的直接沟通也会发生该问题。例如，窃贼设计好流程后，窃取目标人的手机、手表等有一定价值的随身财物，再佯装返还失物，主张报酬。这或许是报酬机制无法根除的问题。也无需太担心：第一，窃贼毕竟不会轻易选择将失物上交国家机关，尤其是公安部门。第二，窃贼顾忌被发现的风险，未必敢使用上述套利行为。第三，切贼的上述获利模式很难无限重复，因为重复率的提高意味着被发现的风险增大，即使窃取人本人不出面。第四，窃取人本来就有固定的销赃渠道。因此对窃取人而言，通过报酬机制获利的吸引力取决于它与销赃渠道的风险与利润对比。只要控制法定的报酬率，使其不明显高于销赃的平均收益率，就不至于引发严重的道德风险。

（二）内部人机会行为成本

此处的内部人指两类人员，一是国家公职人员，二是在公共交通工具、医院、学校、电影院、商场、超市、酒店、宾馆、博物馆、公共图书馆、银行、娱乐场所等相对封闭的公共场所的所有权人、经营权人、管理人及管理辅助人等。上述人等与遗失物有更多的接触机会，是否应获得报酬，值得单独讨论。

国家公职人员，典型者如人民警察。依照法理，如果警察在执行职务期间拾得遗失物，应当视为公安部门拾得遗失物。此时公安部门作为国家机关法人不应当享有报酬权。[1]如果警察在执行职务之外的私人时间以私人身份拾得遗失物，则拾得人应为人民警察本人，其是否有报酬请求权存疑。问题是不论允许还是禁止，均有制度成本。

有立法排除警察本人拾得报酬的权利，例如《德国民法典》第978条第3款。对此有解释说，保护公民和法人财产权本就是警察的法定职责，而获取报酬无疑与此职责宗旨相背。[2]还有观点认为，上述拾得人享有报酬请求权将有悖于弘扬高尚道德。[3]上述规定存疑，解释亦有不妥。首先，获取报酬是否一定就违背"保护公民和法人财产权"的职责不无疑问，允许主张报酬是否就一定比禁止主张报酬相对不利于警察履行此种保护职责也不无疑问。其次，不无疑问的是，保护公民和法人财产权职责是否仅仅为公安部门所担负，其他任何人对此均毫无责任。某种程度而言，政府、两院及其公职人员乃至大量非政府组织恐怕亦有此责，内容形式有所不同而已。如果该逻辑成立，上述人等似乎也不应当索取报酬，或至少应当受到某种限制。所以关键问题可能不是职责的问题。再次，"有悖弘扬高尚道德"的说法可推出荒谬结论：被预设为具有"高尚道德"者就不应有报酬请求权，那么越高尚越不配拿报酬，只有道德不高尚者才配拿报酬。所以关键问题也不是道德问题。最后，这种禁止性规定的规避成本为零，无实际意义。因为只要该警察将遗失物交由他人，例如家人上交即可。而验证真伪之事则难以想象。或许绝大多数公职人员都不会为一点报酬而主动造假，但这是另一回事。此处应受非难的不是个人道德，而是提供制度套利空间、激发恶性、诱人犯错的规则。本文主张，国家公职人员在非履行职务期间拾得遗失物，均应以该自然人为拾得人，且享有报酬权。

开禁遏制了恶法成本，却会诱发机会主义行为，例如公安等有关部门工作人员客观上有条件对实际拾得人故意不予登记，以自己为拾得人而领取报

---

〔1〕 对此也有争议。参见陈彦希："遗失物之拾得"，载苏永钦：《民法物权争议问题研究》，五南图书出版公司1999年版，第153~168页。

〔2〕 孙毅："道德理想与世俗规范的交融——关于遗失物拾得立法的几点思考"，载《学术交流》2003年第11期，第40~43页。

〔3〕 陈宇："关于遗失物拾得人报酬请求权的思考"，载《沈阳大学学报》2013年第1期，第43页。

酬。不过总体来说，机会主义行为成本可以承受。首先，现有的政府内部管理规定、纪律条例对此有遏制效果。其次，机关内部舆论与非公开评价机制或许有遏制效果。再次，法律直接规定效果注定欠佳，不应越俎代庖，应相信行政管理的实践智慧和法外机制的力量，交由该部门具体探索对类似事件的监察方法即可。最后，如果出现小范围内的内部监督机制失灵、集体监守自盗，也应当这么理解：果真出现类似情况，那么有无报酬机制已经无关紧要。因为即使没有报酬机制，遗失物也会被直接贪污，或者以这样的方式被监守自盗——内部人告知自己的关系失物的各种特征，令其假装失主来领取失物——但这已经不是报酬机制的成本，而是遗失物交存机制的成本。

若在国家机关场所内部拾得遗失物，不论是在公共区域还是工作区域，是否应享有报酬请求权？拾得人此时通常在执行职务时间，应视为机关法人拾得，无报酬权。非执行职务时间于工作场所拾得，如下班后返回单位取资料时拾得，为小概率事件，不应过分复杂化，以维持无报酬为宜。

公共场所管理与服务人员在该公共场所拾得遗失物，如售票员在公交车拾得遗失物、服务员于酒店拾得遗失物，店员于图书馆拾得遗失物，立法通常不承认其为拾得人，不赋予报酬权，如《德国民法典》第 978 条、中国台湾"民法"第 805 条。法理上，上述人与遗失人之间存在合同附随义务法律关系，无报酬权乃是"现代社会的商业服务宗旨"题中之义。[1]常识上，上述人因工作之便比其他人更有机会拾得遗失物，且其他拾得人也通常习惯将遗失物交至其手中，赋予其报酬权颇显不公。至于《侵权责任法》第 37 条的安全保障义务则无援引余地，因为违反安全保障义务的侵权责任适用过错责任原则[2]，而原物遗失之过错属于遗失人。

如果一般人于上述公共场所拾得该遗失物，谁是法律拾得人，谁有报酬权，应区分实际拾得人的自由选择分别讨论。如果自寻失主，则实际拾得人与法律拾得人合一，无疑义。如果选择上交该场所管理人，方便起见以该场所法人或其他组织为拾得人为宜，由其承担通知、保管、返还等义务，享受保管费用请求权与报酬请求权。同时为公平起见，实际拾得遗失物者有权分

---

〔1〕 参见时艳蕾："建立我国拾得遗失物处理新框架"，载《决策探索（下半月）》2010 年第 4 期。

〔2〕 程啸：《侵权责任法》，法律出版社 2015 年版，第 460 页。

享酬金。《中国物权法草案建议稿》第 158 条值得赞同："在住宅、交通工具或公共场所拾得遗失物的人与住宅、交通工具或公共场所的管理人各有权获得酬金的一半。"〔1〕《德国民法典》第 798 条有类似规定。如果实际拾得人选择上交公安或其他部门，则以实际拾得人为法律拾得人，享受全部酬金。国家机关免费提供通知、保存等服务。

对遗失人而言，上交公共场所管理人是最优方案，因最便于其找寻，且在有激励机制的前提下也不必担心无管理人不履行保管义务。对拾得人而言，承担较重义务的自寻失主方案最劣。就地上交和上交公安机关各有利弊，前者便捷，后者报酬更多。对遗失场所管理人而言，如有激励机制，其自不会反对保管失物。对公安和其他机关而言，最劣方案是亲自付出成本接收保管失物，因为收益为零，徒耗资源。综上所述，就地上交公共场所管理人是所有人共赢方案，法律有必要规定此时应当就地上交。当然机会成本也相应产生，例如公共场所管理人可能会将事实拾得人篡改为利益关联人，以套取报酬。又如管理人在遗失人支付报酬后根本不会通知实际拾得人，独吞报酬。但这是值得付出的代价。如果激励机制缺失，代价将不是篡改和独吞，而是直接隐匿遗失物。

（三）新增纠纷与诉讼纠纷解决成本

论者认为，"报酬请求权可以减少许多纠纷"，因为当事人可"以此为据，合理协商"。〔2〕或者因为"免去了遗失人提侵权之诉及申请强制执行的讼累。"〔3〕该观点不无道理，但本文判断与之相反，报酬机制整体上是增加纠纷成本的。论证如下：

其一，发生争议的概率增加。原有的无报酬机制下，拾得人没有实质性谈判筹码。在拾得人试探性地提起报酬请求权之诉却不获支持后，业已探知法院立场、判断无利可图的拾得人集团很可能选择放弃协商和诉讼机制，转而谋求其他手段获得补偿，甚至选择隐匿不还。围绕报酬产生的纠纷的动机被抑制，纠纷成本降低。提高的是社会信任成本。引入报酬机制之后，拾得人集团获得重要谈判筹码，看到胜诉希望的拾得人反而有可能改变隐匿策略

---

〔1〕 梁慧星等：《中国物权法草案建议稿》，社会科学文献出版社 2000 年版，第 387~390 页。

〔2〕 梅夏英、高圣平：《物权法教程》，中国人民大学出版社 2015 年版，第 151 页。

〔3〕 陈宇："关于遗失物拾得人报酬请求权的思考"，载《沈阳大学学报》2013 年第 1 期，第 43 页。

为公开索赔，纠纷概率及其解决成本自然提高。

其二，谈判项目和潜在争点增加。报酬机制引入之前，拾得人—遗失人纠纷的争点只有报酬比例。报酬机制将增加新的诉争点——遗失物现有价值的评估。估值必须以遗失物现值为基础，道理很明显。首先，遗失物原值属于历史存在，无从估起。其次，如果以原值为评估基础，在水果生鲜等价值迅速下降的场合对遗失人明显不利。最后，以现值为基础有利于激励拾得人善加履行保管义务。

其三，留置权纠纷解决成本产生。如果像《德国民法典》第972条那样规定拾得人可以留置拾得物以担保报酬请求权，则一方面将围绕留置权本身产生诉讼，另一方面则势必延缓遗失物的返还而产生相应的社会经济成本。如果改变德国法立场，认为遗失物返还请求权与报酬请求权不是普通的双务合同对价关系，应以返还履行为先，支付报酬在后，则留置权相关成本消失，遗失人不支付报酬的违约成本相应上升。成本总是存在的，规则无法消灭成本，只能引导成本流向。

其四，"上限式"的报酬比例模式的派生成本。报酬比例的模式有五种。一是区间模式，例如日本《遗失物法》第4条"不低于5%，不高于20%"。二是底线模式，暂未找到其适例。三是上限模式，例如中国台湾地区现行"民法"第805条规定，拾得人得以遗失物价值的十分之一向遗失人主张报酬。2012年修订之前的版本是十分之三。四是分类模式，如《德国民法典》第971条规定，"拾得物的价值不超过500欧元时，酬金为该物价值的5%，超过部分为3%"。[1]五是模糊模式，如《瑞士民法典》规定拾得人有请求赔偿全部费用及适当拾得报酬的权利。模糊模式给予拾得人的谈判筹码过于不确定，弊端明显，没有讨论的必要。其余四种，管见以为凡是带有上限者均不足取。以日本法为例，揭示其弊。

首先是偏离立法目标，无必要地干预意思自治。报酬机制的唯一目的就是提供激励。因此确定报酬比例下限是根本任务。上限应当交给意思自治。拾得人和遗失人就超过20%的报酬率达成一致并非奇事。比如遗失人急于寻回失物止损，自愿悬赏高比例的酬金以增加返还速度。又如遗失人见拾得人返还原物时心诚意恳，愿意给予高比例的酬金以示赞许。再如财力甚厚的遗

---

〔1〕《德国民法典》，陈卫佐译，法律出版社2006年版，第347页。

失人见拾得人生活困窘，愿意以酬金方式进行支援。上述情况，法律以上限锁定而一概不允，有害无益。上限还无甚必要地制造了反悔空间，徒增滋扰。双方先在突破上限的某个数额上达成一致，尔后遗失人一方反悔，以法律上限规定主张返还。或许上限的本意是防止酬金过高而性质改变，但拾得人无权单方面决定酬金比例，也无权留置遗失物，因此遗失人不需要上限的保护。上限唯一的意义是设定明确的预期，避免拾得人在酬金谈判中提出过高的价码。但这样的任务应当由司法完成，立法不应越俎代庖。

其次是引发道德风险。当遗失人先自愿给拾得人高比例报酬后又反悔时，区间方案给了遗失人一个反悔的正当理由。但这却与诚实信用原则相悖。区间方案可能激发的另一种不当动机是，遗失人为引诱拾得人还款，先假意许诺以高比例报酬，待拾得人返还后再以法律进行抗辩。这样一来，双方可能产生争执，且法律沦为钓鱼工具，社会信任环境遭致污染。

再次是容易沦为一纸空文且滋生诉讼。最重要的是，报酬比限制的"最低限"规定才是真正有意义的，区间方案的"最高限"恐怕会沦为一纸具文。不妨做下列思想实验：在日本法5%～20%的语境下，遗失人和拾得人大概率的谈判过程如下。拾得人受到法律规则激励，决定返还遗失物。双方谈及报酬，如不出意外，拾得人主张的报酬率接近或就是法定上限20%，而遗失人仅仅愿意给出法定下限5%或略高的报酬。双方短期内未能达成合意。此时，两条路径备选，一是诉至法院，由法官斟酌厘定合理的报酬率。二是遗失人实际支付拾得人的合理费用，并坚持5%的报酬率不松口。此时由于拾得人无权留置遗失物以担保报酬请求权，只能被迫归还该物，并获得5%的报酬。当然，路径二中，如果拾得人不服也可以诉至法院。从该实验可知，在拾得人缺乏留置权的前提下，一切报酬上限都是缺乏实际意义的，只有法定下限才有意义。而且，上限的规定将很有可能引发诉讼，增加诉累，是看似精巧而徒增滋扰的典型。

最后是削弱激励机制。立法者有可能因为未意识到区间方案的不足，而厘定过低的法定报酬率。立法者也许认为一个5%～20%的区间方案与一个12.5%的底线方案在激励力度上大体相当。但两者相差甚远，不应等效转换。因为5%～20%的方案中，20%几乎没有意义。因此，如果将区间方案转换为底线方案，如果要保持激励力度的一致性、维护立法者制度预期的一致性，就不应当径直沿用区间方案的下限，而应从该区间的中间取值。

估值比例应借鉴德国立法，采用细化的分层超额累退制方案。也有学者称为比例递减制。[1]论者中，蒋大鹏等极少数人持此观点。[2]设定超额累退的方案，理由是，报酬机制的唯一目的是提供激励，那么超额累退制的激励力度与拾得人的报酬比例预期保持一致即可，不能过低，也无需过高。那么，普通拾得人对报酬有怎么样的预期呢？假定某个遗失物的原价值是 V1，此时遗失人支付 R 比例的酬金，刚好能够触发拾得人愿意归还的心理阈值。据此预估，R 将是一个以 V1 为变量的线性函数，我们称其为报酬比预期函数。依常识猜想，报酬比预期函数可能是一个趋于收敛的曲线函数。示意图如下：

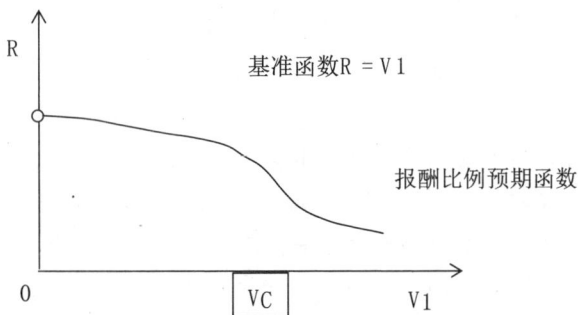

做出上述猜想的理由如下：

第一，决定函数整体趋势的因素：一是归还费用的牵制。由于 V1 价值基本不影响归还费用，因此该费用所占遗失物价值的比例，随着后者的升高而逐渐可以忽略不计。这意味着那些价值较为微小的失物，拾得人可能认为不值得归还，因此需要提供高比例的报酬激励。二是来自遗失人的压力。失物价值越大，遗失人追回的意志越坚，拾得人隐匿不还的风险则越高，报酬期待则越低。

第二，函数在 VC 点陡降，主要因刑法震慑所致。随着遗失物价值增大，拾得人归还失物可能产生新的自我激励，比如对刑罚的恐惧——当失物到达一定价值即图示 VC 之时，如果拾得人拒不归还该物，将可能构成盗窃罪或侵

---

〔1〕 刘宝玉：《物权法学》，中国法制出版社 2007 年版，第 216~218 页。

〔2〕 蒋大鹏："论我国拾得遗失物制度的不足与完善"，载《天水师范学院学报》2013 年第 1 期，第 38~43 页。

占罪而受到刑法的制裁。慑于刑责，拾得人做出隐匿不还决策的概率锐减。不宁唯是，即使拾得人决定归还遗失物，但索要酬金的行为也有可能符合敲诈勒索罪的构成要件。因此，在失物价值达到一定数额后，一般理性人可能并不会放任占有不还的贪欲与失物价值同比例增长，而会实施趋利避害的自我抑制，归还意愿不升反降，相应地，报酬预期也会在该点陡然下降。

（四）遗失人经济负担及其衍生成本

激励机制的另一可能的成本是，某些情况下如按照法定比例支付酬金，遗失人将难以承受。一种可能的情况是失物价值过高。例如，遗失人为筹资，某日携祖传价值过百万的古董筹款，途中因种种原因遗失。失物不久找回，但遗失人难以支付高额法定酬金。另一种可能的情形是遗失人本来就缺乏支付能力。例如，遗失人为低保户，某日去银行办理业务，途中将存单丢失。失物找回后，遗失人是否应当足额支付酬金存疑。

报酬机制的成本由遗失人买单。特定遗失人的支付能力不足或者特定失物价值过大，会放大此种成本，令该遗失人不堪重负。如果无法合理解决该问题，遗失人的经济成本就是整个报酬机制的制度成本。有两个应对办法：

办法一是减免报酬。例如，中国台湾"民法"第805条规定，"有权受领之人为特殊境遇家庭、低收入户、中低收入户、依法接受急难救助、灾害救助，或有其他急迫情事者，得请求法院减少或免除报酬。"但减免报酬将带来衍生成本。因为潜在拾得人无从知晓遗失人是经济弱势还是强势，减免机制带来的不确定风险必然减弱报酬机制的激励效应。由此将更多的潜在拾得人无法现实转化，成为视而不见人或隐匿失物人。遗失物毁损灭失的几率的增加和遗失物隐匿概率的增加，不符合社会整体效率。[1]

学者谢哲胜的担忧恐非多余。激励机制效用不容随意减损。法律如欲取得实效，无非是使用惩罚、阻吓、预防机制和激励、表彰、回报机制的组合。在拾得遗失物规则中，报酬机制、费用补偿机制、遗失物取得机制是典型的激励机制，而通知、保管、返还机制，以及侵占罪等刑法规则是惩罚机制。而不同的奖惩组合机制，效用也大不相同。

第一，如果激励机制强且惩罚机制强，风险规避者见而不拾，避免自找麻烦，则风险偏好者积极拾得遗失物并积极返还。

---

〔1〕 谢哲胜：《民法物权》，三民书局2012年版，第189~195页。

　　第二，如果激励机制强而惩罚机制弱，则所有人均倾向于积极拾取遗失物。拾得后，人群发生分化，依据具体条件做出进一步选择。比较重要的条件是遗失物类型。如果遗失物对拾得人无价值，则所有人均倾向于返还。如果遗失物对拾得人有价值，则部分人选择返还，而部分人选择隐匿。

　　第三，如果激励机制弱而惩罚机制强，则所有人将倾向于对遗失物"视而不见"，任其毁损灭失。

　　第四，如果激励机制弱且惩罚机制弱，则部分人选择"视而不见"避免麻烦，其他人选择积极拾取遗失物同时隐匿之。

　　结论是，仅就达成"促成拾得人积极返还遗失物"的局部目标为标准，激励机制的强度与目标达成度呈现正相关性，越强越好；而惩罚机制的强度与目标达成度的关系则是，过强和过弱均不利，强度适中才能达成最大效用。示意图如下：

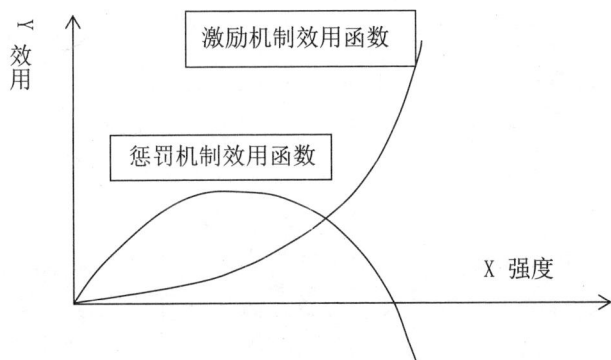

　　如图所示，激励机制不仅能充分调动拾取遗失物的积极性，而且能调动返还的积极性。惩罚机制过弱，则人们将拾而昧之，如果惩罚机制过强，则人们干脆选择无视遗失物。只有适中的惩罚机制才既不至于在源头上挫伤拾得的积极性，又能敦促拾得人返还。结论是，仅就达成促进遗失物物归原主这个价值目标上看，配置充分的激励机制和强弱适中的惩罚机制，效果最好。所以，一切激励的减弱都是遗失物返还规则制度效用的损失。

　　报酬比例是反映激励机制强度的典型指标。各国立法例和草案设定的范围多在3%～30%之间。激励较弱者，如《德国民法典》（1000马克以下5%而超过部分3%）、1956年的《中华人民共和国民法典草稿》第二稿到第七稿

（10%或5%）〔1〕、日本《遗失物法》（5%～10%）。《意大利民法典》和英国相关立法为10%。〔2〕激励较强者是《俄罗斯联邦民法典》（20%）、1999年《中国物权法草案》建议稿社科院版和人民大学版（20%～30%）〔3〕。本人认为1999草案虽然需要细化，但激励力度是比较符合实际的。价值在数千元和千元以下的小额失物场合，非有20%～30%的报酬根本无法形成有效激励的。价值在数万元或以上的不动产，则不需要如此高的比例。

办法二是国库买单。如果已经认定，"在遗失物的法律制度建设方面，立法者首先要考虑的，是创造一种机制促使遗失物尽快地回到失主手里"〔4〕，那么兼顾激励机制和遗失人支付能力的办法就是国库掏钱奖励，即相当于由全体纳税人共同出钱奖励拾得人。道理很简单，国家对于经济弱势人救助的成本，本来就是由国家提供的。如果要求经济弱势人履行报酬义务，则造成的经济更加困窘的差值，或许最终还是要由国家财政承担。折中方案是酌情减少报酬，减少部分由当地政府财政或者拾金不昧基金予以补足。此方案的弱点是：第一，当事人可能恶意串通，伪造遗失——拾得关系向财政骗取报酬。第二，无辜纳税人为遗失人的过错买单，法理不通。

两害相全，采用办法一似稍好。本文认为，应原则上维持法定报酬率，即使当事人生活困难也不应随意减免。首先，前文列举的古董和大额存单遗失毕竟是小概率事件，是否值得做统一规定不无疑问。其次，法定报酬毕竟只占失物现值的较小部分，未必超出遗失人的给付能力。最后，生活困难而丢失财物，其过错大于一般丢失财物者，法律在评价上应予体现。最后，例外功能和细微正义的矫正功能应由司法承担，立法似不宜事无巨细。

四、代结语：设计思路

以商业机构替代现有的失物招领机制，淡化直至分离公安机关和其他国家部门的失物招领职责，允许市场对政府承担的琐碎繁重的服务职责进行部

---

〔1〕 孙毅："道德理想与世俗规范的交融——关于遗失物拾得立法的几点思考"，载《学术交流》2003年第11期，第40～43页。

〔2〕 吴高盛主编：《物权法理论与操作实务》，人民日报出版社2007年版，第142～145页。

〔3〕 孙毅："道德理想与世俗规范的交融——关于遗失物拾得立法的几点思考"，载《学术交流》2003年第11期，第40～43页。

〔4〕 孙宪忠：《中国物权法总论》，法律出版社2014年版，第256页。

分分担，政府相应从直接服务者的角色定位转变为"失物招领公司"的市场监督者，是比立法更好的策略。部分理由前文已述。市场总是比政策更容易发现行之有效的报酬机制、报酬比率，以及制度成本的克服办法。含有报酬机制的立法仅仅是次佳方案。

关于报酬比例，前文证明，分级累退方案为最佳，且应避免规定上限。至于分几级、各级临界点如何，前者应当兼顾效率与精确度的平衡，后者应当考虑盗窃罪、侵占罪的入刑标准。报酬比例的下限，既应避免 3%、5% 等缺乏诚意的规定，又应避免过高而形成套利机制。一个参考值是盗赃物的销赃回报率。参考方案：500 元以下 30%；500 元~1 000 元部分 25%；1 000 元~5 000 元部分 20%；万元以下 15%；1 万~10 万部分 10%；10 万~100 万部分 5%；100 万~1 000 万部分 3%；1 000 万元以上部分 1%。

关于估值对象，毫无疑问应当以遗失物的现值为准。

关于权利人范围，若干民事主体因其工作性质，应当部分排除其主张报酬的权利，以彰显政府公共服务职能或商主体商业服务宗旨，并且避免公众误会，因小失大。其一，国家公职人员。如其在执行职务期间拾得或者在国家机关内部拾得，无报酬权。在执行职务之外的私人活动时间拾得，且在机关场所之外的，有报酬权。其二，医院、酒店、公共交通工具等公共场所的所有权人、管理人、管理辅助人。如其在本人工作场所拾得遗失物，无报酬权。他人在上述场所拾得，以该场所之所有权人或管理人为法律上的拾得人，该他人有权分得一定比例的报酬。

关于义务人范围，若干民事主体因其生活状况，似应部分豁免其支付报酬的义务，以免加剧其生活困难。但本文认为，应原则维持，例外豁免，以维系激励机制的整体效用。具体豁免情形，由司法解释制定。

关于留置权，理论上，法定报酬权既是"荣誉赏金"，必然以返还行为为前提。因此，返还请求权和法定报酬权是存在先后履行顺序的债务，否则无从体现报酬的赏金性质。因此拾得人无留置权。不过就务实立场来看，拾得人既然主动做出招领行为且身份明确被锁定，在激励机制和惩罚机制的共同作用下，一般没有不返还遗失物的道理。遗失人不履行或者迟延履行酬金义务的概率反而更大。据此可以赋予拾得人留置权。

参考文献：

[1] 陈佳：《物权法实施中的疑难问题》，中国人民公安大学出版社2009年版。

[2] 黄军锋："论拾得遗失物及其法律规则"，载《西藏民族学院学报：哲学社会科学版》2009年第1期。

[3] 刘保玉：《物权法学》，中国法制出版社2007年版。

[4] 吴高盛：《物权法理论与操作实务》，人民日报出版社2007年版。

[5] 孙毅："道德理想与世俗规范的交融——关于遗失物拾得立法的几点思考"，载《学术交流》2003年第11期。

[6] 时艳蕾："建立我国拾得遗失物处理新框架"，载《决策探索月刊》2010年第4期。

[7] 马俊驹：《物权法》，复旦大学出版社2014年版。

[8] 孙宪忠：《中国物权法总论（第2版）》，法律出版社2014年版。

[9] 姜瑜："论拾得遗失物制度的法律完善"，载《牡丹江教育学院学报》2012年第4期。

[10] ［美］迈克尔·桑德尔：《公正：该如何做是好？》，朱慧玲译，中信出版社2012年版。

[11] 范高峰："论拾得遗失物报酬请求权——兼论《中华人民共和国物权法》的缺失"，载《华北水利水电大学学报（社会科学版）》2008年第1期。

[12] 亚瑟·亨·史密斯：《中国人的脸谱：第三只眼睛看中国》，陕西师范大学出版社2007年版。

[13] 文崇一、萧新煌：《中国人：观念与行为》，中国人民大学出版社2013年版。

[14] 孙隆基：《中国文化的深层结构》，广西师范大学出版社2011年版。

[15] 王立争：《物权法：理论反思与制度塑造》，南开大学出版社2014年版。

[16] 郑云瑞：《物权法论》，北京大学出版社2011年版。

[17] 王连合：《中国物权法律制度研究》，法律出版社2016年版。

[18] 陈甦：《法意探微》，法律出版社2007年版。

[19] 孟茜："论我国民法制度中的人性预设——以拾得遗失物的报酬请求权

为例",载《赤子(上中旬)》2014年第20期。

[20] 史尚宽:《物权法论》,中国政法大学出版社2000年版。

[21] 苏永钦:《民法物权争议问题研究》,五南图书出版公司1999年版。

[22] 高富平:《物权法原论》,法律出版社2014年版。

[23] 王利明:《债法总则研究》,中国人民大学出版社2015年版。

[24] 陈宇:"关于遗失物拾得人报酬请求权的思考",载《沈阳大学学报(自然科学版)》2010年第1期。

[25] 程啸:《侵权责任法》,法律出版社2015年版。

[26] 梁慧星:《中国物权法草案建议稿:条文、说明、理由与参考立法例》,社会科学文献出版社2000年版。

[27] 梅夏英、高圣平:《物权法教程(第3版)》,中国人民大学出版社2015年版。

[28] 陈卫佐:《德国民法典(第3版)》,法律出版社2010年版。

[29] 蒋大鹏:"论我国拾得遗失物制度的不足与完善",载《天水师范学院学报》2013年第1期。

[30] 谢哲胜:《民法物权》,三民书局2012年版。

PAPERS

学生论文

网络表达自由的价值问题

代旌航 *

内容摘要： 表达自由是每个公民享有的权利，伴随网络技术的不断成熟和网络空间的无限拓展，新出现的技术手段赋予表达自由以全新的方式，同时也为传统的法学理论带来巨大挑战。表达自由作为一项重要的人权内容和社会品质，其存在的正当性基础研究相当重要，而对以网络为途径的表达自由的价值却鲜有研究，通过建立在法学理论和现有的研究成果基础之上，立足中国现实语境，对传统表达自由的理论进行分析，试图阐明网络表达自由外延和内涵，进而阐析网络表达自由的价值及其实现条件，以期完善表达自由学说，为进一步相关研究提供理论支撑。

关键词： 网络表达自由　人权　价值　利益平衡　社会治理

引　言

表达自由有诸多实现方式，网络表达自由即为其中一种，互联网诞生至今，经历了四十多年的发展，在信息传播、资源互换方面起到举足轻重的作用，伴随科技发展，移动互联网设备兴起，公众参与广泛程度大为提高，表达个人思想和见解的方式可谓今非昔比，甚至改变了人们参与社会的方式，极大地促进了即时性内容的传播。互联网普及率日益增加，使得一系列法律问

---

* 代旌航，中国人民公安大学法学院 2015 级法理学硕士研究生。

题暴露凸显。[1]有别于传统表达自由，网络表达亦有诸多实现途径，在"互联网时代"，公民的表达自由关乎新闻动态事件和整个法治社会的发展，法律予以确认与保护尤为必要，法学视角内如何理解其涵义及其价值，是网络表达自由的根本问题，对进一步实现和发展表达自由，进一步研究相关理论问题大有裨益。

一、网络表达自由的外延

自由权作为人权的基本范畴，从理论上讲源于17、18世纪自然法学派的"天赋人权说"和"社会契约论"，其内容十分广泛。表达自由，从广义上讲，不仅包括言论自由，更包括集会、结社、游行、示威等自由；从狭义上讲包括言论自由、写作自由以及与之相联系的出版自由。[2]表达自由最初是以言论的形式出现的，其理念最早形成于高度直接民主的城邦国家——雅典，城邦开展所有活动都取决于公民的积极合作，而这些合作的先决条件，是对决策进行自由而充分的辩论。1644年，约翰·弥尔顿（John Milton，1608年12月9日~1674年11月8日）因出版书籍引起纠纷而被传到议会答复质询，他在议会做了长篇演讲，系统地阐述了言论自由思想，这篇演讲后来被译成几十种文字，并成为西方言论表达自由的奠基性著作——《论出版自由》。[3]约翰·洛克（John Locke，1632年8月29日~1704年10月28日）在《论宗教宽容》的书信中批判了英国封建教会和长老派的宗教偏见和迫害政策，要求实行政教分离和信仰、言论自由，在西方思想史上占有重要的地位，被认为是对思想和信仰自由的最早的系统阐述。[4]1689年英国的《权利法案》（第9条）和1789年法国的《人权与公民权利宣言》（第11条）中关于表达自由的规定影响较大，1791年美国宪法第一修正案的通过更是言论和出版自由在历史上具有里程碑意义的事件。联合国于1948年颁布的《世界人权宣言》中的第19条对表达自由有较为明确的定义：人人有权享有主张和发表意见的自

---

〔1〕 中国互联网络信息中心（CNNIC）2017年1月发布的《第39次中国互联网络发展状况统计报告》称，截至2016年12月底，中国网民（过去半年内使用过互联网的6周岁及以上中国居民）规模达7.31亿，互联网普及率53.2%。

〔2〕 张千帆主编：《宪法学》，法律出版社2008年版，第194页。

〔3〕 赵威：《信访学》，辽宁大学出版社2010年版，第22页。

〔4〕 顾肃：《自由主义基本理念》，中央编译出版社2005年版，第170页。

由；此项权利包括持有主张而不受干涉的自由，和通过任何媒介和不论国界寻求、接受和传递消息和思想的自由。[1]1950 年的《欧洲人权公约》第 10 条关于表达自由的规定被公认为具有较大的合理性，是晚近以来有关言论自由的经典之作。[2]1966 年 12 月 16 日颁布的《公民权利和政治权利国际公约》第 19 条：人人有权持有主张，不受干涉；人人有自由发表意见的权利，包括寻求、接受和传递各种消息和思想的自由，而不论国界，也不论口头的、书写的、印刷的、采取艺术形式的，或通过他所选择的任何其他媒介。[3]

作为我国宪法上最基本、最典型的自由权——表达自由，由《宪法》第 35 条加以确认，是指公民按照自己的意愿自由地通过各种包括且不限于语言形式公开或不公开表达自己的思想和观点，以及获取他人意见而不受任意干涉的自主性状态。有的学者认为，表达自由又称言论自由，事实上，表达自由比言论自由更加宽泛，更加能够涵盖这种以表现个人思想和见解为目的的个人自由，除了言论外，个人还可以通过行为、作品和其他行动形式，来表达自己的思想。表达自由是一项基础而神圣的权利，它还应包括精神自由、监督权以及个人的尊严、人格的独立和自由，以及追求幸福的权利[4]、思想与良心的自由[5]、新闻自由[6]，等等。网络是现实社会的延展，是现实生活中的一部分，网络的特殊性使得公民通过虚拟的网络来实现表达自由，这种特殊表现形式区别于现实社会。公民通过网络实现表达自由同样基础神圣，但这种自由应是相对的，应当有一定的界限，任何没有维度和边界的自由都将导致损坏公民其他基本权利的消极后果，有碍于人自由而全面的发展，从

---

[1] 联合国：《世界人权宣言》，载 http://www.un.org/zh/universal-declaration-human-rights/，最后访问日期：2017 年 5 月 1 日。

[2] 张志铭："欧洲人权法院判例法中的表达自由"，载《外国法译评》2000 年第 4 期。

[3] 联合国：《公民权利和政治权利国际公约》，载 http://www.un.org/chinese/hr/issue/ccpr.htm，最后访问日期：2017 年 5 月 1 日。

[4] 该类自由权利是西方许多国家宪法人权体系的起点和核心，具体请参见德国基本法第 1、2 条；日本宪法第 13 条；自由权公约第 16 条；美国独立宣言。

[5] 1949 年《中国人民政治协商会议共同纲领》第 5 条曾规定"思想的自由权"，并冠以言论、出版、集会等自由权之首。具体参见德国基本法第 4 条；法国 1789 年人权宣言第 11 条；日本宪法第 19 条；自由权公约第 18 条。

[6] 《共同纲领》第 49 条曾规定"保护报道真实新闻的自由"。具体参见德国基本法第 5 条；美国宪法修正案第 1 条；香港基本法第 27 条。

而丧失保障人的基本权利和自由的人文关怀价值。在这样的前提下，如何理解网络表达自由的内涵，使民众在合理的限度内表达思想，成为我们首先要面对和解决的问题。

二、网络表达自由的内涵

伴随社会的发展和科技的进步，表达自由新的形式——网络表达自由，是表达自由的分支，是公民行使表达自由以网络为途径的体现，是指公民通过网络合法寻求、接受、表达和传递信息、思想、观点和见解，不受非法干涉、侵犯与阻碍的自主性状态，这种自由，从最初的语言交流，逐步扩张演进至其他非语言行为的各种形式。互联网技术因其开放性得以迅速发展，不断革新发展的互联网技术使得网络凝聚了囊括传统传媒在内的各种传播手段，为民众提供了形式多样且功能强大的表达渠道。无线通信技术的迅猛发展大大提高了移动连接的速度，人们使用网络可以不受时间和空间的限制，在经历 web1.0、web2.0 技术之后，互联网已然成为人们工作、生活中不可或缺的部分，微博、微信等移动应用软件形成的自媒体群，以其简单的内容表达，便捷、多样化的传播方式，极大地拓展了民众的表达自由。这一方面变革了传统人际交往的方式，拓展了信息交换和传播的途径，从本质上促进甚至改变了人的表达能力，移动互联网终端、手机应用程序等新技术正以前所未有的步伐高速发展，进一步提升了网络表达在信息交换方面的效率，促使人们的生活生产方式发生变革；另一方面，公民通过网络，尤其借助新兴自媒体平台，甚至比现实社会中更能发挥和实现个人价值，公民在网络上活跃的表达行为，对现实社会民众的生活，乃至国家和社会公共事务所造成的影响日益增加。[1]

网络表达自由建立在以中国特色社会主义法治国家的基本现实语境，以中国特色社会主义理论体系为支撑，以表达自由理论为背景，以网络为途径而形成的自由，这种自由是相对的，是以宪法和法律为边界的，这些要素加以结合诠释出网络表达自由的内涵。

---

〔1〕 从 2008 年 6 月 20 日，胡锦涛总书记在人民网与网友在线聊天，到各省官员通过各种形式在网上与民众沟通，中国官员越来越多地通过网络问政于民，发挥集体智慧，使得政府信息更加透明畅通，行政效率进一步提高，为民众通过网络参与国事提供可能。

首先，网络表达自由是表达自由的重要组成，实质是思想自由，其首要内涵需建立在我国本土语境中加以理解和诠释。网络表达自由的前提和实质是思想自由，人与一般动物的区别在于人具有思想，人的思想若不自由，人就不能称之为人，而人的思想只有通过表达才具有意义。思想的形成依赖于一定知识与信息的来源，这种寻求、接收、获取知识与信息的自由是思想自由的应有之义，否则，思想内容就不充分、不完整，甚至无意义、无必要。思想的来源必须存在于不断运动、自由交流、容许表达的外在条件，其内容是动态和变化的，在充分吸收各种信息和知识之后，固化成为静态的思想内容，从而加以表达，这种表达通过网络得以呈现，其实质仍然是思想自由。人类文明之所以发展到今天，无不归功于思想，然而，只有有价值的思想才能推动人类文明发展和社会进步，思想的重要价值不言而喻，纵览古今，我国的优良传统也是通过先贤的思想形成表达得以传承，因此，我国的网络表达自由应是需要为其他不特定第三人和公众负责的自由，其特殊性在于维护人民的总体安全与稳定，打击恐怖主义、分裂主义和极端主义等特殊情境之下，从而保障国家与社会健康平稳发展，这种自由是有边界的，应当适应本土法的感情。

其次，网络表达自由超越了时间阻隔性，及时的人与人交往变得普遍而可能。网络表达很难再同传统的表达自由一样，通过举止、行为、肢体加以呈现，其内容广泛，不当然具有创造性，但没有网络存在，个人的思想就只能存在于个体内心，或借助于别的途径，难以通过网络形成与他人思想的交流和沟通，更无法获得和感知这种思想的价值。同时，网络表达自由超越了时间阻隔，个人通过网络与社会发生联系的间隔不断缩小，网络不再拘泥于现实的客观世界，社会阶层变得抽象，社会分工变得具体，个人的见解与思想等内部精神活动一旦形成，通过网络所要表达的思想可以为受众所认知或切实感受得到，从而发挥精神自由的作用，及时的人与人交往因此变得普遍而可能。不同于经济全球化，虚拟的网络顺应无全球化趋势，随着互联网发展，人们对于网络安全的认识进一步深化，与现实安全不同，网络环境更加多元复杂，网络不是无人治理的法外空间，网络表达自由或多或少都应当受到一定限制，首当其冲的即是至少应当受到维护网络主权的限制。

最后，网络表达自由是表达自由的具体化，区别于广泛的表达自由，它有许多显著的特征。

第一，网络表达主体具有平等性、广泛性、自发性、独立性、匿名性。如前所述，互联网因其开放性使得几乎任何自然人、法人和其他组织均可注册使用，不论国籍、种族、性别、信仰的不同，他们在互联网平台上的地位平等，网络使用者自发地参与使用互联网即可接受思想、表达见解，其表达行为受自身个体的意识所支配，每一主体的表达是独立自主的，代表自己的价值取向和思想立场[1]，参与者互不知道对方在现实世界中的真实身份[2]。

第二，网络表达方式具有直接性、开放性、交互性、便捷性、高效性。互联网是一个开放的领域，不同于传统的报刊、书籍、电视为代表的单向表达媒体，任何拥有支持 IP 地址协议的电子终端都可以接入网络，这种方式建立在一定物质基础之上，不受时间和空间限制，瞬时、大量、自由地通过点对点、点对面、面对点、面对面的方式进行表达。[3]

第三，网络表达内容具有即时性、主观性、多元性、任意性。目前国内外的网络平台都提供且不限于文字、图片、音频、视频和网络链接等方式发布网络信息，而它一旦提交便迅速地存在并流传于网络，更新速度之快也是其他传统媒体所不能匹及的，其产生的巨大影响力难以估量，也正是由于网络的上述特征决定了互联网所表达的内容，其真实性、客观性、准确性是无法通过时效立即确定的。

三、网络表达自由的价值

价值哲学的语境所达成的共识认为，价值是客体之于主体的作用和意义，而对表达自由的价值分析，旨在证成表达自由作为一种独特社会品质和重要人权内容，其存在的正当性和必要性，是表达自由的基础性研究。因而，表

---

[1] 需要强调的是，这种自由的独立性并不独立于表达的群体，例如网络群聊的发起者或组织者需要为群内成员的言论负责，从法理角度讲，这是权利与义务相统一的必然要求。

[2] 起初网络匿名性引发了很大争议，网络实名制的必要性值得商榷，但经过实践发展和演变，网络实名制尤为必要和有效，国家以法律形式确立网络实名制，这种实名制采取前台匿名，后台实名，既保护公民权利与自由，也保障责任追究的合法性。

[3] 中国互联网络信息中心（CNNIC）2017 年 1 月发布的《第 39 次中国互联网发展状况统计报告》称，相当一部分用户访问和使用互联网的行为发生在手机终端上，截至 2016 年 12 月，中国网民通过台式电脑和笔记本电脑接入互联网的比例分别为 60.1% 和 36.8%，手机上网使用率为 95.1%，平板电脑上网使用率为 31.5%，电视上网使用率为 25.0%。

达自由理论作为一般性原理，当然适用于网络表达行为。表达自由的价值基础应当建立在传统法学对法的基本价值的论证，譬如自由、平等、公正、法治等社会主义核心价值。西方启蒙思想家和学者更加强调权利属性，注重从天赋人权和人的智性发展两方面为表达自由提供证明基础，产生大量学说和著述，但却对表达自由本身的价值问题分析不足；我国受制于历史长期的封建统治和阶级压迫，加上复杂的物质基础条件落后和意识形态领域约束，对此方面的研究更是一片空白。进入 20 世纪以后，人类生产力迅速提高，物质财富加速积累，人的认识水平空前繁荣，伴随人权实践的深入，在推进人的发展方面取得了很大进步。

近代以来，对表达自由的价值分析主要与一定的社会观念有着密切联系，这些观念包括真理观念、民主观念、社会观念以及有关人的观念。张文显教授将表达自由的价值归结为四个方面：保障个人自我实现、提高知识和发现真理、提高公民素质和参政水平、作为社会的"安全阀"。[1]耶鲁大学法学院教授托马斯·埃默森（Thomas I. Emerson，1907 年 7 月 12 日~1991 年 6 月 19 日）曾把表达自由的价值概括为四个方面：第一，促成个人的自我实现；第二，作为获致真理的一种手段；第三，作为保证社会成员参与社会包括政治决策过程的一种方式；第四，维持社会稳定和变化之间的平衡。[2]

现有的研究成果对表达自由的价值分析已然透彻，任何媒介中的表达，视其载体差异，均应得到不同程度的保护，这便意味着表达自由的范围，理应涵盖人类文明发展进程中可能出现的一切表达渠道，但受物质因素制约，人们实现表达自由的途径会随着时间推移而不断丰富，作为信息科学技术发展的产物，网络已然成为人们获取和传递思想的主要途径之一，网络表达行为当然适用于表达自由理论，应当有所发展。站在不同角度对网络言论自由的价值进行分类，会得出不同结论。根据价值主体，可以分为国家价值、社会价值、个人价值；根据存在形式，可以分为物质价值和精神价值；根据存在状态，可以分为应然价值和实然价值；根据内容，可以分为经济价值、法律价值、政治价值、伦理价值等；根据功能，可以分为目的价值和工具价值；

---

〔1〕 张文显：《二十世纪西方法哲学思潮研究》，法律出版社 2006 年版，第 471~475 页。

〔2〕 Thomas I. Emerson, "Toward a General Theory of the First Amendment", *Yale Law Review*, 72 (1963), 877~879. 转引自林子仪：《言论自由与新闻自由》，月旦出版社股份有限公司 1994 年版。

根据价值本体,可以分为外部价值和内部价值;根据价值作用,可以分为积极价值和消极价值;等等。上述分类体现了价值的多面性和复杂性,皆有其正当基础,但难言全面,综合考虑,本文以网络表达自由的价值作用为出发点,从积极价值(positive value)和消极价值(negative value)正反两方面对其分析。

(一)积极价值

第一,从人权建设的角度来看,保障公民的网络表达自由在很大程度上实现了公民权利。表达自由是民主国家人民的基本权利,改革开放 40 年以来,我国的人权状况发生翻天覆地的变化,在战胜物质贫困解决了温饱问题之后,公民的基本权利得到保障和实现,基本上达到了《人权宣言》所描述的"享有免于匮乏的自由",而对于网络表达自由则是人权内容的细化,保障网络表达自由,就是保障以平等权为基础的公民基本权利,对完善我国社会主义人权理论和指导人权实践具有重大意义。对于人权的理解,世界上有许多不同的声音,但表达自由却总是能够达成共识的主题,本杰明·N·卡多佐(Benjamin Nathan Cardozo,1870 年 5 月 24 日~1938 年 7 月 9 日)认为,"言论自由是一切权利之母",囊括网络途径的表达自由是包括人权在内的一切权利的根基,网络表达自由则体现出一个国家对基本人权的重视和保障。从实践中不难看出,相较权力而言,公民权利在整个话语体系中往往处于一种弱势地位,权力的边界如若模糊不清,表达渠道受阻或进一步丧失,公民权利在某些情况下集体失语,权利主体普遍沉默,从而致使表达自由这一宪法保障的公民基本权利形同虚设,网络表达自由将无从谈起,人权的实现更将遥不可及,而国家通过行使权力和履行职责,确认、保护和规范公民行使网络表达自由,是实现人权最直接的方式和体现。

第二,从民主建设的角度来看,网络表达自由提高了人们对民主的监督和依法行政的参与程度,防止并杜绝政治腐败,是在人民当家作主的社会主义制度下人民行使权力的新突破。民主与自由乃现代宪政的起点与基石,在集权制度下,真正的表达自由是不存在的,而在民主制度下,人民群众坚持社会主义法治信念,借用网络表达,全面参与国家的经济建设、文化建设和政治建设,以保障和实现自身权利,执政者汲取来自各方面的意见,打破传统大众媒体对权威话语权的垄断,是真正意义上的实现民主、体现民意。"网络技术对于社会政治影响非常巨大,它在一定程度上改变未来政治参与的结构和模式，其开放性、多元性和平等性大大削弱了传统集权国家的权力，极大地拓展了个人参与政治生活的可能性。[1]从博弈角度来看，政治参与程度与表达的欲望和自由度成正比。一方面，公民意识的存在是表达自由的内在基础，表达自由是公民意识产生和作用的保障。在社会主义民主的法治社会，应当鼓励其公民培养强烈的公民意识，作为现代法治下形成的这种意识，通过形成与表达普通民众对国家和社会公共事务的心理认同与理性自觉，加以推进各项事业建设，促进国家发展和社会进步。国家大力发展科学文化教育事业，公民整体素质不断提升，公民意识不断提高，普通民众主动关注政治事务和社会发展的积极性就越来越高，倘若网络表达自由被剥夺或者限制，公民意识就变得无处施展，甚至毫无意义。另一方面，社会生产力逐步增长，国家综合实力持续提高，在全面推进各项事业稳步发展之余，一些社会矛盾亦随之显现，这些矛盾关乎民众生存与发展，相关权利主体意图通过各种表达途径引起政府相关部门的关注，无缘制造事端引起负面影响，向社会揭露的意愿愈发强烈，极易激化甚至放大社会矛盾，不利于政治民主的整体发展与稳定。因此，畅通的表达渠道可以促进权利主体更好地与公权力对话，在更为温和的语境下表达自己的政治主张和诉求，维护自身合法权利和正当利益，避免矛盾激化，更好地促进问题的妥善解决。

第三，从经济建设的角度来看，网络表达自由加速物质财富积累，节约许多社会和经济成本。首先，网络是第三次工业革命的产物，在此之前，人们主要是依靠提高劳动强度来提高劳动生产率，网络基于自身特性，使得数据传输速度快、信息交换效率高，通过网络表达思想和见解，促进人类生产技术发生变革，间接促进生产方式进步，促进劳动者的素质和技能不断提高，调整生产关系，优化资源配置，解放和发展生产力，提高劳动生产率和社会生产力，从而促进生产力和生产关系协调发展。其次，网络表达自由促进社会经济结构和社会生活结构发生重大变革，促使第三产业占国民经济中的比重日趋上升，国家普遍加强政府和企业对科学领域研究的支持，加强对科学技术的扶持和资金投入，带动互联网基础设施建设，使得网络技术不断进步，带动互联网行业为背景的实体经济及相关产业的发展，人类日常生活的各个

---

[1] 付子堂主编：《法理学高阶》，高等教育出版社 2008 年版，第 533 页。

方面也因此发生重大变革，实现物质财富的积累和经济持续增长。[1]最后，没有网络表达自由的社会将付出巨大代价，许多金融风险、经济危机甚至自然灾害所造成的后果都可以通过网络表达得以减轻甚至避免，这在不同程度上降低了人类所创造的物质财富流失的可能性。

第四，从发现真理的角度来看，网络表达自由使人们对真理的不懈追求和对公德良知的渴望有了更进一步的提高。思想是人类精神世界中属于理性认知的产物，是人类区别于一般动物的根本特征，表达则是人类思想内容的外在表现形式。但凡推动人类文明历史进程的智慧和发明，都是经过广泛、细致、深入的讨论和争辩，以各种载体加以固定，方为世人所知，并得以传承。脱离了表达行为的思想，虽然可能存在，但却因为没有形成表达而为外界所知悉，难以发挥其本身所具有的意义和作用，从而失去生命力。与他人交流是人类与生俱来的需求，思想的交流使人类在成长和进步过程中明白事理，区分善恶。人们对真理的认识在时间和空间上都是有限的，"客观现实世界的变化运动永远没有完结，人们在实践中对于真理的认识也就永远没有完结。"[2]网络所表达的内容在无限延伸的网络空间，经过充分思想交换加以检验和筛选，主流意见能够被质疑，少数观点能够被采纳，偏激的思想能够被沉淀，虚假的言论能够被净化，网络提供了一个避免多数立场排挤和压迫少数立场的平台。"假如那意见是对的，那么他们是被剥夺了以错误换真理的机会；假如那意见是错的，那么他们是失掉了一个差不多同样大的利益，那就是从真理与错误冲突中产生出来的对于真理的更加清楚的认识和更加生动的印象。"[3]网络表达自由是人们了解真实与正确其危险性较少的一条路，人们通过思想交流得出谬论的可能性大为降低，一些宣扬平等、崇尚理性、追求真理、揭露真相、反对霸权、呼唤公正的网络表达受到追捧，对于真理而言，网络无疑提供了一个良好的发现平台。

---

〔1〕 互联网蓬勃发展促使经济增长模式发生改变，同时催生了以共享经济为代表的大量新兴产业，业态多元化、经营规模化、市场定位差别化、市场主体多元化等观念进一步发展。根据中国互联网络信息中心（CNNIC）2017年1月发布的《第39次中国互联网络发展状况统计报告》表明，新技术、模式应用驱动电商业态多元化，网络购物、网上外卖、旅行预订、网红经济、网络直播、网络金融等新兴产业发展，VR、AR等技术也带来了新的体验，未来技术将推动更多经济业态的变革。

〔2〕 《毛泽东选集》第1卷，人民出版社1991年版，第295~296页。

〔3〕 ［英］约翰·密尔：《论自由》，许宝骙译，商务印书馆1959年版，第19~20页。

第五，从自我价值的角度来看，人们利用网络自由高效地表达观点、传递信息，实现自我价值，加速文化传播。黑格尔认为，如果没有人的自由，社会、历史、政治运动、法制变革的必然性就不能产生、不能体现出来，正是人的自由活动构成了不可避免的事件的链条的各个环节。[1]人的自然需要产生于并体现着人的自然生命本性的存在和发展，人的社会需要产生于并体现着人的社会生命本性的存在和发展，人的精神文化需要则产生于并体现着人的精神文化生命本性的存在和发展。[2]新事物的强大生命力使越来越多的人使用网络满足自己，在网络上，公民主动掌握着更高的表达权，通过网络接收信息而不受时间、空间限制，从微观层面讲，这为他们提升和实现个人价值，能动地改造身处的社会提供了条件和机会。马克思和恩格斯在《共产党宣言》里描述了他们憧憬的共产主义社会，他们认为这个理想社会将是这样一个联合体，在那里，"每个人的自由发展是一切人自由发展的条件"。[3]网络节约了文化传播的成本，开拓人们的视野，促进个人自由而全面地发展，同时，间接提高社会信息交换效率，加速世界范围内知识的传递，是全人类实现自我价值的体现。

（二）消极价值

第一，网络表达自由的滥用，负面表达有悖于人类自由而全面发展的宗旨。网络表达自由不是无边界的自由，"政治自由并不是愿意做什么就做什么。在一个国家里，在一个有法律的社会里，自由仅仅是一个人能够做他应该做的事情，而不被强迫做他不应该做的事情。"[4]自由既有为所欲为的权利，又有不损害他人的义务。受制于历史和现实的复杂原因，中国民众对于传播媒介的责任辨识、功能认知、运作规律、使用方法、监督途径普遍缺乏全面深入的认识，一些人滥用网络表达自由，传播不良信息，大量伪真理、伪科学、不符合客观事实和违背客观规律的表达通过网络得以传播，不符合人权的核心价值和人类发展的需要。并且，负面的网络表达一旦爆发，影响

---

〔1〕 舒扬："黑格尔理性法思想初探"，载《马克思主义来源研究论丛 第10辑》，商务印书馆1988年版，第5页。

〔2〕 王全宇："人的需要即人的本性——从马克思的需要理论说起"，载《中国人民大学学报》2003年第5期。

〔3〕 王全宇："人的需要即人的本性——从马克思的需要理论说起"，载《中国人民大学学报》2003年第5期。

〔4〕 ［德］马克思、恩格斯：《共产党宣言》，马克思恩格斯选集中共中央马克思恩格斯列宁斯大林著作编译局译，人民出版社1972年版，第273页。

力巨大，后果难以预料和控制。一些违背人类核心利益的网络表达，一些反动、恐怖、破坏世界和平，教唆、传授犯罪的表达，威胁社会安全稳定，侵害国家、集体或第三人合法权益。这些言论的支持者虽然站有自己的立场，拥有人人平等的表达自由，但其表达的内容与全人类的核心利益背道而驰，保障这些负面的表达会对社会稳定造成不利影响。

第二，一些别有用心的势力恣意扩大人权涵盖范围，以人权名义达成政治阴谋，混淆社会舆论，影响人们树立科学的人权观念。如前所述，网络表达自由是自由权的具体表现形式，属人权体系范畴。卢梭认为，舆论是"法律之外的法律"，任何强权都必须尊重新闻舆论，否则便无法维持其存在。一方面，国际社会上一些国家奉行"人权外交"，国际法主体借网络表达自由之名对另一些国家的人权状况无端指责，混淆国际舆论，进而干涉别国内政，不利于世界和平及地区稳定。[1]与此同时，在国际社会，不合理的国际互联网治理现状使得各国网络主权得不到充分尊重，各国之间不能平等共享互联网发展成果，数据和信息鸿沟情势严峻，有的国家掌握不对称甚至压倒性的网络信息技术优势，试图独占全球互联网治理议程设定、规则制定和基础性资源分配权。[2]另一方面，西方社会基于自身物质发展状况及历史文化传统影响，强调自由主义，把个人主义视为社会的根基，在长期发展过程中所形成的偏见，将本不属于人权领域的内容执拗地划入人权范畴，将社会发展水平的差异固化为意识形态差异，受制于物质发展阶段，普通民众缺乏基本的文化素养和鉴别能力，对本民族的优良传统和意识形态选择持有怀疑，对未经实践检验、与其自身客观情况不相符的表达轻信盲从，不利于人们形成科学的人权观念。[3]

---

〔1〕 2012年5月24日，美国国务院发表了向国会提交的2011年度人权国别报告，在这一年度报告中，美国政府对世界所有国家指手画脚、颐指气使恶习不改。在长达142页有关中国人权状况报告中，美国政府对中国人权进步事业视而不见，开头便指中国为"独裁国家"，称在主要领域（包括表达自由）中国的人权形势继续恶化，全然无视中国人权事业所取得的历史性进步，对中国人权状况全面抹黑。

〔2〕 ［法］孟德斯鸠：《论法的精神（上册）》，张雁深译，商务印书馆1959年版，第183页。

〔3〕 国际特赦组织是一个以人权监督为目标的国际性非政府组织，该组织声称己以预防及终止肆意侵犯身体以及精神方面的健全、良心的自由以及免受歧视的自由为宗旨。该组织置世界各国社会发展水平和意识形态于不顾，置政府为改善民众生活所取得的进步于不顾，屡次对中国人权状况无端指责，混淆国际舆论，进而达到干涉我国内政的目的。

第三，网络表达自由激化了权利与权力的冲突。权利与权力是目的与手段的关系，是对立统一的。在一个民主法治的国度里，权力与权利的关系应该理性地定位为，权力来源于权利，服务于权利，保障并促进权利的实现，权力与权利的这种不平衡的关系既是现代法治的基本要求，也是现代法治的理想状态。[1]网络表达这种自由是权利的应有之义，公民在行使网络表达自由时，必然会受到权力的干预，但这种干预应当符合严格的条件，以保障安全为目的的网络监控是符合权利要求的。一方面，在法治框架内，权利是权力的边界，权力需要以法律的形式发挥作用。相较于现实社会，网络表达自由的实现所需要的物质成本与日俱下，与此同时，权力具有天然膨胀性，以网络为途径的权力表达，其来源和性质与权利属性的网络表达自由相冲突，对己不利的表达势必予以控制甚至打压，而这种打压势必会滋长权力与权利间互相不信任，导致权力功能弱化，这又不利于权力救济权利功能的实现。党的十八届三中全会将推进国家治理体系和治理能力现代化作为全面深化改革的总目标，这对中国的政治发展，乃至整个中国的社会主义现代化事业来说，具有重大而深远的理论意义和现实意义。[2]而国家治理体系和治理能力现代化建设的重要内容即是治理规范化，倘若权力未能被"关进制度的笼子"，权力的运行未能受到有效监督，那么权利保障则无从谈起。另一方面，怠于行使权利极易导致权力滥用，"一切有权力的人都容易滥用权力，这是万古不变的一条经验。有权力的人使用权力一直到遇有界限的地方才休止。"[3]权力的存在归根结底还是为权利服务，所以在不侵犯权利的前提下，权力的行使可以说是没有边界的，制约权力是公民基本权利的扩张，网络是公民表达凤愿的重要途径，是监督权力运行的有效手段，权力为避免被监督，在权利怠于行使时极易被滥用，从而激化权利与权力的对立。

第四，网络表达自由可能使一些真相扭曲，诱发社会风险。网络表达所呈现的方式尚不全面，造成使用者错综复杂的局面，权利主体会基于一定目的做出违背自己真实意愿的表达，加之网络本身虚拟的特性，其所表达的内

---

〔1〕 支振锋："尊重国家网络主权"，载《人民日报》2016年2月17日，第7版。

〔2〕 汪习根、周刚志："论法治社会权力与权利关系的理性定位"，载《政治与法律》2003年第1期。

〔3〕 俞可平："沿着民主法治的道路，推进国家治理体系和治理能力现代化"，载《聚焦中国新改革》，新华出版社2014年第1期。

容大多无法考证，其真实性、客观性极具不确定。一方面，多元形态的信息渠道所造成的信息传播环境更为宽泛复杂，增加了公民辨识价值信息的艰难程度，公民主动参与到信息采集、制作、加工、传播和经营的全部环节，演进为信息的传播者，由此而引发恣意的网络表达，大量失真信息和无效信息的聚集，有害信息和恶意信息的传播，进一步加剧着信息环境的复杂性，一些客观状况歪曲的描述或带有主观偏见的表达，通过网络渲染、颠倒甚至放大，被别有用心的主体加以利用，成为误导、欺骗公众的工具，增加了社会不稳定因素，从而诱发社会风险。另一方面，当前中国社会整体呈现出良好的发展态势，经济持续快速增长，政治体系运行平稳，文化包容多元繁荣，社会总体和谐有序，但同时也潜藏着严重的社会风险，一些问题和矛盾日益凸现，甚至呈现出继续恶化的态势，这些问题可以说是当下中国非常紧迫并亟待控制和处理的问题，这些问题和矛盾如若得不到妥善解决和处理，累积到一定程度，极有可能失控，从而形成社会危机，在很大程度上，这些问题是当前中国社会的风险之源，正确对待和处理这些问题，保持表达渠道通畅，引导和疏缓民众的心理和情绪，能够有效避免诸如此类问题诱发的风险。[1]

四、网络表达自由价值实现的条件

网络表达自由的价值具有多面性，在面对其积极价值的同时，应当予以发挥和保护，在面对其消极价值的同时，更应对其进行规范和避免。发挥网络表达自由的积极价值，使其朝着健康方向发展，为社会各方面建设和发展创造有利局面。在当下处于社会主义初级阶段的中国，实现网络表达自由的积极价值至少应当具备如下条件。

第一，完善的社会主义市场经济提供物质基础。社会主义市场经济是同社会主义基本社会制度结合在一起的市场经济，它使经济活动遵循价值规律的要求，适应供求关系的变化；通过价格杠杆和竞争机制，把资源配置到效益最好的环节中去，并使经济主体优胜劣汰；运用市场对各种经济信号反应灵敏的特点，促进生产和需求的及时协调。[2]一方面，马克思主义唯物史观

---

〔1〕 譬如，"三农"问题、贪腐问题、金融风险问题、就业问题、安全生产问题、阶层分化问题、生态环境恶化、资源枯竭等社会问题，这些问题潜藏着巨大的社会风险。

〔2〕 ［法］孟德斯鸠：《论法的精神（上册）》，张雁深译，商务印书馆 1959 年版，第 154 页。

认为，物质基础决定人的认识能力，人们的认识能力有所提高，思想领域才会相应进步，网络表达自由才能发挥和实现其积极价值；另一方面，市场垄断已经成为现代经济中的普遍现象，而在表达自由领域内，经济垄断也意味着观念与见解的垄断。[1]我们欣然看到国家坚持和完善社会主义市场经济，在促进思想解放，促进观念和意识形态领域的创新方面反作用于物质领域变革所带来的好处。在国家强制力为后盾的保障下，经济主体发挥市场优势，改善包括网络设施和网络技术在内的一切物质条件，为网络表达自由提供夯实的物质基础，是实现网络表达自由积极价值的经济条件。

第二，高度的社会主义民主政治加以维护。"民主政治，是凭借公共权力，和平地管理冲突，建立秩序，并实现平等、自由、人民主权等价值理念的方式和过程。民主政治的根本在于，政治要植根民主、反映民主、实现民主。"[2]现代意义的民主政治其根本特征是国家的一切权力来源于人民、归属于人民、受人民支配、为人民所用，专制或极权统治下的社会，表达自由是不存在的。民众通过网络行使表达自由，实现政治权利和民主，政治越民主，人民越自由，二者相辅相成、互相促进。同时，社会主义民主的本质在于人民当家作主，人民是国家的主人，国家的一切权力属于人民，人民享有广泛的民主权利与自由。"统治阶级利用所掌控的公共权力以维护某种意识形态的统治地位，实质在于通过维护这种意识形态的统治地位以维护他们在政治与经济上的统治地位。"[3]社会主义民主政治的主体是人民，人民作为统治阶级维护人民主体的意识形态，广大人民群众在党的领导下，维护高度的社会主义民主政治，是实现网络表达自由积极价值的政治条件。

第三，健全的社会主义法治国家的法律制度提供制度保障。任何缺乏法律保障的权利都难以实现，而实现权利最重要的途径是法治，法治的重要特征和使命即是保障人权，以宪法为核心的社会主义法律体系，从权利主体资格出发，对网络表达自由的客体、内容、方式、形式等各方面以法律形式加以确认和保障，依法追究侵害网络表达自由行为的责任，不断发展和完善社

---

〔1〕 无论基于何种原因致使网络表达不自由，占主导地位的表达者必然会限于传播那些垄断者喜爱的观念，并完全取决于垄断寡头们的任意喜好，战后完全市场经济的美国、法国等资本主义国家，发生在电台和电视广播领域的经济垄断尤为显著。

〔2〕 奚洁人主编：《科学发展观百科辞典》，上海辞书出版社 2007 年版，第 7 页。

〔3〕 卓泽渊：《法的价值论》，法律出版社 1999 年版，第 265 页。

会主义法律体系，为实现网络表达自由的积极价值提供法律基础和制度保障。张千帆教授认为，"不要指望另外制定一部法律去保护言论自由和信仰自由……我们已经看到普通的法律主要是规定义务而不是授予权利的。"[1]应当承认，这样的观点有其存在的合理依据，但是在当宪法所确认和保障的自由受到侵害时，却缺乏相应的法律加以救济，这是与法治的初衷相违背的。与此同时，网络安全问题是网络表达自由的前提保障，网络越安全，公民越自由，网络安全法的颁布，完善了网络安全义务和责任，将网络监测预警与应急处置措施法治化，为网络表达自由的实现提供了法律依据。

第四，发达的社会主义核心价值观在内的理性文化发展，促使权利主体自身道德素养和权利意识提高。在中国特色社会主义经济、政治和法治基础上，人们形成的社会契约观念、权利意识、主体意识、思想观念等文化基础，构建一套科学规范、相互联系、协调一致的中国特色社会主义人权理论体系，为实现网络表达自由的积极价值提供有力的思想和理论保障。我们不得不承认，普法教育与人们的法律信念还有很大的距离。进一步加强普法教育，科学立法，公正司法，严格执法，全民守法，树立以宪法为核心的法律权威和信念，社会主义核心价值观在内的理性文化，必须随着社会主义市场经济和民主政治建设的发展，随着我国法律制度和法学研究的现代化和国际化，进一步深化、改革并加以调整，是实现网络表达自由积极价值的思想条件。

结　语

互联网这个具有强烈的数字属性的现代化信息工具，逐渐改变着人们的表达习惯，网络表达，只是为公民实现表达自由多提供了一个平台，这种方式是对包括言论、出版、集会、结社、游行和示威等表达自由的补充，并不会完全取代传统的表达方式。网络表达自由建立在以宪法和法律为核心的基础上，以保障整体人民利益和网络安全为前提，实现的公民权利与自由，这种自由应当是发挥积极价值、减殒消极价值、有限度的自由，网络不是法外之地，这种自由应当以全人类为主体，以最广大人民的根本利益为核心，尊

---

[1]　侯健："言论自由及其限度"，载《北大法律评论》（第三卷，第二辑），北京大学出版社2000年版，第100页。

重和保障网络主权和网络安全，我国语境中的表达自由将继续依法呈现井然有序的状态。同传统的表达方式一样，网络表达自由作为一项重要社会品质，有其存在的正当性和必要性基础，其价值的发现和相关理论尚待不断完善、健全，应当引起高度重视，保障这种自由的积极价值在法治的范围内最大限度地实现，更好地丰富表达自由与人权学说，从根本上说是为了更好地实现与发展人权。

参考文献：

［1］张千帆主编：《宪法学》，法律出版社 2008 年版。

［2］赵威：《信访学》，辽宁大学出版社 2010 年版。

［3］顾肃：《自由主义基本理念》，中央编译出版社 2005 年版。

［4］联合国：《世界人权宣言》，载 http://www.un.org/zh/universal-declaration-human-rights/，最后访问日期：2017 年 5 月 1 日。

［5］张志铭："欧洲人权法院判例法中的表达自由"，载《外国法译评》2000年第 4 期。

［6］联合国：《公民权利和政治权利国际公约》，载 http://www.un.org/chinese/hr/issue/ccpr.htm，最后访问日期：2017 年 5 月 1 日。

［7］张文显：《二十世纪西方法哲学思潮研究》，法律出版社 2006 年版。

［8］Thomas I. Emerson，"Toward a General Theory of the First Amendment"，*Yale Law Review*，72（1963），877～879. 转引自林子仪：《言论自由与新闻自由》，月旦出版社股份有限公司 1994 年版。

［9］付子堂主编：《法理学高阶》，高等教育出版社 2008 年版。

［10］《毛泽东选集》第 1 卷，人民出版社 1991 年版。

［11］［英］约翰·密尔：《论自由》，许宝骙译，商务印书馆 1959 年版。

［12］舒扬："黑格尔理性法思想初探"，载《马克思主义来源研究论丛 第10 辑》，商务印书馆 1988 年版。

［13］王全宇："人的需要即人的本性——从马克思的需要理论说起"，载《中国人民大学学报》2003 年第 5 期。

［14］［德］马克思、恩格斯：《共产党宣言》，马克思恩格斯选集中共中央马克思恩格斯列宁斯大林著作编译局译，人民出版社 1972 年版。

［15］［法］孟德斯鸠：《论法的精神（上册）》，张雁深译，商务印书馆

1959 年版。

[16] 支振锋："尊重国家网络主权"，载《人民日报》2016 年 2 月 17 日，第 7 版。

[17] 汪习根、周刚志："论法治社会权力与权利关系的理性定位"，载《政治与法律》2003 年第 1 期。

[18] 俞可平："沿着民主法治的道路，推进国家治理体系和治理能力现代化"，载《聚焦中国新改革》，新华出版社 2014 年第 1 期。

[19] ［法］孟德斯鸠：《论法的精神（上册）》，张雁深译，商务印书馆 1959 年版。

[20] 奚洁人主编：《科学发展观百科辞典》，上海辞书出版社 2007 年版。

[21] 卓泽渊：《法的价值论》，法律出版社 1999 年版。

[22] 侯健："言论自由及其限度"，载《北大法律评论》（第三卷，第二辑），北京大学出版社 2000 年版。

[23] 张千帆：《宪法学讲义》，北京大学出版社 2011 年版。

中国反恐视角下警察执法安全问题探析

汪炳均*

内容摘要：受国际国内因素的影响，我国的反恐形势异常严峻。在以警力为主的反恐模式中，由于受制于反恐队伍建设体制机制的不完善以及相关法律保障制度的不到位，反恐警察在其执法过程中的安全问题凸显，难以保障当地群众的生命财产安全，不利于维护社会稳定，应从完善反恐队伍建设的体制机制、反恐警察执法法律保障的角度出发，保障反恐警察的执法安全。

关键词：反恐警察　执法安全　保障

一、中国恐怖主义的现象分析

（一）我国恐怖主义的现状

恐怖主义自 20 世纪 60 年代末开始出现，并在其后愈演愈烈，尤其是在"9·11"劫持民航客机撞击美国世贸中心以及五角大楼事件达到巅峰，公然向全球发起挑战。世界各个国家为与恐怖主义抗争到底，纷纷寻求合作。而我国也并非一方净土，随着我国与各国交流的深入以及全球化形势的变化，我国境内也在不断发生恐怖袭击。

1. "东突"势力日益猖獗

目前，"东突"势力已然成为我国境内威胁最大的恐怖组织，为了实现其建立所谓"东突厥斯坦国"的目的，通过组织、策划等方式，发动了一系列爆炸、投毒、纵火等恐怖袭击事件，对全国人民的生命财产安全造成了极大

---

* 汪炳均，中国人民公安大学 2016 级法学在读研究生。

威胁，不利于维护社会稳定，对国家与地区的安全与稳定造成了不利影响。据不完全统计，在 1990 年至 2001 年仅 12 年的时间中，"东突"恐怖组织就已经在中国境内制造了 200 余起恐怖袭击事件，造成 162 人死亡，440 多人受伤。

2. "藏独"势力逐渐向恐怖主义转型

一直以来，"藏独"势力寄希望于通过实施恐怖暴力来实现自身独立的目的，达赖集团长期利用自己的宗教身份挑拨汉藏关系，发展分裂势力，并在印度成立"藏青会"。该组织欲通过使用包括恐怖手段在内的任何方式来达成自身的政治诉求，是"藏独"势力中最激进的组织之一。尤其在 2008 年 3 月 14 日，为了扩大其影响力，在拉萨制造了严重恐怖袭击事件，共造成 18 人死亡，382 人受伤，致使公私财产遭受巨大损失，并给当地的社会稳定造成了不利影响。

3. "伊扎布特"在中国的渗透

"伊扎布特"组织旨在通过宣扬伊斯兰极端主义思想，建立政教合一的伊斯兰政权。进入 20 世纪 90 年代以来，"伊扎布特"开始从中亚地区逐渐向新疆渗透，将发展对象瞄准了青年和知识分子群体，通过宣扬伊斯兰极端主义思想，驱使、操纵受蛊惑的青年和知识分子干预行政、司法和教育，破坏基层政权，进行渗透破坏活动。在 2008 年 3 月 23 日这一天，是属于少数民族群众的巴扎（集市）日，"伊扎布特"组织妄图煽动在这天进行贸易的近 10 万名群众，参与其举行的示威活动，以此制造骚乱。

（二）我国恐怖主义的特点

1. 恐怖主义愈演愈烈

自 2013 年以来，国内恐怖主义愈演愈烈，不仅所造成的死亡人数增加，而且恐怖主义的次数也有明显增加，从偶发向多发转化。2013 年，新疆巴楚合成和吐鲁番地区发生的恐怖袭击事件，分别造成 15 人和 24 人死亡。而在 2014 年，乌鲁木齐和昆明火车站发生的砍杀事件，分别造成 31 人和 29 人死亡。由此可见，恐怖袭击所造成的死亡人数明显增加，恐怖主义活动在一定程度上得到助长。

2. 恐怖主义活动范围明显扩大

国内恐怖主义活动范围明显扩大，显示出恐怖分子不再屈居于新疆等地区制造恐怖袭击，而是逐步向北京乃至全国各地进行扩散，力求在全国范围内制造恐慌，从而扩大其影响力。新疆的恐怖主义活动，自 20 世纪 90 年代开始，大都发生在南疆地区，但从 2013 年开始，恐怖主义活动逐步向新疆其他地区乃至全国其他地区扩散。2013 年 10 月 28 日的北京天安门前的金水桥事件以及 2014 年 3 月 1 日云南昆明的昆明火车站事件等恐怖袭击事件，都给社会稳定造成了极大威胁，引起人们的恐慌。

3. 境内外恐怖组织的联系进一步加深

境内外恐怖组织联系的加深，促进了中国境内恐怖主义的发展，使其所采取的手段更加严酷，恐怖袭击活动的组织、策划更为隐秘。目前，恐怖分子越来越多地利用互联网等现代媒体技术，采取一定的手段从国外获取实施恐怖袭击活动的相关资料，同时保持与境外恐怖分子直接对话交流，积极汲取"经验教训"。境内的恐怖组织还与境外的恐怖组织合作，进行跨国分工与布局，将恐怖分子分别派往不同国家及地区的训练场地，以逃避我国的追捕。

4. 公安机关逐渐成为恐怖袭击的重点目标

公安机关作为我国的法律执行机关，担负着维护社会稳定、保障社会秩序的重要任务，依法履行侦查涉恐案件、打击恐怖主义的职责。近年来，公安机关已然成为恐怖分子最害怕、最仇恨的部门，逐渐成为恐怖分子实施恐怖袭击的重点。2013 年 12 月 15 日，新疆喀什疏附县民警在萨依巴格乡进行常规入户排查时，突遭多名暴徒持刀袭击，事件共造成 16 人死亡。从当前发生的针对公安机关的恐怖袭击事件来分析，在今后的恐怖袭击事件中，公安机关仍然会是恐怖分子袭击的重点目标。

（三）我国恐怖主义的成因分析

恐怖主义并不是凭空产生的，是在我国境内外的多种因素的共同作用下产生的。而我国恐怖主义的产生也有其特殊性和一定的地域性，主要包括以下几个方面：

1. 民族原因

我国是一个统一的多民族国家，边疆地区少数民族众多，客观上不利于国家的统一与稳定。一些边疆地区的少数民族与周边国家在种族、宗教、语言和生活习惯方面有着较大的相似性和内在的关联性，加之近年来，我国与周边各国之间的交流得到加深，这使得我国边疆的一些少数民族与周边国家的同民族间的关系变得更加紧密，从而造成这些民族中部分激进分子具有一种内在的离心倾向。正是在这种环境的影响下，境外的一些狂热分裂分子利用该民族心理上的离心倾向，宣扬民族自决权、建立单一民族国家等理念，故意夸大本民族正遭受严重压迫，需要实施暴力恐怖活动，才能扩大本民族的影响力，使本民族脱离"苦海"。

2. 宗教原因

宗教是一种社会现象，一种社会意识形态，具有教导信教徒遵纪守法、缓解社会各级矛盾以及维护社会稳定等积极作用。而宗教极端恐怖主义通过利用信教群众对所信仰宗教的至高无上的信仰，利用宗教对人类精神层面的强大指导作用，来驱使无知的信教群众从事恐怖活动。如受境外"双泛"主义（泛突厥主义与泛伊斯兰主义）思潮的渗透的"东突"恐怖主义组织。还有一种宗教恐怖主义，由邪教发起的，他们打着宗教旗号，利用一些在信仰上失落、心理上空虚、法律意识淡薄的无知群众，公然对抗国家政权，为社会的良好秩序增添许多不安定因素，如法轮功。

3. 政治原因

西方国家的纵容让我国境内的恐怖主义有恃无恐。如克林顿在内的美国政要基于国内政治的需要多次会见"东突"分子，为其打气；美国前总统奥巴马、德国总理默克尔、英国前首相卡梅伦等西方国家的主要领导人都多次会见达赖喇嘛，甚至将其邀请为"座上宾"，为"藏独"势力推广其自创理论，这些国家的做法无疑都加大了中国反恐的难度。

二、中国反恐视角下警察执法安全问题探析

（一）中国反恐与警察执法之关系探析

现如今，中国的反恐形势不容乐观，暴力手段变得极其残忍，恐怖袭击的区域也逐渐向外扩大，通过与境外组织的联系，不断强化自身恐怖袭击的能力。恐怖组织为了扩大其社会影响力，引起社会恐慌，不惜以国家机关为主要袭击对象，尤其是公安机关。据统计，"8·4"新疆喀什暴力袭警事件中，造成16名警察牺牲，16名警察受伤[1]；"6·26"新疆鄯善暴力恐怖事

---

[1] 新浪网："喀什召开新闻发布会公布'8·4'暴力袭警案经过"，载 http://news.sina.com.cn/c/2008-08-06/074016070354.shtml，最后访问日期：2017年6月5日。

件中，造成公安民警、人民群众24人遇害，21人受伤[1]。在我国，人民警察的任务是维护国家安全，维护社会治安秩序，保护公民的人身安全、人身自由和合法财产，保护公共财产，预防、制止和惩治违法犯罪活动。因此，人民警察作为和平时期维护社会稳定的主要力量，理应在反恐斗争中充当先锋队，成为反恐行动中的攻坚力量。

公安机关作为法律的执行机关，其执法行为代表着国家意志，而中国境内的恐怖组织近些年来针对公安机关所采取的暴力手段，制造的恐怖袭击事件，不仅是对警察群体的挑衅，更是对国家意志和法律尊严的亵渎。警察在执法过程中，其安全若得不到保障，会极大地挫伤警察的职业荣誉感和工作积极性，影响警察队伍的稳定和发展，甚至会使人民群众对警察职业的认识产生负面影响，对警察是否能够履行维护社会稳定的职责产生怀疑，不利于社会发展与稳定。因此，研究如何保障中国反恐警察的执法安全问题具有重大的现实意义。

（二）中国反恐中警察执法安全问题探析

1. 反恐队伍建设体制不健全

（1）反恐队伍警力不足，反恐警察执法安全堪忧。截至目前，我国的总人数约为138 572万[2]，而我国的警察人数约为200万[3]，警察与人口的比例约为1.44‰，而在美国，警察与人口的比例约为3.25‰，从数据中可以看出，中国的警力严重不足，平均一位中国警察要承担三位美国警察的工作量。在这种警力不足的情况下，加之高强度的工作状态，睡眠得不到有效保障，使一线反恐警察长期超负荷工作，心理压力大，体力透支，对警察的身心健康造成严重损害。有时还要参与反恐安全教育培训，这容易导致警察对面对一些警情处置时思想上麻痹大意，引发错误的判断，难以保证以最佳的精神状态处置一些危险的局面，甚至失去最佳处置时机，导致情势更加严峻。

---

〔1〕 百度百科："6·26新疆鄯善暴力恐怖案"，载 https://baike.baidu.com/item/6.26% E6% 96% B0% E7% 96% 86% E9% 84% AF% E5% 96% 84% E6% 9A% B4% E5% 8A% 9B% E6% 81% 90% E6% 80% 96% E6% A1% 88/10340887，最后访问日期：2017年6月12日。

〔2〕 中华人民共和国统计局：国家数据，载 http://data.stats.gov.cn/，最后访问日期：2017年7月6日。

〔3〕 百度知道："2015年全中国警察总人数"，载 https://zhidao.baidu.com/question/124051773311 99309139. html，最后访问日期：2017年7月10日。

加之目前我国的反恐形势严峻，恐怖分子所采取的暴力手段渐趋残忍，很难保证反恐警察在其执法中的安全。

（2）反恐队伍的后勤保障不足。进入21世纪以来，国际恐怖活动愈演愈烈，并逐渐向我国境内渗透，逐渐加深与国内的恐怖组织的联系，为国内的恐怖组织实施恐怖活动提供帮助。如境外的"东突"组织通过与境内"东突"组织的联系和交往，暗中派遣大量骨干恐怖分子入境，同时加强对境内"东突"势力的帮助和支持，并对境内"东突"势力实施恐怖活动介绍相关经验，提供先进武器装备。就目前的反恐形势来看，恐怖分子不仅在恐怖活动的策划、部署方面有所升级，而且在武器、装备上也拥有更加先进的武器。而我们的现代反恐警察，单凭战术技巧上的精湛是无法与之匹敌的，因此，更需要的是高科技产品以及充足的经费保障，才能赢得反恐战争的胜利。

（3）反恐队伍的安全教育常态机制尚未建立。目前，我国反恐警察的安全教育仍局限在传统的危机教育当中，内容较为宽泛，没能形成体系化教学。理论课时所占比重较大，缺乏实用性。部分反恐警察在平时进行的实弹射击训练少，并且对反恐训练大都仍停留在"防爆"的层面上，很少涉及对恐怖犯罪的情报搜集以及反恐谈判技巧等专业科目。在恐怖袭击事件发生后，一般都会发生严重的伤亡情况，在事后要及时对反恐警察进行心理危机干预。但由于各地公安机关中从事心理危机干预工作的警察人数少，加之受警力影响，对反恐警察的心理危机干预工作很难深入开展。同时，各地一线反恐警察的安全教育培训课程大多是由来自基层的、有过实战经验的教官担任，虽然实战经验丰富，对反恐警察在处置恐怖袭击事件的实际需要有一定的指导意义，但由于并非专职教官，理论水平尚显不足，难以达到教学的程度，加之在实践训练过程中，对一线反恐警察的自觉性和主动性的意识强调不够，不能把培训中所遇到的问题上升到理论高度，通过培训所收获的基本技能也就难以内化为反恐警察的下意识行为。

（4）反恐队伍专业性不强。目前，全国各地都已根据当地的实际需要组建了专门的反恐队伍，据了解，省级、地市级地区所组建的反恐队伍一般建制独立，拥有较强的恐怖活动侦查能力，拥有较为完备的情报收集系统，并展示了较强的恐怖袭击事件的处置能力。但在市辖区以及县级地区中，则并没有建制独立的反恐队伍，在接到反恐的任务时，更多地表现为各警种的协同合作，并且工作模式也是采用过去的巡逻防暴模式，所取得的工作成绩一般，并未把恐怖活动限制在发生之前。根据《反恐法》的规定，在进行恐怖事件的现场处置时，一般都是由公安机关的高级领导担任现场指挥员。但公安机关的高级领导由于缺乏恐怖袭击事件的临场处置经验，并不能最大限度地保证恐怖袭击事件的妥善处置。

2. 反恐队伍执法保障法律制度不健全

关于反恐队伍执法保障的有关法律规定，并没有形成一部统一法律，而是散见于诸多的法律规章当中，而这些法律规定看似充分，囊括对反恐队伍执法保障的各种情形，但实则存在着各种问题。首先，立法层次混乱，各法律规章效力不统一，在实践运用过程中，容易形成法律冲突，导致不知适用哪种规定，难以形成法律权威。其次，一些法律规定过于原则性，缺乏实际操作性，尤其涉及警察武器的使用，对于使用武器情形的规定由于规定模糊，使反恐警察在面对一些复杂情形时，难以及时作出正确的判断。最后，对抗法者的惩罚力度小，不能有效保证反恐警察的执法安全，其中，《中华人民共和国刑法》并未设立专门的袭警罪，对于使用暴力袭击警察、妨碍警察执法的行为，统一以妨害公务罪论处，这样的规定对于警察执法安全的保护力度明显不足。

三、中国反恐视角下警察执法安全问题对策探析

（一）完善反恐队伍的体制机制建设

1. 从优待警，建立警察救济基金会

自中央提出"从优待警"的要求以来，全国各地公安机关都根据本地的实际情况，制定一系列"从优待警"的政策，也采取了很多"从优待警"的措施，在一定程度上也取得了一些实效。如湖南省公安厅出台了《关于进一步落实从优待警的意见》，明确了津贴补助、体检制度、心理训练等十项从优待警的重点工作任务[1]。这些意见措施对于提高反恐警察的战斗力、工作积极性，促进反恐警察的身心健康都有重大影响，但这些举措真正全部落到实处也并非易事。根据目前的一线反恐警察的实际工作情况，落实一线反恐警察的休息休假制度并非难事。根据相关法律规定，我国公安民警的正常工作

---

〔1〕 中国警察网："公安厅明确从优待警十项重点工作"，载 http://news.cpd.com.cn/n12021581/n12021598/c34497680/content.html，最后访问日期：2017 年 7 月 23 日。

时间为每周 40 小时，但考虑到公安民警的特殊工作岗位，随时都有接到任务的可能，履行维护社会稳定的职责，帮助人民群众解决实际问题，因此，应当接受对加班工作的安排，但同时要给予相应的休息时间以及福利保障，做到"科学用警"，保障一线反恐警察有充足的休息时间。

此外，公安民警的工资福利待遇也应得到相应的提高。在西方国家中，警察的工资待遇一般都处于社会中上层水平，拥有充足的经费保障，如在加拿大，虽然警察不属于公务员，并未被纳入公务员的编制当中，但其薪水却远远高于公务员，并在加班时给予 1.5 倍或 2 倍的工资补贴，并且可以提前退休[1]。2015 年我国通过的《关于全面深化公安改革若干重大问题的框架意见》及其有关的改革方案中也明确提出，警察的福利待遇要依据"高于地方，略低于军队"的原则，要建立相应的工资福利保障体系，避免公安民警"流血又流泪"。因此，根据中央的决策部署，全国各地的公安机关都应结合本地实际情况，尽快出台相应的政策规定，落实中央政策，着力提高公安民警的福利待遇。

反恐警察的执法工作本身就是一项极具危险性的工作，为了充分调动反恐警察的工作积极性，解除反恐警察的后顾之忧，必须完善公安民警的抚恤优待体系，做到伤有所医，老有所养，死有抚恤。《人民警察法》《反恐法》中都规定了国家要保障人民警察的经费，给予充足的经费支持，但通过国家由上而下落实经费保障的政策尚需时日，而建立人民警察救济基金会不失为一种快速、有效的解决措施，基金会应当接受公安机关的领导，经费来源可以是政府拨款、单位或个人的捐赠或者其他方式，并接受政府有关部门的监督，而救济基金会所筹集来的经费，都应当用于公安民警的抚恤和医治。

2. 充实警力，建立现代化反恐队伍

自 1999 年全国推动"有困难找警察"的警察形象建设至今，公安民警成为"有警必接、有难必帮、有险必救、有求必应"、人们赞不绝口的"好公仆"，一方面，这体现了社会公众对警察"为人民服务"的认同和信任，另一方面，也显示出社会服务体系的不完善，仍有很多改进之处。而警察也不是万能的，大量的警务活动已经让警察不堪重负，而非警务活动的存在，只

---

[1] 中国警察网："公安厅明确从优待警十项重点工作"，载 http://news.cpd.com.cn/n12021581/n12021598/c34497680/content.html，最后访问日期：2017 年 7 月 23 日。

会让民警出力不讨好。因此，首先公安机关要转变观念，树立正确的执法为民、服务社会的理念，政府也应该不再提倡"有困难找警察"的口号，不随意调动警力，缓解民警压力。

与此同时，由于我国警力的严重不足，已经严重影响了公安机关正常工作的展开，导致警队的战斗力下降，因此，全国各地公安机关都应当结合本地的实际情况，适当增加警察编制扩充警力。但仅仅是警察数量的增加，也不能真正地提高警力。还应该通过一定的方式，提高警察素质以及对警察管理能力，增强反恐警察自身实力的同时，做到"人尽其才"，充分发挥个人才能。在当下基层民警警力严重不足的情况下，反恐警察的战斗力也难以保障，一方面，应将有能力的反恐精英警察注重向基层转移，夯实基层，提高反恐警察的实战能力，另一方面，要进行教育培训，提高警察的专业素养。

警械装备的配备是警察依法行使职权的基本保障，而目前，一些公安机关尤其是基层仍然存在着警械装备配备不到位，装备不精良，无法适应当前的反恐形势。在当下国内反恐的严峻形势下，恐怖分子实施恐怖袭击的科技含量也在不断提高，通过适用先进的武器装备，造成更大的伤亡，这对公安机关自身的警械装备和现场处置能力提出新的挑战。因此，必须要强化反恐警察的警械装备，提高反恐警察警械装备的现代化程度，推广、应用先进的科技产品，包括武器装备、通信装备、交通设备等，为反恐警察的执法安全提供技术保障。

3. 筑牢警观，建立反恐安全教育常态机制

在西方发达国家，警察安全教育已经形成一种常态机制，比如美国"平安之盾"项目的开展，就是通过对警察伤亡事件的分析，找出引发警察受伤和伤亡的原因，改进现有的保障警察安全的方案，力求通过提供培训、安全设备、苛刻准则等来保障警察安全，创建警察伤亡的零容忍安全文化。

在当下国内恐怖主义日益猖獗，反恐警察的执法安全日益受到威胁的背景下，急需建立警察安全教育的常态机制，培育警察的安全意识。上下级公安机关由于处于领导关系，所以，建立警察安全教育的常态机制首先要加强公安机关领导对警察安全教育的重视程度，率先垂范，以身作则，积极倡导进行安全教育培训，这将对下属以及基层民警树立安全意识有重要影响。通过设立的公安民警培训机构，统筹警察安全教育制度化的全部内容，并由专职的公安民警担任教官，不仅要求具有一定的实战经验，而且在理论上也要

达到一定的水平，并善于将遇到的实际问题上升到理论高度。通过分析反恐警察在处置恐怖袭击事件中的安全隐患，对常见的安全问题进行归纳整合，出台相应的应对措施进行日常安全教育培训，并严格要求反恐警察遵守应对措施，规范执法行为，尽量减少不必要的伤亡。培训课程也必须强调实用性，使反恐警察能够"学得有用"。

高强度的工作状态已经让处于一线的反恐警察不堪重负，加之来自恐怖主义袭击的巨大压力，长此以往所形成的警察心理问题不得轻视。因此，在警察安全教育之中，也要进行必要的心理素质训练。尤其是在恐怖袭击事件发生之后，要由心理专家及时进行心理干预，矫治缓解反恐警察的心理压力，并定期开展心理素质训练，通过模拟现场伤亡事件的发生，让反恐警察多次介入训练，来克服面对紧急情况发生时产生的紧张、焦虑等不良情绪，并保持良好的防卫意识，保护自身安全。

4. 优化警力，建立反恐人才专业化培训制度

组建专业的反恐队伍，对于应对当下的恐怖主义的高压态势，保护人民群众的生命健康以及财产免遭侵害是必不可少的。而目前，我国反恐队伍的建设，无论是在体制、机制上，还是在级别、规模上，都与国外专业的反恐队伍相去甚远。反恐人才的不足，成为制约我国反恐队伍发展的瓶颈，因此，加强对反恐人才的培养，已成为当下提高我国反恐队伍专业化程度的有效手段。对反恐人才的培养，应通过院校培养与职后培训的方式进行，并且同时进行，双管齐下，这是在短时间内提高反恐队伍专业性的有效举措。

院校培养要从各地公安院校的教育抓起，除了设置一些理论知识课程以外，也要将实战培训列入警校的人才培养方案当中，保证课时，保证培养实效，并进行定期的理论与实践的考核，为反恐队伍的建设提供源源不断的高素质实用性人才。同时，也要注意发现人才，挖掘人才，并在教育过程中给予重点培养，为公安机关的反恐工作储备反恐后备干部。

由于目前反恐队伍的原生力量不足，专业的反恐人才稀少，而公安院校的人才培养还尚需时日，因此职后培训就显得尤为重要。职后培训要贯穿反恐警察的职业生涯的全过程，推行终身培训的模式。在处置恐怖袭击事件时，反恐警察不知道会面对什么特殊情况，相应地对其教育训练的内容就要加宽覆盖面，提高反恐警察的整体素质，提高综合战斗力，要包括体能训练、专业训练以及各种技战术如驾驶技术、警械装备的适用，等等。

（二）完善反恐警察执法保障法律制度

首先，要制定统一的警察执法安全保障法律，将分散在不同法律规范性文件中的有关警察执法安全保障的规定统统规编至统一的法律中，实行统一的保障标准。同时，要着力加大对反恐警察执法安全的保障力度，并给予较大力度的法律保障。如美国在法律中赋予美国警察在其执法过程中的绝对权威性，不允许当事人有半点讨价还价的余地。还要加大法律对使用暴力抵抗执法以及袭警行为的打击力度，并在《刑法》中设立袭警罪，只要当事人实施袭警行为，使用暴力抵抗执法行为，就应对相关责任人实行更加严厉的法律处罚，判处刑罚。如美国在其联邦刑法中通过单设袭警罪的方式来警告当事人不要使用暴力抵抗警察执法[1]。美国部分州的刑法为了制止暴力抗法行为的发生，对抵抗警察执法以及伤害警察的行为给予了严厉的处罚，规定袭击警察并造成伤亡的犯罪可以直接适用死刑，被袭击的警察可以直接对实施袭警行为的当事人控以袭警、暴力攻击甚至二级谋杀的罪名，联邦法院在判决时如果经查证，证实当事人对警察施以暴力，通常都是直接判处入监服刑[2]。

其次，对《人民警察使用警械和武器条例》进行修改，对警察使用警械、武器的条件、情形进行详细规定。并且要尽快制定统一的"警察执法操作规范"，详细规定警察在进行日常盘查、查验证件等执法活动时，应该如何发布命令，被盘查者应该如何配合，遇到抵抗时，达到什么样的程度，应该采取哪种程度的措施就能合理制止抗法行为等。

总之，只有通过不断加强对反恐警察执法安全的保障力度，从警力、教育培训、法律制度着手，其安全问题才能逐一得到解决，同时激励反恐警察认真负责地履行其执法权力，完成维护社会秩序、保护公民人身财产安全的艰巨任务。

参考文献：

[1] 新浪网："喀什召开新闻发布会公布'8·4'暴力袭警案经过"，载 http://news.sina.com.cn/c/2008-08-06/074016070354.shtml，最后访问日期：2017年6月5日。

---

〔1〕 刘金国："加拿大的警察管理"，载《人民公安报》2009 年 4 月 2 日。
〔2〕 王素霞："透视国外警察权益保障"，载《开放潮》2008 年第 3 期。

［2］百度百科："6·26新疆鄯善暴力恐怖案"，载 https://baike. baidu. com/i-tem/6. 26%E6%96%B0%E7%96%86%E9%84%AF%E5%96%84%E6%9A%B4%E5%8A%9B%E6%81%90%E6%80%96%E6%A1%88/10340887，最后访问日期：2017 年 6 月 12 日。

［3］中华人民共和国统计局：国家数据，载 http://data. stats. gov. cn/，最后访问日期：2017 年 7 月 6 日。

［4］百度知道："2015 年全中国警察总人数"，载 https://zhidao. baidu. com/question/1240517733199309139. html，最后访问日期：2017 年 7 月 10 日。

［5］中国警察网："公安厅明确从优待警十项重点工作"，载 http://news. cpd. com. cn/n12021581/n12021598/c34497680/content. html，最后访问日期：2017 年 7 月 23 日。

［6］刘金国："加拿大的警察管理"，载《人民公安报》2009 年 4 月 2 日。

［7］王素霞："透视国外警察权益保障"，载《开放潮》2008 年第 3 期。

［8］安瑛："我国警察职业保障制度初探"，载《中国人民公安大学学报》2014 年第 3 期。

浅谈国际海上货物运输法律统一化

张婷婉*

内容摘要：随着国际航运和国际贸易的迅猛发展，世界各国逐渐在统一国际海上货物运输法律上达成共识。国际社会也做出了很大努力，但现在仍是四大国际海上货物运输公约并存的状态。本文从国际海上货物运输法律的发展进程出发，在国际立法沿革中研究国际海上货物运输法律统一化的必要性及未来统一化趋势，最后结合经济全球化的世界格局分析国际海上货物运输法律统一化的可行性，国际海上运输法律统一化指日可待。

关键词：国际海上货物运输法律　统一化　全球经济化

一、国际海上货物运输法律发展

（一）海牙规则

《海牙规则》全称是《关于统一提单若干法律规定的国际公约》，受美国《哈特法》影响重大。该规则共有 10 条实质性条文，主要规定了它的适用范围、承运人的义务、承运人的免责事项、承运人的单位赔偿限额、托运人的义务、提单的记载事项及证据效力、责任灭失或损坏的通知、诉讼时效以及关于该规则的效力。

《海牙规则》在国际上取得了极大的成功，国际上大多数海运国家和主要的贸易国家相继参加了该公约。但随着运输技术的发展和进步，尤其是集装箱运输技术在航运领域的应用，《海牙规则》在许多方面已经显示出不能适应时代要求的问题，特别是对集装箱技术要求规定的不足。在《海牙规则》的

---

* 张婷婉，中国人民公安大学法学硕士。

不断实践中，海上货物运输各利益方逐渐发现，该规则的很多条款无法最妥善解决日益增多的运输问题，加之通货膨胀的影响，《海牙规则》的修改是人心所指，大势所趋。

（二）海牙维斯比规则

《维斯比规则》由国际海事委员会决定成立的专门委员会负责修订。《海牙维斯比规则》是经议定书修订后的《海牙规则》。《海牙维斯比规则》在提单的证据效力、承运人的单位赔偿限制、货损赔偿额的计算、非合同之诉以及承运人的受雇人、代理的法律地位、诉讼时效和关于该公约的适用范围这些非实质性方面进行了修改。

但是，《维斯比规则》未改变承运人的基本责任制度，仍然无法很好地反映货方的利益。为此，第三世界国家仍然认为国际航运秩序需要重新调整以协调承运人和托运人的利益，并为此继续展开不懈努力。

（三）汉堡规则

《联合国海上货物运输公约》于 1978 年审议并通过，简称为《汉堡规则》。《汉堡规则》是"77 国集团"及其他发展中国家谋求国际航运新秩序、打破海运发达国家垄断国际航运业的产物。第三世界国家认为想要打破西方列强对国际经济的垄断，应该以一个全新的海上货物运输规则来取代所谓"殖民时代产物"的《海牙规则》。

据此，《汉堡规则》规定了更为严格的承运人责任制度，以更好地保护货方的利益。该规则在承运人的赔偿责任限制、承运人的责任基础、实际承运人的引入、舱面货、迟延交付、关于危险货物的特殊规则、运输单证、灭失、损坏或迟延交付的通知、诉讼时效、管辖权、仲裁以及该公约的适用范围几个方面与《海牙维斯比规则》有着明显不同，但是也保留了相当一部分的原规则。

同《海牙规则》和《海牙维斯比规则》相比，《汉堡规则》彻底改变了偏袒承运人的立场，加重了承运人在运输合同中的责任和义务，其所确立的承运人的责任机制与前两个规则完全不同，对代表船方的航运发达国家极为不利。也正因为如此，该规则的成员国基本上为航运不发达国家。没有被众多发达国家所认可，反倒增加了国际海上货物运输法律适用的冲突。三个国际海运公约共存，各国对相关制度的不同态度，更加偏离了国际海上货物运输法律统一化的立法理念。

（四）鹿特丹规则

《全程或者部分国际海上货物运输合同公约》于 2008 年通过，因公约签字仪式在荷兰鹿特丹举行，故简称为《鹿特丹规则》。《鹿特丹规则》其条文数量之多，内容之丰富，是任何以往的国际海运公约所无法比拟的。该规则的立法目的较为明确，意图制定一部统一的立法统辖海运领域的法律，以消除在海运领域三个国际海运公约同时并存的局面，根本解决各国国际海上货物运输实践中的冲突问题。

《鹿特丹规则》相比于前三个国际海上货物运输法律，在提单的证据效力、承运人的免责事由、承运人的赔偿责任基础、承运人的单位赔偿责任限制、承运人的义务、承运人的责任期间、承运人绕航的理解、舱面货的理解、托运人的认定、第三方的认定、不知条款的认定、货损通知的提交、诉讼时效以及管辖权这些方面有了不同的规定甚至是创新性规定。

二、国际海上货物运输法律统一的必要性

（一）法的规范作用和社会作用

从法的规范作用角度分析，法律作为一种行为规范，指引人们可以为某些行为，必须为某些行为或不得为某些行为。同时，人们可以根据法律规范的规定事先预测到当事人双方如何行为以及行为的法律后果。发挥规范作用的法律必须具有确定性和预见性，这也是任何国家的法律都应当具备的性质。同样在国际航运领域，应该保证，无论当事人双方的争议在何处解决，所得到的结果都是一致或者基本相同的，根本途径就是统一国际海上货物运输的法律。

从法的社会作用角度分析，法的社会目的是法为实现一定的社会目的和任务而发挥的作用。同样在航运领域，国际海上货物运输法律也是为了实现相应的海上贸易目的和任务而存在，它的社会作用体现在保障海上交易秩序、妥善解决海上贸易纠纷和争端以及推动航运界的繁荣发展等几个方面，所以要避免责任制度不统一所导致的航运不公平竞争的产生，更要避免航运发达国家的贸易垄断。基于此，有必要统一国际海上货物运输法律以保证国际航运业的发展。

（二）国际公约适用的法律效力

在国际公约的适用上，各国有权选择参加或者缔结任何公约，也有权做

出任何保留。但是这样的"选择自由"也必须受到"条约必须遵守"原则的限制，同时，当某个公约经过"二次立法"转化为国内法时，就当然地对缔约国产生强制的效力。世界各国的航运发展水平参差不齐，在平衡船货双方利益上亦存在偏差，必然导致在国际海上货物运输规则的选择上有所不同，实践中就会产生法律适用冲突问题。由此也说明，国际海上货物运输法律统一化不容小觑。

（三）国际航运实践的现实需要

我们来看一起案例，能更好地说明海上货物运输法律冲突所造成的后果是十分严重的。大不列颠及北爱尔兰联合王国的公司运输一台修路机器，运输船舶为荷兰籍"海可·霍尔沃达"号，装运港为苏格兰雷斯港，目的港为荷兰西印度群岛的博奈尔港。在目的港卸货时，修路机因撞击码头造成损坏，货主向联合王国法院提起赔偿请求（"海可·霍尔沃达"号姐妹船舶"霍兰地亚""The Hollandia"号在联合王国港口被扣押），而船东则认为，依据提单中"海上货物运输合同适用荷兰法、海上货物运输所致的诉讼由荷兰阿姆斯特丹法管辖"的规定，本案应当交由荷兰阿姆斯特丹的法院进行管辖。由于联合王国法院判决依据为《海牙维斯比规则》，荷兰阿姆斯特丹法院的判决依据为《海牙规则》，两个规则在赔偿责任限制上的规定相差巨大，依据不同的法律作出的判决对货主和船东所产生的影响都不可忽视。最终，上诉法院以货物在联合王国装运为由，优先适用《海牙维斯比规则》，货主胜诉即能获得 11 000 英镑的赔偿。联合王国法院也表明，本案中虽然不存在海上货物运输法律的统一，但如果两法院地在判决中所适用的法律一致，则优先适用提单中的规定。

由小见大，国际海上货物运输法律的分离并存状态，有损海商法的国际统一性，更不利于国际航运和国际贸易的开展。世界各国逐渐意识到实现国际海上货物运输法律的相对统一的重要性，也认识到想要实现法律的统一根本的途径是借助于国际公约。

三、国际海上货物运输法律的统一趋势

在国际海上货物运输法律的统一化进程中，我们看到国际社会付出了很大的努力。尽管现已有了《鹿特丹规则》，但该规则也存在一些不利于航运的

规定。"统一"的立法目标是众望之所在，《鹿特丹规则》在适用实践中却并没有达到预期的效果；国际上对该规则也一直存在着不同的态度，褒贬不一。可见国际海上货物运输统一化进程并没有结束，而是新的开始。

通过研究国际海上货物运输法律的发展进程，我们能看到国际海上货物运输的发展趋势。

（一）承运人的责任更为严格

国际海上货物运输法律对承运人责任的规定愈趋加强是大势所趋。航海技术的进步和保险机制的不断完善，承运人和货方之间的风险分配也应随之改变。比如，在航海风险已经大大降低的当今时代，加之承运人风险转移机制的逐步完善，如果继续强调航海过失免责的权利，船货双方的风险分担是极为不合理的。再如，《国际安全管理规则（ISMC）》对承运人的适航义务提出了新的条件，将其适航义务扩展至航程中，这样才是符合有关海上行政法律强制性要求的做法。总之，承运人的责任更为严格，是具有历史的必然性和法律的合理性的，不仅是广大发展中国家的愿望，也是航运发达国家的心声。

（二）承托双方的地位相对平等

每次国际海上货物运输规则的起草和修订其实都是船货双方利益的博弈。《海牙规则》《维斯比规则》和《汉堡规则》普遍给予托运人更多的保护，认为承托双方在从事交易时，托运人总是处于不利的地位。这种地位的不平等具有时代性的特点，并不适用于当前。目前不平等地位的情况已经大大减少，为了顺应航运经济局势，国际海上货物运输法律也必须随之变革。而《鹿特丹规则》在许多方面就有所变化，相对平衡了承托双方的地位。基于此，可以看出船货双方利益仍在持续博弈，但可以看出最终结果一定使得承托双方地位的相对平等。

（三）合同自由原则更加突出

《海牙规则》《维斯比规则》和《汉堡规则》均对承运人的合同自由进行了较为严格的限制。前文已述，承托双方地位的不平等是具有时代性的。当航运贸易的格局发生了改变时，允许双方有更多的合同自由也是承托双方地位更加平等的结果和反映。而后的《鹿特丹规则》就是考虑到了航运实际中的许多现实的需要，除了个别事项外，双方可以通过合同的约定来排除和限制公约的适用。基于此，可以看出在未来的国际海上货物运输法律的统一化进程中合同自由原则的重要地位。

四、经济全球化与国际海上货物运输法律统一化

经济全球化是大势所趋，不可逆转，世界逐渐成为一个整体。海上贸易在国际贸易中占据主导地位，国际海上货物运输法律亟须统一化，以保障不同国家之间的利益平衡，以促进世界秩序和平与全球经济关系的稳定发展。可以说，国际海上货物运输法律统一化的立法进程是经济全球化背景下的必然选择。

推进国际海上货物运输法律统一化进程的外部条件已经较为成熟。当前经济全球化的格局为国际海上货物运输法律统一化提供了更大的可行性，全球范围内的市场经济体制的建立其实也为海上货物运输法律的国际统一起到了推动作用。经济全球化加快了国际海上货物运输法律的趋同化。各种法律规范之间、各国法律规范之间的区别越大，相互之间的排斥力越大，就越难结为一体。经济全球化下使国际经济关系相对稳定，在这种世界格局下，国际海上货物运输法律的统一化指日可待。

法律本身就是经济发展的产物，国际海上货物运输法律的统一化一定是各国在力求航运经济发展的同时相互之间的利益妥协。国际海上货物运输法律统一化进程一定是漫长和艰难的，但不可否认，统一的海上货物运输法律必将促进世界海运的繁荣。

参考文献：

［1］司玉琢主编：《国际货物运输法律统一研究》，北京师范大学出版社2012年版。

［2］［英］施米托夫：《国际贸易法文选》，赵秀文译，中国大百科全书出版社1993年版。

［3］舒国滢主编：《法理学导论》，北京大学出版社2012年版。

［4］郭萍："从国际海上货物运输公约的变革看船货双方利益的博弈"，载《大连海事大学学报（社会科学版）》2008年第7期。

［5］张永坚："从《鹿特丹规则》看国际货物运输法律的统一"，载《中国海商法研究》2012年第23期。

［6］陈一水："国际海上货物运输公约的适用性研究"，天津财经大学2014年硕士学位论文。

浅析国际海事公约在国内的适用问题

张婷婉*

内容摘要：国际海事公约是各国海商法抽象立法宗旨和具体规范内容的重要依据。随着全球商品经济的迅猛发展，各国间的海上商业贸易往来越来越频繁。国际海事公约的适用在此种经济背景下显得尤为重要。国际海事公约和国内相关海事海商的立法在适用中的接轨正体现各国主权行使和自身权利维护的相互平衡。本文从国际海事公约的定义和特点出发，从理论上分析国际海事公约在我国适用所依据的理论基础，再分析我国司法实践中的现行适用方式；最后对理论和实践进行总结，提出相对可行的个人建议。

关键词：国际海事公约　适用现状　适用建议

一、国际海事公约的定义

国际海事公约（international maritime convention）是指多个国家之间在国际海事方面的多边条约（unilateral treaty），是指在国际海事领域内的专项公约，是国际公约的属概念，是国际海事条约最常见的表现形式。

"海事"一词的含义在国内外法学理论界尚无统一和确切的定义，参照《国际海事组织公约》第 1（a）对国际海事组织（IMO）的宗旨阐述，笔者认为，"海事"一词应理解为泛指一切海洋事物，是广义上的海事法律关系。故国际海事公约的定义，就是国际海事组织以及其他有关组织（均为国际法主体）遵循一定的缔结原则和程序，主持、制定和颁布的与海上运输技术、

---

* 张婷婉，中国人民公安大学法学硕士。

海洋资源勘探与开采、海洋资源的利用和防控污染、海洋航行人员配备与保障等内容有关的多边国际条约的一种。

当前，我国参加的海事法领域的国际海事公约有：《1910 年碰撞公约》、《1976 年海事索赔责任限制公约》（简称《LLMC 1976》）（该公约仅适用于我国香港特别行政区）、《1989 年国际救助公约》（Salvage 1989）、《1992 年国际油污损害民事责任公约》（CLC 1992）、《1992 年设立国际油污损害赔偿基金国际公约》（FUND CONVENTION 1992）（该公约仅适用于我国香港特别行政区）、《2001 年国际燃油污染损害民事责任公约》（Bunker Convention 2001）；此外，我国还参加了以下与海事法制度具有一定关联的、有关海上航行安全或防止船舶污染海洋的国际海事公约：《1969 年国际干预公海油污事故公约》（INTERVENTION 1969）、《1972 年国际海上避碰规则公约》（COLREGS 1972）及该规则的 2001 年修正案、《1973 年干预公海非油类物质污染议定书》（IN-TERVENTION PROT 1973）、《1973 年国际防止船舶造成污染公约》及其 1978 年议定书（MARPOL 73/78）《1979 年国际海上搜寻救助公约》（SAR 1979）。

二、国际海事公约的特点

（一）制定主体的特殊性

国际海事公约作为国际条约的一种，必然具备后者所必须的在国际法主体之间缔结的基本特征，其特殊性在于国际海事公约均由专业性较强的国际组织制定，大多数以国际海事组织为制定主体，该组织的宗旨是为世界各国共同应对的国际海事问题提供解决依据和方案，涉及私人利益较少，公法性和造法性较为明显，主要是规定国家相应的权利和义务。

（二）突出的开放性

生命起源于海洋，海洋拥有庞大的生物体系、丰富的生物资源和巨大的矿物资源等，为人类的文明和发展提供有无可替代的保障。反之，人类活动也几乎影响着所有地区的海洋。所以，可以说海洋的问题也就是全人类的问题。一般性的国际公约具有开放性的特征，非缔约国可以在公约生效之前或者公约生效之后的任何时间段加入。国际海事公约专门于海事领域，宗旨和目的就是统筹国际海事领域大局，协调各国在海事领域面临的共同问题。因此，国际海事公约的开放性更为重要，除了缔约国的签订外，也赋予非缔约国在考虑利弊得失后加入公约的机会，只有这样，才能凸显国际海事公约造福全球的立法价值。

（三）内容的专门性

每个公约侧重点各异，在各自专门领域规定其核心内容。保障海上安全、海洋环境保护等不同方面的内容均有对应的、独立的、专门的国际海事公约对其进行规定，而非概括地制定在统一的规则下，各个国家可以有选择性地进行国际海事公约的签订和适用。不仅如此，国际海事公约与技术密不可分也体现了其规范内容的专门性。海上危险一旦出现，其危害结果难以预估，海洋运输正常航行的操控、海上风险的预防与救助等一系列海事领域问题的应对，都需要有技术性的、针对性的事项标准进行防范和补救，即便如此，也难以将风险完全消除。所以说，国际海事公约也是一类专门性的技术规范。

（四）不稳定性

正如前述，国际海事公约制定的宗旨和目的就是统筹国际海事领域大局，协调各国在海事领域面临的共同问题。国际海事的内容都与国家切身利益紧密相连，关乎的利益重大，这些公约几乎都是经过长时间的谈判与多方国家的协调才最终得以制定和实施。制定的过程繁杂且艰难，也正因如此，制定后就不可能轻易地废止或者置之不用。但是海事领域问题层出不穷，已有公约的列举难以全面预测实践中不断变化的情况。新旧问题的交织不得不频繁地对国际海事公约进行修正和修订，保障公约内容与时代接轨的同时，必然不具备稳定性。

三、国际海事公约在国内适用的理论

了解国际公约适用的一般理论是研究国际海事公约在国内适用的基础。从实质上说，国际公约在国内适用的一般理论就是国际海事公约适用的理论。

深入实质研究国际公约与国内法之间关系，其实质是研究国际法和国内法的联系问题。该问题一直都存在争议，在国际法学界存在不同的理论学说。纵观各国国际公约实施的实践适用，较为突出的是"一元论（monism）"以及"二元论（dualism）"。

"一元论"和"二元论"的根本区别在于，国际法与国内法是否属于同一法律体系。"一元论"的理论不止一种，又分为国际法优先派和国内法优先派，但不论哪种派别的支持者，均认为国际法和国内法所规定的根本是个人行为、法律本质上是对法律主体有约束性的命令、国际法和国内法仅仅是同一法律概念的不同表现。"一元论"支持者以这些作为依据，主张国际法和国内法二者同属于同一法律体系。根据"一元论"的主张，国际公约的缔约国国家和个人直接受到该公约的规制和约束，无需经过转变或者二次立法，国际公约自然是该缔约国国内法律体系的构成内容，西班牙、菲律宾等是典型主张该观点的国家。"二元论"早于"一元论"而出现，最早流行于德国、法国和意大利三个国家。该学说认为，国际法和国内法的法律秩序是绝对和完全不同的，二者不能没有限制地混杂适用，在缔约国适用国际公约的前置条件就是将国际公约经过"处理"，也就是所谓的"公约的国内立法"，英国、意大利等是典型主张该观点的国家。现行国际公约的"二次立法"的主要方式有"转化""采纳"或者"纳入"。

四、国际海事公约在国内的适用现状

前文已述，国际海事公约是国际条约的属概念，因而，国际条约适用过程中遵循的最基本的原则也是国际海事公约应当适用而不能保留的。"条约必须遵守"这一国际公认的国际法原则便是各国在享受国际海事公约所赋予的权利和履行国际海事公约所规定的义务时最有力的保障和监督依据。

在国际法和国内法关系的学说上，我国的态度是既不采用"一元论"，也不采用"二元论"。我国适用国际海事公约的主要争议点在非涉外案件的处理上。在涉外案件中，除我国事先声明保留的条款外，在国内法与我国缔结或者参加的国际海事公约所规定的内容不一致时，优先适用国际海事公约。但对于国际公约在非涉外案件中的适用问题，我国司法实践中存在相反判决。1994年的"烟救油2号"油污案最终判决该案没有涉外因素，判决不适用《1969年油污损害民事责任公约》，而是适用国内法《民法通则》和《海洋环境保护法》。笔者认为，相比适用《民法通则》和《海洋环境保护法》，适用《海商法》更为妥当，根据该法对"烟救油2号"轮船所有人进行责任限制。1999年的"闽燃供2号"轮油污案与"烟救油2号"油污结果大相径庭，该案最终判决，适用我国参加的《1969年国际油污损害民事责任公约》，按照公约规定对油污损害赔偿责任进行责任限制。

可见，由于立法的不足、司法实践的"同案不同判"，致使国际海事公约与国内法的关系更加难以界定，我国对于国际公约在国内非涉外案件中如何适用的问题，仍存在较大争议。

五、关于国际海事公约在国内适用的个人建议

笔者认为，一国法律应具有一元性，应尽量减少及避免法律之间的冲突。国际海事公约作为我国法律的渊源之一，应当与我国其他法律和谐统一适用，即除中华人民共和国声明保留的条款外，其他的国际海事公约应适用解决国内的案件。

（一）国际海事公约在国内适用的理由

1. 国际海事公约是我国海事法律的重要渊源

法理学中有法的位阶这一概念，在我国，处于第一位阶的当属《宪法》，其次是基本法律，再次是行政法规和地方性法规，最后是部门规章。以上可以清晰地看出国内法之间的位阶关系，而国际海事公约在这一法律体系中处于何等地位尚不明确。若国际海事公约的适用不加以统一规范，根据海事公约的专门技术性、不稳定性等特点，必然加大国际海事公约在国内适用的随机不确定性。海事有关法律显然不同于普通民法和刑法，它和国际大环境有密切关系，所以，笔者认为，如何适用先在所不问，至少国际海事公约可以适用于国内海事案件这点是毋庸置疑的。

2. 国际海事公约的条款具有合理性与先进性

国际海事公约由国际上各专门海事组织起草，是针对实际变化和需求通过一系列调研和评估而完成的法律条文，具有与时俱进的特点。在国内相关立法落后于实际变化时，国际公约能进行及时补充，弥补国内相关立法的空白，而且，凡是中国参加的国际海事公约（除声明保留条款外）必定是符合我国实际利益的，所以，在国内适用先进合理的国际海事公约并无弊端，反而有利于相关案件的审理。

3. 法律适用公平性的要求

笔者认为，同样的案件情况不应该因是否涉外而产生不同的判决结果，比如船舶漏油污染案件，不应因为是在我国沿海不具有涉外因素就无法适用责任限制原则，对此我赞同"闽燃供 2 号"轮油污案的判决。并且，对于海

事案件区分涉外与否的意义并不大，反而使审判工作无法统一，发生"同案不同判"的情况。

（二）规范国际海事公约在国内统一适用的方法

1. 在《宪法》中明确国际公约如何国内法化及其与国内法的关系

《宪法》是我国的根本大法。所以，可以通过《宪法》从总体框架下推进国际公约的国内法化。有了《宪法》的相关规定作为立法依据，其他法律、法规和规章便有章可循，按照统一有效的方式对国际公约进行转化，以改变现行国际公约向国内法转化时各行其是、法律依据不足的局面。

2. 制定专门立法

在《宪法》中明确国际法和国内法的关系，是协调二者关系最有效的方法，但也存在着执行困难的弊端。因而，可以制定专门立法替代或者补充修宪，建立国际公约国内法化的统一机制，作为其他法律、法规和规章的遵循依据。这种方法涉及的立法要求相对修宪来说较低，故可行性较大，更容易实现。但仍存在一些问题亟须解决，制定专门立法的主要障碍在于目前已有较多关于国际公约国内法化的规定零散地规定在不同单行法中，加之海事领域内容各具特色、侧重点不同，导致现有的规定模式和种类众多，难以调和。制定专门立法不可避免地有概括性的总则内容出现，与现行单行法的规定必然会产生矛盾。因此，制定专门立法的前提条件就是处理好现行单行法与之之间的关系。

3. 其他

人大常委会在批准或者加入有关公约时，应就该公约的适用范围做出明确的规定，以防止日后适用时的混乱。赋予海事法院法官自由裁量权，根据不同案件具体情况决定是否适用国际海事公约的规定。

参考文献：

[1] 邵津主编：《国际法》，北京大学出版社 2008 年版。

[2] 韩立新："从一起海事案例谈国际海事公约的适用"，载《当代法学》2001 年第 12 期。

[3] 何海萍："国际海事条约在国内的适用"，载《中国水运》2013 年第 3 期。

[4] 罗晓斌、王晓玲、冯冬晶："海事国际公约在国内适用的法律问题探

讨",载《广东海洋大学学报》2010 年第 2 期。

[5] 贲静慧:"我国海事主管机关适用国际海事公约问题研究",大连海事大学 2011 年硕士学位论文。

[6] 郑慧:"国际海事条约基本制度研究——以四大支柱性国际海事条约为视角",大连海事大学 2012 年硕士学位论文。

国际刑事法院的"选择性司法"问题

——以非洲三国退出《罗马规约》为视角

赵清和*

内容摘要： 自 2002 年成立以来，国际刑事法院正式提起调查的情势全部来自于非洲，这引起了非洲国家对法院公正性的质疑，并导致双方关系持续恶化。非洲三国的退出为国际刑事法院敲响了警钟，法院有必要调整策略以改善目前"选择性司法"的局面，始终在《罗马规约》所确定的法律框架范围内行使管辖权，平衡司法实践中不可避免的政治因素，以期实现国际社会全面而长久的共同和平。

关键词： 国际刑事法院　非洲和平　非盟　管辖权

一、事件回顾

2016 年 10 月 18 日，非洲国家布隆迪总统皮埃尔·恩库伦齐扎（Pierre Nkurunziza）签署命令，正式宣布退出国际刑事法院，成为法院成立至今首个退出该组织的国家。10 月 21 日，南非外交部长马沙巴内（Maite Nkoana-Mashabane）向联合国正式发出通知，宣告该国将启动退出国际刑事法院的程序。10 月 25 日，冈比亚信息与通讯基础设施部长谢里夫·博江（Sheriff Bojang）通过国家电视台宣读了退出国际刑事法院的声明，并指责这一机构已经沦为西方国家不公正对待非洲的工具。

国际刑事法院自 2002 年成立至今，九件进入正式调查阶段的情势全部来自于非洲，受审人员也均为非洲领导人。早在 2014 年 1 月非洲联盟就曾明确

---

* 赵清和，中国人民公安大学研究生。

表示，若国际刑事法院仍然执意将矛头独指非洲，并拒绝在合理时间内作出整改，非盟所有成员国将集体退出法院。

《国际刑事法院罗马规约》缔约国大会第十五届会议于 2016 年 11 月 16 日至 24 日在海牙世界论坛会议中心召开，缔约国大会主席西迪基·卡巴（Sidiki Kaba）在提及非洲三国退出法院一事时表示，少数国家的退出并不会影响国际刑事法院的继续运行，非盟所称的成员国全部退出并不现实。国际刑事法院首席检察官法图·本苏达（Fatou Bensouda）也否认法院整体陷入"危机"，但承认"的确遭受了挫折"。截至目前，法院并未针对非洲三国的退出采取任何实质性措施，也未作出任何承诺。非盟方面认为，国际司法体系的完善不应针对世界上的任何一个区域，此种在某一大洲进行"选择性司法"的行为应当成为国际刑事法院管辖权改革的重点，如果法院继续忽视这一矛盾，"退出潮"将不会终结于非洲。

二、国际刑事法院的管辖现状

（一）与建立初衷背道而驰的"选择性司法"

作为当今国际社会上独立行使管辖权的司法审判机构，"普遍性管辖"与"最大化公正"是国际刑事法院建立的初衷。法院自成立以来便一直尝试在高度政治化的国际社会中寻求一种突破强权枷锁的普遍正义，旨在对国际社会关注的最严重犯罪予以审判，主要包括种族灭绝罪、危害人类罪、战争罪与侵略罪。[1] 但这种超越并非易事，国际刑事法院维护与践行国际正义的宗旨在履行过程中逐渐凸显出天平倾斜般的不足。"选择性司法"问题是横亘在非洲大陆与国际刑事法院之间的一道鸿沟，也是未来影响国际刑事法院以何种姿态继续行使司法管辖权的一道必答题。

就《国际刑事法院罗马规约》（以下简称《罗马规约》）各成员国目前所达成的多数一致来看，国际刑事法院在司法独立的同时，于一个精确但不刻板的范围之内行使管辖权，目的在于使法院成为人心所向的国际刑事审判机构。在国家司法管辖权并非被迫放弃的前提下，法院的审判使犯有国际罪行的个人得到惩治，各国对于国际正义的努力自此达到了一个新的高度。然而，在国际刑事法院自 2002 年 7 月成立至今的实践中，除 2016 年 1 月的格鲁

---

〔1〕《国际刑事法院罗马规约》，载 http://www.un.org/chinese/hr/issue/docs/90.pdf.

吉亚情势以外，包括科特迪瓦情势、中非共和国情势、利比亚情势、肯尼亚共和国情势、乌干达情势、苏丹达尔富尔情势、刚果民主共和国情势、马里情势等在内的九件进入正式调查阶段的情势全部与非洲相关。其中，刚果民主共和国情势（2004年6月启动调查）、乌干达情势（2004年7月启动调查）、中非共和国情势（2007年5月启动调查）和马里情势（2013年1月启动调查）由情势发生国向检察官自行提交；苏丹达尔富尔情势（2005年6月启动调查）和利比亚情势（2011年3月启动调查）由联合国安理会以决议方式向检察官提交；肯尼亚共和国情势（2010年3月启动调查）和科特迪瓦情势（2011年10月启动调查）则源于检察官启动自行调查权的决定。[1]在法院对刑事案件的调查过程中，所涉及的犯罪嫌疑人或被告人均为非洲领导人，其中包括苏丹总统奥马尔·巴希尔（Omar Bashir）、肯尼亚总统乌胡鲁·肯雅塔（Uhuru Kenyatta）与副总统威廉·鲁托（William Ruto），科特迪瓦前总统洛朗·巴博（Laurent Gbagbo）以及利比亚前领导人穆阿迈尔·卡扎菲（Muammar Gaddafi）也曾受到过国际刑事法院的指控并遭通缉。[2]

非洲作为国际社会上经济发展相对落后的地区之一，人权与人道主义观念发展亦相对缓慢。二战结束后，在反战思想与人权思想于世界范围内盛行的大背景下，1994年卢旺达种族大屠杀这一人间悲剧的发生使非洲人民意识到此类宗教部落纷争与灭绝种族的暴虐行径实际上仍未得到解决，并且仅靠一国或一洲之力是不足以遏制的，而与此同时，国际社会上关于《罗马规约》的起草与研究以及建立国际刑事法院的密切磋商似乎成为非洲国家的新希望。法院成立初期，非洲国家在推动法院建立与《罗马规约》的实施问题上曾给予了极大的关注与支持，近五十个参与《罗马规约》缔约大会的非洲国家均表示认同并将全力配合法院对国际罪行的惩治。截至目前，法院的121个成员国中，非洲国家占到了1/3以上，数量仅次于欧洲。非洲国家对国际刑事法院的产生与发展付出了足够的诚意，同时也寄予了相当的期望。

然而，使非洲人民感到意外的是，本应致力于使所有犯有国际罪行的个人承担相应义务的国际刑事法院，却在成立至今的司法实践中将问题指向了同一个方向：非洲，而在面对美国向亚洲及非洲国家发起的战争时，国际刑

---

〔1〕 刘仁文、杨柳："非洲问题困扰下的国际刑事法院"，载《比较法研究》2013年第5期。
〔2〕 王磊："非洲国家与国际刑事法院关系恶化的原因"，载《国际研究参考》2014年第3期。

事法院却坚定地选择了保持"中立"。十余年时间过去，非洲国家试图借法院之手阻止大国欺凌小国的愿望并没有实现，反而亲手为自己的国家与领导人戴上了自己积极参与铸造的枷锁。非洲国家不禁向法院甚至向国际社会发出了自己的疑问：国际刑事法院为何只在非洲原地踏步？"普遍"管辖权是否最后却"有选择性地"指向了非洲？

（二）与非洲国家关系持续恶化

2005 年 3 月 31 日，联合国安理会通过第 1593 号决议，非洲国家苏丹成为安理会向国际刑事法院移交的首个情势。2009 年 3 月 4 日，国际刑事法院以苏丹总统奥马尔·巴希尔涉嫌在达尔富尔地区犯下战争罪与危害人类罪为由，对其发出逮捕令。2010 年，国际刑事法院以种族灭绝罪为由第二次签发了对巴希尔的逮捕令。[1] 两次逮捕令的发出使非洲领导人成为国际刑事法院正式起诉的第一个国家元首，这一行为触动了非洲国家的最后一根神经，各非洲缔约国与法院的关系开始走向下坡。在 2009 年 7 月召开的非盟峰会上，非洲联盟确立了与国际刑事法院的不合作原则。[2] 与此同时，少数非洲国家领导人在这一事件后第一次公开号召非洲缔约国集体退出《罗马规约》，虽然提议最终并未实现，但非洲人民对国际刑事法院的反感情绪已经滋生。

2011 年 3 月 30 日，联合国安理会通过第 1974 号决议，决定对科特迪瓦前总统洛朗·巴博进行制裁。11 月 23 日，法院以危害人类罪为由对巴博签发了逮捕令。11 月 30 日，巴博抵达海牙，被关入当地一处隶属于国际刑事法院的拘留所，成为首位受到该法院审判的前国家领导人。自巴希尔后，又一位非洲国家元首成为国际刑事法院司法审判史上的"第一人"，同时也使科特迪瓦成为接受国际刑事法院管辖的第一个非缔约国。

2010 年 3 月 8 日，国际刑事法院授权检察官开始调查肯尼亚情势。12 月 15 日，检察官向肯尼亚总统乌胡鲁·肯雅塔发出法院出庭传票。2011 年 3 月 31 日，肯尼亚政府向法院提交了一份质疑该案可受理性的申请。5 月 30 日，该申请被法院第二预审分庭驳回。2012 年 1 月 23 日，国际刑事法院以危害人类罪为由起诉肯尼亚总统肯雅塔。2014 年 10 月 8 日，肯雅塔以个人身份出席

〔1〕 Prosecutor v. Omar Hassan Ahmad Al Bashir, Second Warrant of Arrest for Omar Hassan Ahmad Al Bashir, No. ICC-02/05-01/09, 12 July 2010.

〔2〕 Tim Murlthl, "The African Union and the International Criminal Court: An Embattled Relationship?" *Institute for Justice and Reconciliation*, March 2013.

海牙国际法庭针对其指控的听证会，成为世界上首位现身于国际刑事法院法庭应诉的在任国家领导人。至此，非洲国家与国际刑事法院的关系走向了分道扬镳的边缘。

曾在国际刑事法院建立初期给予过大力支持的非洲联盟，随着受调查情势与受审非洲领导人数量的不断增加，其态度也随之发生了转变。时任非盟主席让·平（Jean Ping）认为，国际刑事法院完全违背了缔约之时所倡导的宗旨与原则，非洲绝不是国际社会上唯一存在问题的大洲，但却无疑是承受来自国际刑事法院审判最多的大洲，美国及其他西方大国的逍遥法外更是让此种对比愈加明显，这种将世界分为三六九等的做法是对非洲国家的严重歧视，"选择性司法"所带来的"正义审判"永远不会施加到某些国家与领导人身上。非盟于2014年初致信国际刑事法院后并未得到意想中的回复，法院仍然选择维持现状，而此种消极应对的态度对非盟来说已相当于明确的拒绝，非洲三国的陆续退出是这一态势发展的必然结果。

三、国际刑事法院解决"选择性司法"问题的策略

（一）关于检察官自行调查权的策略

在目前所有进入正式调查阶段的情势中，其中两件是国际刑事法院检察官直接行使自行调查权的结果。检察官的自行调查权来自于《罗马规约》第15条的明确规定，但这一职能的行使却是国际刑事法院在管辖权方面最具争议的问题之一。国际社会上对于检察官选择案件的方式频繁出现异议之声，认为国际刑事法院对于检察官获权自行开展调查的授权标准过于宽松。

2010年3月，国际刑事法院检察官首次主动行使自行调查权，启动了对缔约国肯尼亚的情势调查，随后对肯尼亚总统肯雅塔启动追诉程序。这一行为引起了肯尼亚政府的强烈反对，并以多种方式对国际刑事法院的调查程序提出异议，包括质疑与否认检察官的自行调查权，要求国际刑事法院撤销这一刑事指控。[1]检察官的自行调查权一直是一些国家反对《罗马规约》的原因之一，包括此次退出的非洲三国在内的许多国家认为，《罗马规约》规定的自行调查权赋予了检察官过大的权力，而预审分庭对于授权检察官开始调查

---

〔1〕 毋冰："从肯尼亚情势看国际刑事法院管辖权启动机制"，载《刑事法评论》2011年第1期。

情势的标准也有过于宽松之嫌。检察官在向预审分庭申请开展调查时，只要有"合理根据"（reasonable basis）就能够获得授权，学术界始终有声音认为这一标准作为检察官自行调查权的开端并不恰当。对于提起调查来说，"合理根据"实际上是一个相当模糊的标准，相较于国际法委员会规约草案中使用的"可能的根据"（possible basis）标准，[1]该标准给予了检察官更大空间的自由裁量权，也就意味着在实践中有更多的可能会受到其他因素的影响。根据《程序和证据规则》第 48 条规定，"合理根据"标准应涵盖以下要素：是否有合理的犯罪嫌疑根据，法院是否有管辖权以及案件是否可予受理，案件是否符合公正利益。[2]然而在实践中，通常情况下，只要有合理的理由相信存在属于法院管辖范围之内的国际罪行，检察官向预审分庭提交的情势就能够获得开始调查的授权。虽然在尚未得到授权时，检察官无权进行进一步调查，但预审分庭拒绝授权的决定并无法律确定力，并不排除检察官此后根据新的证据就同一情势再次提出开始调查的请求。[3]

目前来看，关于检察官自行调查权的授权标准究竟是否过于宽松尚未有定论，但不可否认的是，国际刑事法院的良好运作以及正义审判本身就是建立在缔约国与非缔约国的合作与信任的基础之上的，如果不能减少国际社会对于检察官滥用权力的怀疑，势必会使国际刑事法院的权威性与公正性受到损害。首先，对于非洲国家坚持认为检察官在开展情势调查时应当保证"和平先于正义"的观点，国际刑事法院应当继续保持自己以法律为准绳的立场。对于《罗马规约》第 53 条规定的为了"公正利益"检察官有权对案件不进行调查或者起诉这一条款，检察官办公室颁布的《关于公正利益的政策性文件》声明："实现国际和平与安全并非检察官的责任，而应该是其他机构的责任"。[4]"向被害人归还正义"是任何国际刑事审判机构的首要目标，无论是对于国际军事法庭、国际特设法庭等临时性国际司法机构，还是国际刑事法院这一常设性司法机构来说，坚持"无正义即无和平"的理念都是无可厚非

---

〔1〕 D. A. Nill, "National Sovereignty: Must it be Sacrificed to the International Criminal Court?", *BYU Journal of Public Law*, 14（1999）1, p. 147.

〔2〕 李世光、刘大群、凌岩主编：《国际刑事法院罗马规约评释》，北京大学出版社 2006 年版，第 202~203 页。

〔3〕 W. Bourdon, La Cour penale internationale: Le statut de Rome, 2000, p. 89.

〔4〕 Office of the Prosecutor, *Policy Paper on the Interest of Justice*, Sept. 2007, p. 8.

的，尤其是在关于"选择性司法"的指责愈演愈烈的情况下，重申公正性与客观性原则显得尤为重要。其次，对于这一矛盾，《罗马规约》已经初步提供了预审分庭监督机制的解决方案。加强法官对检察官自行调查权的监督审查是分散检察官权力的有效方法之一，该机制的侧重点在于，从检察官提交情势时起，预审分庭就开始介入其中，在审查检察官开展调查的决定之时，法官与检察官所要考虑的要素是相同的。[1]随后，预审分庭在审查检察官提供的相关材料以及法官自己收集的辅助材料时，应当采用标准化的报告分析方法及犯罪模式评估，从国际社会与情势来源国国内的双重角度综合考察案件的危害程度，进而作出授权与否的决定。[2]在决定同意授权或拒绝授权后，预审分庭应当继续跟踪案件发展情况以及后续检察官对情势的材料收集情况，以防止检察官在尚未获得预审分庭授权的情况下开展调查。预审分庭加强对检察官的监督与审查，不仅能够缓解非洲国家与国际刑事法院检察官之间的矛盾，同时也有助于巩固《罗马规约》所确立的正义原则，不以牺牲国际刑事司法为前提的和平才应当成为非洲国家与法院共同追求的目标。

（二）关于平衡政治因素的策略

非洲三国此次退出《罗马规约》实际上经历了对国际刑事法院从希望到失望的过程，但同时也说明了部分国家对于国际刑事司法与国际政治力量之间的关系存在着超越现实的幻想。政治与正义的较量由来已久，无论是国内法院还是国际法院都不可能彻底隔绝于国际社会中复杂繁密的政治丛林，在此种情况下，非洲国家将目前几乎所有国际性组织均无法解决的问题寄希望于一个新生的国际法院，其结果是意料之中的。然而，"选择性司法"问题的根源并不全然来自于非洲国家过于殷切的期望，实际上，《罗马规约》的每一个缔约国在加入之时均期待着国际刑事法院的出现能够加速国际法治社会建设的进程，并对国内司法体系在惩治国际罪行方面力所不及的地方有所补充。因此，如何在司法审判中克服政治与正义间固有的矛盾，如何使大多数国家所追求的和平通过正当程序在国际刑事司法中得以体现，均已成为国际刑事法院未来应当重点关注的问题。

---

〔1〕 李世光、刘大群、凌岩主编：《国际刑事法院罗马规约评释》，北京大学出版社2006年版，第205页。

〔2〕 杨柳："论国际刑事法院检察官对情势的初步审查"，载《刑事法评论》2013年第1期。

对于一个本身就与国际政治密不可分的司法审判机构来说，在处理案件的过程中，将政治因素作为一定程度上的考量是无法避免的，但政治绝不应当成为正义的过滤器。然而，在一个政治力量分化严重、国际刑事司法理念仍不能达成一致的国际社会中真正做到两全绝非易事。首先，在平衡政治因素与司法公正的过程中，国际刑事法院须保证在《罗马规约》所确定的法律框架范围内处理问题，不过分纠结于客观条件的限制，转而将目光投向于制定出既符合《罗马规约》原则，又能够将政治阻碍最小化的刑事政策。其次，结束国际罪行的有罪无罚是国际刑事法院的历史使命，但十余年的司法实践经验表明，"选择性司法"所带来的"表面正义"并未真正践行《罗马规约》的宗旨，反而在实践中起到了激发反感情绪，导致缔约国内部产生分歧的负面作用。因此，提高非洲民众对国际刑事法院公正性的认可度成为法院平衡政治与法律的天平时应当着手解决的首要任务。但法院同时还应当认识到，在目前的国际局势下，完全摆脱西方大国的影响是不切实际的，国际刑事法院只是国际社会用来惩治国际罪行的手段之一，《罗马规约》本质上只对缔约国产生约束力，这样的一个国际组织注定有它无法超越的局限性。虽然法院的良好运行有助于维护国际社会的和平与安宁，但我们不可能也不应当期望法院将所有与国际罪行有关的犯罪嫌疑人一网打尽。不仅国际刑事法院自身应当认识到这一点，非洲国家甚至整个国际社会都应当形成足够认识。最后，面对目前国际刑事法院尚未获得的支持，如同样于不久前宣布退出国际刑事法院的俄罗斯，以及仍然拒绝加入《罗马规约》的美国、中国、印度等大国，法院应当继续保持其应有的中立态度，既不能为了"笼络人心"而放弃惩治可能发生在非缔约国的国际罪行，也不能游离于《罗马规约》体制之外对任何国家的情势提起追诉程序。如果国际刑事法院能够获得更多的国际支持，无疑有利于法院继续开展今后的审判工作，但同时也要求法院必须不断向国际社会证明，无论当今政治力量的角逐如何激烈，其调查、起诉以及审判的所有程序都将坚持以法律为标准，只有这样，国际刑事法院才能充分发挥国际刑事司法的威慑功能，在各种政治攻击与阻碍面前化险为夷。

四、结语

非洲三国退出《罗马规约》的风波使国际刑事法院的"选择性司法"问

题浮出水面，这一问题的存在说明国际刑事体系本身仍有待完善。普遍正义与司法公正是整个国际社会应当为之努力的目标，自国际刑事法院诞生以来，可以说我们至少已经迈上了通往这一目标的道路。如果"选择性司法"问题得不到解决，非洲国家与国际刑事法院之间的矛盾很可能会在整个国际社会之中继续蔓延，法院的正当性与正义性都将受到质疑。因此，国际刑事法院应当充分权衡政治与法律的利弊，不忘惩治国际罪行的历史使命，为《罗马规约》所倡导的国际法治社会树立新的里程碑。

参考文献：

［1］ D. A. Nill，"National Sovereignty：Must it be Sacrificed to the International Criminal Court?"，*BYU Journal of Public Law* 14（1999）1.

［2］ Office of the Prosecutor，*Policy Paper on the Interest of Justice*，Sept. 2007.

［3］ Prosecutor v. Omar Hassan Ahmad Al Bashir，Second Warrant of Arrest for Omar Hassan Ahmad Al Bashir，No. ICC-02/05-01/09，12 July 2010.

［4］ Tim Murlthl，"The African Union and the International Criminal Court：An Embattled Relationship?"，*Institute for Justice and Reconciliation*，March 2013.

［5］ W. Bourdon，La Cour penale internationale：Le statut de Rome，2000.

［6］《国际刑事法院罗马规约》，载 http://www. un. org/chinese/hr/issue/docs/90. pdf.

［7］ 刘仁文、杨柳："非洲问题困扰下的国际刑事法院"，载《比较法研究》2013 年第 5 期。

［8］ 王磊："非洲国家与国际刑事法院关系恶化的原因"，载《国际研究参考》2014 年第 3 期。

［9］ 毋冰："从肯尼亚情势看国际刑事法院管辖权启动机制"，载《刑事法评论》2011 年第 1 期。

［10］ 李世光、刘大群、凌岩主编：《国际刑事法院罗马规约评释》，北京大学出版社 2006 年版。

［11］ 杨柳："论国际刑事法院检察官对情势的初步审查"，载《刑事法评论》2013 年第 1 期。

警察权介入家庭暴力案件的限度问题研究

王　洋[*]

内容摘要：警察权介入家庭暴力案件涉及公权和私权的平衡问题。一方面家庭暴力侵犯受害人人权，具有社会性和公共性，警察权应当介入。另一方面家庭暴力发生在家庭成员之间，具有私人性，警察权不应当介入。也就是说，警察权作为一种公权力，在介入家庭暴力案件时有其法律和社会基础。但同时警察权又有其强力性和侵害私权的可能性。为了防止其对个人私权的侵害和对受害人家庭带来消极影响，对警察权介入的限度研究显得尤为必要。

关键词：警察权　家庭暴力　介入　限度

家庭暴力是世界普遍面临的社会问题和人权问题，它不仅严重危害受害人的身心健康，而且还破坏家庭和睦，极易导致暴力家庭中青少年的社会化异常，最终影响社会的稳定和发展。家庭暴力在我国的情况同样不容乐观，并且有深刻的历史和文化原因，但直到 20 世纪 90 年代才逐渐引起全社会的关注。当前，世界上已有 120 多个国家和地区出台了专门的反家庭暴力法。中国专门的《反家庭暴力法》也于 2016 年 3 月 1 日开始施行。警察机关始终处在反家庭暴力的第一线，并且《反家庭暴力法》中也明确规定了警察在干预家庭暴力方面的职责。警察权如何与新施行的《反家庭暴力法》相适应以及在面对家庭暴力时采取何种程度的行动、采取行动时需要遵循哪些原则是本文将要讨论的问题。

＊　王洋，中国人民公安大学。

一、警察权介入家庭暴力案件的基础

（一）法律基础

2001 年《中华人民共和国婚姻法》"禁止家庭暴力"第一次被写进法律条文中，这也表明我国在制度层面的反家暴工作开始展开。其中第 3、32、43、45 和 46 条也分别规定了对家庭暴力受害人的救助措施和施暴者应负的法律责任。2005 年《妇女权益保障法》修正案提到反家庭暴力是国家的责任。第 46 条规定，预防和制止家庭暴力是公安、民政、司法行政部门的职责。第 58 条规定，家庭暴力构成违反治安管理行为的，受害人可以提请公安机关对其依法给予行政处罚，也可以向人民法院提起民事诉讼。2008 年最高人民检察院、公安部、全国妇联等部门共同下发《关于预防和制止家庭暴力的若干意见》，其中第 8 条就要求公安机关将家庭暴力纳入"110"出警范围。2015 年最高人民法院、最高人民检察院和司法部联合制定《关于依法办理家庭暴力犯罪案件的意见》，条文中进一步细化了公安机关在反家庭暴力中的责任。2016 年 3 月 1 日开始施行的《反家庭暴力法》中第 16、17 条规定了公安机关在家庭暴力案件中的职责，这也表明国家以专门性法律的形式固定了警察在家庭暴力案件中的权利和义务。以上这些都是警察权介入家庭暴力案件的法律基础。

（二）社会基础

日益严重的家庭暴力行为在危害受害者合法权益的同时也严重破坏了社会的和谐稳定，并已引起了社会的广泛关注。一是在迈向现代文明的过程中，家庭成员之间日益强调主体地位平等，双方是一种权利义务平等的关系而不再是之前的那种附属、服从关系。现代社会个体意识逐渐觉醒，家庭暴力很显然违背当今的社会正义观，其被社会所反对和抵制也是理所当然。二是社会的全面发展需要全社会的共同参与，而家庭暴力不仅侵害了受害者的合法人身权益还侵蚀了他们参与社会生产活动的热情，从这个意义上看家庭暴力行为阻碍了社会的发展。三是家庭暴力非常不利于未成年人的身心健康发展。不管是自身遭遇家庭暴力还是目睹父母间的家庭暴力行为，都会对其性格的养成产生消极影响。在这种环境下成长的儿童极易从父母的暴力行为中沾染暴力恶习，不但在同伴中使用类似的暴力手段而且长大后极易对下一代采取暴力行为，这样一代代的循环往复将对社会产生极其深刻的负面影响。所以家庭暴力行为绝对不单单是私人领域的家务事，它已经进入公共领域，成为一种亟待解决的社会问题。如此看来警察权介入家庭暴力案件有其充分的社会基础。

二、警察权介入家庭暴力案件的现实压力

家庭暴力虽然与社会上的一般暴力行为没有本质上的区别，但是它发生在家庭成员之间，披着"私人领域"的外衣。当社会上的暴力发生时，警察权自然可以主动积极地介入，而当家庭暴力发生时，警察权积极主动介入时就会受到非议、遇到障碍。

第一，传统的文化和家庭观念对警察权介入家庭暴力案件的质疑。传统文化中的"男尊女卑""三从四德"等夫权思想以及"家丑不可外扬""棍棒底下出孝子"的家庭观念贯穿中国数千年的历史，很多家庭认为丈夫对妻子、孩子有"生杀大权"，对妻子和孩子的打骂自然谈不上是犯罪，即便真的出现问题也应该在家庭内部解决。有很多人认为如果警察介入家庭暴力当中，不仅不能解决问题，还可能导致施暴者变本加厉甚至家庭破裂。这种传统文化下形成的家庭观念为警察介入家庭暴力案件造成了极大的阻碍。

第二，公众对家庭暴力的性质和危害认识不足。家庭暴力案件中的受害人大都只是希望制止家暴行为，而不希望施暴者受到处罚也不愿意婚姻破裂。这就有可能出现在警察介入家庭暴力案件制止家暴行为后，受害人反而帮助施暴者隐藏证据、虚假陈述，从而使得施暴者得不到应有的惩戒。

第三，传统的警察角色对家庭暴力案件重视不够。"清官难断家务事"的执法观念根深蒂固，很多一线警察将家庭暴力案件归为家务事，这样就导致其不愿意甚至不懂得如何处理家庭暴力案件，这样一来警察权在家庭暴力面前就失去了应有的威慑力，不仅没有制止家庭暴力反而助长了施暴者的嚣张气焰。

三、警察在家庭暴力案件中的职责范围

警察权介入家庭暴力案件有其法律基础和社会基础，但是也应当为警察权介入家庭暴力设置相应的权限范围。否则，警察将会陷入无休止的家庭纠

纷调解处理当中，反而会浪费大量警力，影响其维护社会治安的效率。

第一，强化宣传教育，做好事前防范。我国许多公民对家庭暴力概念认识模糊且不能正确认识其危害。因此公安局机关应当定期开展识别和预防家庭暴力的法律法规教育，提高全民反家庭暴力的法律意识和自我保护能力。警察可以借助分片走访的优势，深入居民中调查了解情况。对家庭暴力比较突出的家庭，重点走访，摸清家庭暴力发生的原因，对施暴者进行法制教育及时化解矛盾，将家庭暴力化解在萌芽状态。

第二，及时出警、制止暴力。警察接到家庭暴力报警应当及时出警并且动用强制力制止正在发生的施暴行为。家庭暴力直接危害受害人的身心健康甚至生命安全，而且极易引发恶性犯罪，这时就需要一种强制性力量尽快介入，以避免发生不可逆的危害后果。目前来看只有警察权具有这种强制性。由此可见，警察应该积极地担负起反家庭暴力急先锋的职责。

第三，调查取证，固定证据。因为大部分家庭暴力案件发生在家庭内部并且大多涉及夫妻间的隐私，很多细节难以取证，受害人往往缺乏自我保护意识，不注意证据的保存。一般情况下邻居和亲戚等知情人士也不愿参与别人的"家务事"，不愿意向警察机关提供关于家庭暴力的证据。实践中，警察接到报警电话后会第一时间出现在家暴现场。如果家庭暴力正在进行，警察除了要制止暴力之外还要注意证据的固定和保存。如果暴力已经结束，处理此次家庭暴力案件的警察也应该向当事人及见证人详细询问事发的具体情况，以此制作规范的报警记录，而报警记录将成为反映家庭暴力存在的有力证据。

第四，协助家庭暴力受害人就医，鉴定伤情。家庭暴力往往会造成身体伤害，由于警察大多会出现在案发现场，其应协助受害人到医院进行治疗，需要进行伤情鉴定的，警察应该协助进行伤情鉴定。伤情鉴定结论具有法律效力，不仅能证明受害人的受害程度，也能作为反映家庭暴力存在的有力证据。

第五，依法调解，化解家庭矛盾。一般来说调解适用于情节较轻的家庭暴力案件。对于一些由家庭琐事和摩擦引起的争吵打骂当事人报警处理的，警察应当做出适当的区分，这类案件不同于恶性家庭暴力案件，警察应该先做一些调解工作，对当事人说服教育，最终使得事件和平处理以及家庭恢复和睦。

第六，转变传统的行政制裁模式，及时审查转处。在看到家庭暴力的公共性和社会性的同时也应当认识到其私人性。当家庭暴力发生时，如果在危害较小的情况下，一味采取传统的拘留、罚款等处罚模式，不但解决不了家庭矛盾，还会对当事人及其家庭乃至社会产生不良影响。传统的惩罚体系不是解决冲突而是加剧冲突，非但没有拉近矛盾双方的距离反而会加深彼此的隔阂。这时就需要考虑转变传统的行政制裁模式，采取一些替代性的惩罚措施，比如说强制施暴人参加社会公益活动，参加关于反家庭暴力的法治培训等。当发生较严重的家庭暴力行为时，公安机关在制止暴力、救助受害人、固定证据后，应该及时审查转到相关组织处理。及时审查转处，既可以帮助受害人获得后续的法律帮助，抚慰其受伤的身心，也可以及时追究施暴者的法律责任，使其得到应有的制裁。

四、警察权介入家庭暴力应遵循的原则

如何有效地预防和制止家庭暴力是世界性难题。公众对公权力介入家庭暴力寄予厚望，警察权介入是其中最重要的形式，在处理家庭暴力问题上警察应当担负起更多的责任。警察权介入家庭暴力有其充足的法律依据。但是，由于法律很难具体规定警察权介入的方式和程度，这就给实际工作带来了很大的困难。在实际处理家庭暴力案件中警察权介入过少就会被控诉不作为，介入过多就有侵害公民权利之嫌。如何才能保证警察权的干预不仅能有效遏制家庭暴力，而且不逾越行使边界。这就需要积极探讨警察权有限度地介入家庭暴力案件应当遵循的原则，为当前无所适从的警察权指明方向。

（一）积极介入与有限介入相结合的原则

警察权积极介入不仅体现出国家和法律对家庭暴力零容忍的态度，也体现出社会和公众对家庭暴力的立场和态度。所以，在面对家庭暴力案件时，警察要突破其属于家庭内部事务不应积极介入的传统观念，树立警察权积极介入意识。在发现和接触家庭暴力案件时根据实际情况采取合理的应对措施。在强调警察权积极介入的同时，也要清醒地意识到其与普通暴力案件的不同之处。如果在积极干预时不注意把握度，极易损害家庭暴力受害者的真实意愿和对案发家庭造成二次伤害。所以，警察权在积极介入家庭暴力案件的同时，也必须遵循一定的限度。一般来说这一限度主要体现两个方面，一是警

察权介入时的正当程序，二是介入之后对施暴者的处理态度，简单来说就是在对施暴者做出处理时，不能仅仅依据警察机关的意志，也要考虑受害人的真实意愿、案发家庭的具体情况、施暴人的相关情况等主客观因素。

（二）程序正当原则

程序正当原则是行政法中的一项基本原则，是指行政机关在行使权力、做出相应行为应当遵守的最低限度的程序要求。长期以来中国有重实体轻程序的传统，程序正当原则在新中国成立后很长一段时间没有得到确立，执法和司法以及其他公权力执法轻视、忽视、违反程序的情况非常普遍。自20世纪90年代初程序正当原则才逐渐成为公权力执法必须要遵守的最低限度的程序要求。警察权作为公权力的一种，其介入家庭暴力也必须在这一原则下展开。当然，遵守程序正当也要结合案件的具体情况，譬如说大部分家庭暴力案件有应急性和暴力性，警察应当第一时间采取强制措施制止暴力保护受害人，在采取强制措施时可能不符合正当程序原则，这时就要求警察注意证据的保存，及时做好事后的报批和备案等补救工作。家庭暴力案件中遵守程序正当原则一方面可以尽可能地减少公权力对公民权利的损害，警察权毕竟有其强力性，会对当事人的权利造成很大的影响和威胁，如果事前不规定应当遵守的程序，很容易出现权力失控的现象。另一方面可以减少警察与当事人不必要的矛盾，维护公权力机关的权威。家庭暴力毕竟发生在家庭成员之间，警察在处理案件的过程中很可能会发生受害人反悔、当事人之间互相包庇甚至共同"倒打一耙"等情形。如果警察在介入之前遵守家庭暴力案件的正当程序，就会减少上述此类不必要的矛盾。

（三）最小侵害原则

最小侵害原则也称必要性原则，是行政法中的一项基本原则，是指在能够有效实现行政目的的手段中应该选择对公民权利限制或侵害最小的手段。警察权介入家庭暴力案件时可以借鉴这一原则，警察在面对多种能有效解决家庭暴力恢复家庭和睦的手段时，应当优先选择对相对人侵害最小的手段。首先，采取的行政强制措施以达到制止家庭暴力行为为限，当继续实施家庭暴力的危险解除，就应该立即解除强制。其次，能适用行政调解的就避免对相对人进行处罚。通过调解就能有效化解家庭纠纷、教育施暴者、安慰受害人，恢复家庭和睦的目的达到了，就不应当继续对相对人实施强制性的处罚。最后，程度更轻的处罚措施能解决问题优先适用程度轻的处罚措施。对于较严重的不适用行政调解但也不构成刑事犯罪的家庭暴力案件，不得已必须适用行政处罚的，应当选择对相对人权益影响较小的措施。传统意义上的行政处罚措施有警告、罚款和拘留等。这些处罚措施多多少少都会影响家庭成员的共同利益，比如罚款其实就需要用夫妻共同财产来缴纳，拘留则会暂时限制加害人的人身自由，就算是最轻的警告也会因为留有案底，对当事人及其家属的未来产生不确定的影响。新增的告诫书是一种为督促加害人改正而做出的书面告知文件，公安机关通过送达告诫书既制止了家暴行为也化解了当事人家庭可能面临的困境。

（四）尊重受害人真实意愿原则

家庭暴力案件毕竟有其特殊性，从维持家庭关系稳定的角度考虑，受害人的真实意愿不仅更符合家庭的真实情况也更有利于解决家庭矛盾。受害人最了解施暴人的秉性也最清楚自身利益所在，受害人一般会综合考虑当地文化、家庭稳定以及各方利益等因素，做出最适合自身及其家庭的判断。但是这种尊重必须受两方面的限制，第一是受害人的意思表示必须是真实的，确实是受害人综合各种因素后自愿理性的表达，而不是出于对施暴者的恐惧或者是外界其他因素的干扰。第二就是受害人的选择必须在法律规定的范围内而不能突破法律规定。如果说家庭暴力已经严重到触犯刑法，就算受害人不想追究施暴者的责任，这时候警察也应该按照一般刑事案件的处理程序依法进行立案调查。如何判断受害人的意愿是否为自身的真实意愿表达以及法律规定的界限在哪里，这些都需要警察根据自身工作经验和法律素养判断。

（五）保护当事人隐私原则

警察权介入家庭暴力案件时，对于其了解到的当事人的个人信息负有保密义务。2014年国务院法制办公布《反家庭暴力法（征求意见稿）》时相应的条款原则是保护受害人的隐私，从"受害人"到"当事人"的转变体现出法律对家庭暴力案件当事人隐私权的保护。法律的明确规定就要求警察权在介入家庭暴力案件时，不仅要保护受害人的隐私，也要保护施暴人的隐私。家庭暴力的形式多种多样，比较常见的有丈夫打老婆、父母打骂孩子、子女虐待老人、强迫性行为等暴力。有的家庭暴力需要公开，以此对家暴行为人形成舆论压力，监督其改正。有的家庭暴力当事人不愿意公开也不适宜公开，比如说当事人性生活方面的隐私，如果泄露和公开一方面会造成对家庭暴力受害人的双重伤害。另一方面对施暴人来说，一般认为家丑不可外扬，不愿意外人知晓，如果隐私泄露和公开，会导致家庭关系进一步恶化，有违恢复家庭和睦的初衷。这就充分说明如果不注重对当事人隐私的保护造成当事人隐私泄露，不仅不利于家庭暴力工作的开展，还会造成公权力滥用，侵犯公民的隐私权。警察权介入家庭暴力案件时要结合当地民风民俗和自身工作经验，分清哪些当事人隐私可以公开，哪些在一定范围内可以公开，哪些不能公开，只有这样才能既保护公民权利又合法地行使警察权。

事实证明，调整婚姻家庭关系不是法律约束得越多越好，也不是警察权介入得越深越好。警察权介入家庭暴力案件必须规范介入的方式和限度，不管是哪种方式的介入，最终目的不是为了处罚加害人，而是为了恢复和睦的家庭关系。所以，警察权在介入家庭暴力时，既要考虑该问题的社会性、公共性，也要考虑其私人性。也就是说，既要积极干预以保护当事人的合法权益，也要遵循有限介入的各项原则，防止其随意侵入私生活领域侵害当事人的合法权益。

参考文献：

［1］柯丽萍、王佩玲、张锦丽：《家庭暴力理论政策与实务》，巨流图书公司2005年版。

［2］黄列："家庭暴力：从国际到国内的应对（下）"，载《环球法律评论》2002年夏季号。

［3］于波："家庭暴力与救助措施"，载《中央政法管理干部学院学报》2001年第3期。

［4］张彩凤、沈国琴："家庭暴力案件警察权的权限及行使原则"，载《中国人民公安大学学报》2009年第1期。

［5］全国妇联权益部编著：《反家庭暴力法实用问答及典型案例》，中国法制出版社2016年版。

［6］李洪涛、齐小玉编著：《受害妇女的援助与辅助手册》，中国社会科学出版社2004年版。

［7］蒋月："论警察介入和干预家庭暴力：若干国家和地区的经验及其对中国的启示"，载《福建行政学院、福建经济管理干部学院学报》2007年第1期。

［8］荣维毅、宋美娅主编：《反对针对妇女的家庭暴力》，中国社会科学出版社2002年版。

［9］徐伟、陈丽平："公权力因何强势介入家暴"，载《法制日报》2008 年第 9 期。

［10］巫昌祯、杨大文主编：《防治家庭暴力研究》，群众出版社 2000 年版。

［11］徐维华："制止在家庭中对妇女实施家庭暴力"，载《中英妇女与法律学术研讨会学术论文集》，北京大学出版社 1996 年版。

论公安机关内部管理信息公开的豁免

——以王志芬诉北京市公安局政府信息公开案为例[1]

楼 叶*

内容摘要： 近年来公安机关受理政府信息公开案件数量逐渐增多，也出现了大量因内部管理信息而产生的行政诉讼。而国务院办公厅《关于做好政府信息依申请公开工作的意见》将内部管理信息纳入不予公开的范围，并没有对内部管理信息的判定作出具体的规定。实践中法院通过案例对内部管理信息进行了界定，将人事管理信息、财务信息以及内部管理制度纳入内部管理信息范围。对公安机关内部管理信息范围进行界定，同时明确内部管理信息判定的规范步骤是解决此类信息公开申请必须予以重视的问题，也是执法规范化建设应当解决的问题。

关键词： 政府信息公开　内部管理信息　警务公开　对外效力

　　大多数国家与信息公开相关的法律，都尽可能要求行政机关尽量充分地公开其制作和获取的政府信息，我国也不例外。《政府信息公开条例》（以下简称《条例》）将国家秘密、商业秘密和个人隐私以及"三安全一稳定"排除在公开的范围里。但在 2010 年国务院办公厅《关于做好政府信息依申请公开工作的意见》（以下简称《意见》）中，将"行政机关在日常工作中制作或者获取的内部管理信息"列为"一般不属于《条例》所指应公开的政府信息"。由于国务院办公厅并没有对内部管理信息的概念和范围作出进一步明

---

〔1〕　本论文是高文英主持的"北京市警务公开法治研究"（14FXB015）的阶段性成果之一。

* 楼叶，中国人民公安大学 2016 级宪法学与行政法学研究方向硕士。

确，导致在实践中，行政机关频繁以"内部管理信息"为由拒绝行政相对人的信息公开申请，因此《意见》实质上已经扩大了《条例》所不予公开信息的范围。

以"内部管理信息"为由拒绝行政相对人信息公开申请的案件在政府信息公开行政诉讼中并不少见，将"内部管理信息"作为不予公开的政府信息也是有法律依据的，如《北京市政府信息公开规定》[1]第28条"申请公开的政府信息属于行政机关在日常工作中制作或者获取的内部管理信息"不属于应当公开的政府信息。内部管理信息虽不属于《条例》所规定的政府信息，但为了防止行政机关以"内部管理信息"为由拒绝相对人的公开申请，因此需要一个客观的判断标准，判定信息是否属于"内部管理信息"。公安机关作为行政执法机关，具有执法和司法职能，与公民和法人关系密切，其制作和获取的信息内容广泛，涉及面广，在实践中也出现了因内部管理信息产生的行政诉讼，因此制定公安机关内部管理信息公开标准是深化警务公开必须予以重视的问题。

一、王志芬诉北京市公安局政府信息公开案基本情况

2012年4月王志芬遭遇纠纷并报警，认为其遭人殴打系公安机关延迟出警所致，因此向北京市公安局申请公开《关于印发警情分级指挥和处置工作规范的通知》（以下简称《通知》）。[2]北京市公安局收到申请后，告知王志芬所申请获取的信息属于公安机关内部管理信息，不属于《政府信息公开条例》所指的政府信息公开范围，王志芬不服告知书并向人民法院提起诉讼，经过审理，2014年北京市第二中级人民法院作出终审裁判，驳回上诉，维持一审裁判，即该文件不属于《政府信息公开条例》所规定的政府信息公开的范围，北京市公安局不予公开告知书合法。

但是在裁判文书说明理由部分，法院也只是叙述《通知》属于内部管理信息不属于《条例》所调整的范围，并没有进行更多详尽的说明。裁判理由

---

〔1〕 北京市政府信息公开规定，载 http://zfxxgk.beijing.gov.cn/11011507/gfxwj22j/2016-12/06/content_766828.shtml，最后访问日期：2018年6月7日。

〔2〕 王志芬诉北京市公安局政府信息公开案，载 http://www.pkulaw.cn/Case/pfnl_120313804.html，最后访问日期：2018年6月7日。

的缺乏不仅不利于公民知情权的保障，也不利于行政争议的解决，相反会造成公民滥用诉权，造成警民关系冲突，影响公安机关信息公开工作的正常运行。公安机关及法院对内部管理信息不予公开的理由进行充分说明是公安机关解决此类信息公开申请的关键，因此需要明确公安机关内部管理信息的判断标准。

二、公安机关内部管理信息构成要素

《意见》规定"行政机关在日常工作中制作或者获取的内部管理信息"可以不予公开，因此可以从"日常工作""内部管理"两者来考虑公安机关对内部管理信息的认定。

（一）对"日常工作"的理解

《条例》第 2 条以"履行职责"作为政府信息公开的要素，而在《意见》中以"日常工作"作为替代，将这两者进行有意区分显示了内部管理信息是行政机关对外履行职责之外，在日常工作中的信息，基于内部管理行为产生的信息。内部管理行为是指行政机关为了履行法定职能，对其自身系统进行有组织的计划、指挥、领导、协调等行为。履行职责与日常工作相互关联，但并不等同，履行职责涉及外部，对外具有效力，而日常工作的信息既可能对内产生效力也可能对外部产生效力，因此公安机关的日常工作信息的范围比履行职责所制作和获取的信息要广。公安机关依据《人民警察法》第 12条依法行使职权履行职责，其"日常工作"主要限定在治安、侦查、交通管理、消防和网络安全等范围内，因此公安机关日常工作的信息重点包括警务活动有关的法律法规和行政决策类信息，公民、法人和其他组织参与警务活动时的权利和义务，治安形势与公安工作成果，公安机关交通管制信息、限制交通信息和现场管制信息，行政案件办理情况和结果，刑事案件立案、破案、移送起诉等信息，行政许可和行政收费，对公安机关和人民警察违法违纪等行为的检举控告的方式等信息。

（二）对"内部管理"的认定

由于《意见》并没有对内部管理信息进行罗列，因此导致不同的行政机关对内部管理信息的认定存在一定的偏差。单从定义并无法对内部管理信息的涵义进行界定，因此部分行政机关采取罗列的方式对内部管理信息进行界定。就公安机关自身而言，以下信息应该属于内部信息：

（1）人事信息，包括人事任免，年度考核等。《人事工作中国家秘密及其密级具体范围的规定》[1]对人事工作中的信息进行了保密规定，第 3 条将"一般干部的档案"和"人事工作中不宜公开的事项"作为内部管理信息，其虽并不属于国家秘密但不得擅自扩散。因此人事信息作为内部管理信息不予公开具有相关法律依据。但部分信息由于与公众生活相关，突破了信息的保密性，不属于国家秘密，因此可以进行公开。"完整的行政行为由外部行为与内部行为共同构成，内部行为构成行政过程中必不可少的环节，如内部请示、报批等，内部信息不应完全划出信息公开范围，只有与行政机关行使职责完全无关的人事管理信息等才能免予公开"。[2]在警务公开中，部分人事信息是公开的，例如在北京市公安局门户网站上，公安局长的任免信息及其工作简历是公开的，此外，在公安分局和派出所，部分领导和民警的个人信息也通过版面等形式在办公场所公开。人事信息中的内部考核则完全属于公安机关的内部管理信息，其与公安机关以外的公民和法人不发生直接联系，其公开不会使公众受益，相反加重了公安机关的负担。

（2）财务信息，包括警务设备使用，财务收支及审计报告等。财务信息属于内部管理信息是因为其不与行政机关以外的公民和法人产生联系，是纯粹的内部信息。《财政部机关政府信息公开实施暂行办法》[3]第 10 条将"内部设备使用管理"作为内部管理信息，《交通部机关政务公开规定》第 12 条将"内部财务收支、经费使用和资产管理情况"纳入内部管理信息。《北京市政府信息公开规定》虽然将内部管理信息排除在公开的范围内，但并没有对其所包括的具体内容进行罗列。因此将公安机关内部财务收支情况、设备使用情况（如警车和其他警用装备的管理使用）及内部财务审计结果都纳入警务信息公开的豁免范围是合理的。

（3）内部规章制度，即内部纪律及管理制度。内部纪律及管理制度约束

---

〔1〕 人事部国家保密局关于印发《人事工作中国家秘密及其密级具体范围的规定》的通知，载 http://www.flzx.com/fagui/buwei/201301/33126.html，最后访问日期：2018 年 6 月 7 日。

〔2〕 王万华："开放政府与修改《政府信息公开条例》的内容定位"，载《北方法学》2016 年第 6 期。

〔3〕 财政部 2016 年公开目录《财政部机关政府信息公开实施暂行办法》，载 http://www.mof.gov.cn/gkml2016/zfxxgkgd2016/201612/t20161226_2505224.html，最后访问日期：2018 年 6 月 7 日。

的是公安机关内部人员，具体讲包括具有公务员主体资格的警察、警务辅助人员、公安机关内部合同工以及与帮助公安机关进行警务活动的公民和法人。从内容上讲，一方面包括一级公安机关内部纪律、工作流程、考核奖励、工资收入、福利待遇以及民警生活制度等信息，另一方面包括上下级公安机关之间案件移送制度、交流指导、批示指示、会议纪要、抄告单等信息资料。此外，公安机关为了规范行政执法活动，制作的"指南""手册"等也属于内部信息，排除在公开范围内。如练育强诉上海市公安局交通警察总队、上海市公安局巡警总队政府信息公开案（［2005］沪二中行终字第165号），练育强要求公开《关于审理人身损害赔偿案件适用法律若干问题的参考意见》及《2004年道路交通事故损害赔偿参照表》，法院以"内部工作资料本身不属于政府信息"为裁判理由，认为公安机关没有公开内部资料的法定职责和义务。[1]在王玉芬诉北京市公安局信息公开案件中，北京市公安局《关于印发警情分级指挥和处置工作规范的通知》便属于内部管理制度，其约束的是公安机关的工作人员，主要目的是规范在警情指挥和处置过程中公安机关人员的执法行为。

列举式的内部管理信息虽不能将所有应该纳入内部管理信息的信息包含进去，但至少限定了内部管理信息的范围，其具有一定的参考价值，在实践中仍具有一定的科学合理性。以上信息虽然属于公开豁免的范围，并不意味着公安机关对这些信息没有公开的权利，因此人事信息、财务信息以及内部规章制度等信息不属于国家秘密、商业秘密、个人隐私，不影响"三安全一稳定"，公安机关认为公开后可以方便公众生产生活和科研，符合公开条件的，可以有裁量余地进行公开。

三、对内部管理信息的判定

（一）内部管理信息是公安机关内部事务的相关管理信息

相对于外部管理信息，内部管理信息是公安机关对其工作人员在内部工作中进行管理而获取的信息，与公安机关之外的主体没有直接关系。其有三个显著的特征，一是主体特定化，即公安机关的内部工作人员，二是内容特

---

〔1〕 练育强与上海市公安局交通警察总队政府信息公开案，载 http://www.110.com/panli/panli_29913.html，最后访问日期：2018年6月7日。

定化，即是公安机关内部管理的事项，三是信息的非正式性，即缺少严格的制作程序和表现形式。由于政府信息公开坚持"公开为原则不公开为例外"，在推进警务公开中，应当对主体和内容进行限缩性解释，若涉及公安机关以外的主体或者部分内容涉及外部的管理事项，需要视情况具体分析，看是否需要信息公开。行政行为是政府信息产生的原因，公安机关内部管理行为与公安机关履行职责的对外行为产生的信息如若重合，仍属于需要公开的警务信息，如若行为有交叉导致信息有交叉，交叉的信息属于应当公开的警务信息。

此外，相对于需要进行信息公开的警务信息，内部管理信息在制作程序上具有一定程度的自由权，不需要按照严格的程序制作和获取，甚至在一些情况下，外界也无法知晓公安机关在内部信息产生过程中的相关程序性规定。

（二）内部管理信息与公众利益和个人利益没有直接利害关系

《条例》第 1 条表明政府进行信息公开是为了"发挥政府信息对人民群众生产、生活和经济社会活动的服务作用"，因此政府信息必须是与公众利益或者个人利益有直接利害关系，即其对公民、法人有一定的利用价值。"法院认为内部管理信息，通常应当是与公共利益无关，其效力应当仅限于行政机关内部，是行政机关在内部管理过程中制作和形成的信息。"[1]北京市公安局《关于印发警情分级指挥和处置工作规范的通知》约束的是北京市的警务人员，是警务人员在处置警情时的参考依据。与公民个人有利害关系的是公安机关处置警情时的具体行政行为，如在处置过程中不作为或者违法作为造成的当事人权利继续受到侵害，违法行为得不到制止等。公民认为这类具体行政行为违法可以进行起诉，而要求公安机关公开其内部处理案件参考依据则属于滥用诉权，其申请的目的和动机已经违反了《条例》的立法目的，其行为已经干扰公安机关的正常管理活动。

（三）内部管理信息不作为执法依据对外不产生直接效力

在内部管理信息的判定上，法院将效力作为最基本的考量因素，因此不作为执法依据不对外产生效力是判定内部管理信息的核心。在众多案件中，法院将不具备外部效力作为裁判理由判决不予公开内部管理信息：

---

〔1〕 肖卫兵："政府信息概念：基于 874 件诉讼案例的实证分析"，载《中国法律评论》2016 年第 4 期。

案件名称	案号	裁判理由
卫某某与上海市浦东新区人民政府信息公开纠纷案[1]	[2012] 沪高行终字第 73 号	为做好征地拆迁服务工作而与机场集团形成的内部意向，不直接对外发生法律效力
王彬等与重庆市北碚区国土资源管理分局要求信息公开上诉案[2]	[2013] 渝一中法行终字第 271 号	文件内容属于并不直接对外产生实际影响的内部管理信息
王某某与宁波市江东区人民政府房屋拆迁政府信息公开纠纷上诉案[3]	[2012] 浙甬行终字第 189 号	文件内容属并不直接对外产生实际影响的内部管理信息

"即便属于内部行文的文件材料，如果成为行政管理依据，则不具备得以豁免公开的'内部性'。"[4]在王志芬诉北京市公安局信息公开案件中，《关于印发警情分级指挥和处置工作规范的通知》对王志芬本人没有直接的效力，公安机关是否出警依据的是相关法律法规，《通知》只是对出警的程序进行规范化，是出警过程的参考依据，与王志芬本人的权利受到侵害没有利害关系，因此也就属于免予公开的范围。公安机关人事管理信息、财务管理信息以及内部规章制度的效力在一般情况下应限于公安机关内部，如果出现"效力外部化"，即将其作为公安机关的执法依据，对公安机关以外的公民和法人产生效力，则应进行信息公开。

四、公安机关内部管理信息判定的步骤

对内部管理信息的判定需要规范的步骤，防止公安机关以内部管理信息为由拒绝申请人的正当信息公开申请，保障申请人的知情权，另一方面也是

---

[1] 卫某某与上海市浦东新区人民政府信息公开纠纷案，载 http://www.pkulaw.cn/case/pfnl_a25051f3312b07f3eeb8b63a47a0d594a4b06fcd194f10c6bdfb.html，最后访问日期：2018 年 6 月 7 日。

[2] 王彬等与重庆市北碚区国土资源管理分局要求信息公开上诉案，载 http://www.pkulaw.cn/case/pfnl_ a25051f3312b07f361392414da5ed730bab6c15eeed16d1dbdfb.html，最后访问日期：2018 年 6 月 7 日。

[3] 王某某与宁波市江东区人民政府房屋拆迁政府信息公开纠纷上诉案，载 http://www.pkulaw.cn/case/pfnl_ a25051f3312b07f367ed169d8c032501c74843eeff8aee88bdfb.html，最后访问日期：2018 年 6 月 7 日。

[4] 梁艺："政府信息公开中'内部管理信息'的判定"，载《行政法学研究》2015 年第 1 期。

为了保护公安机关正常的执法活动。这一规范的步骤应包括以下三层：首先，应当确定申请的信息是内部管理信息，即公安机关的人事信息、财务信息以及内部规章制度。其次，判断该信息与公共利益和个人利益有无直接利害关系，该信息是否作为公安机关执法依据，对申请人产生直接影响。实践中部分申请人滥用信息公开申请权，甚至恶意向公安机关申请警务信息，申请与其无利害关系且与其生产生活和科研无关的警务信息，严重干扰公安机关正常的警务信息公开工作，消耗公安机关大量的人力和物力，因此有必要将利害关系作为内部管理信息公开的考量依据。最后，判定内部管理信息的公开对公安机关正常执法活动是否带来不利影响，是否存在妨害公安机关正常履职的风险。"机关在承担证明风险的举证责任时，常以影响法律目标的实现、背离机关初始目标、损害项目的运行、使机关的行为归于无效等理由证明欺诈危险的存在。"[1]相对于其他行政机关，公安机关的治安、侦查及缉毒等职能使其所掌握的内部管理信息具有特殊性，如公安机关收集和制作的侦查技能手册、在缉毒过程中人员的安排、刑事案件办理经验、对执法办案人员的培训手册等，这些内部管理信息的公开，不仅不利于打击违法犯罪活动，而且会使违法犯罪分子掌握公安机关的执法活动和执法规律，在一定程度上使违法犯罪人获益，规避公安机关的调查，给公安机关的执法活动造成不便，增加执法难度，难以实现维护社会治安、打击预防犯罪的法律职能。

五、结语

在政府信息公开不断推进的大背景下，根据公安机关自身的性质和职能，有序推进警务公开是一件极其有意义的事。警务公开程度化越高，警务信息的经济、社会价值也就越高。内部管理信息公开的豁免拓展了信息公开例外的范围，"政府信息公开制度就是用来反对内部信息，预防内部信息对相对人发动突然袭击的，"[2]如若对其不加规范和细化，有可能成为公安机关不予公开事由的"口袋"。公安机关内部管理信息数量巨大，公开的成本也比较高，部分内部管理信息公开的社会后果难以预料，但如果属于《条例》所规定的

---

[1] 王敬波："阳光下的阴影：美国信息公开例外条款的司法实践"，载《比较法学研究》2013年第5期。

[2] 叶必丰："具体行政行为框架下的政府信息公开"，载《中国法学》2009年第5期。

情形，也应当进行信息公开。公安机关作为与公民、法人关系最为密切的行政机关之一，规范应对内部管理信息公开申请，对内部管理信息不予公开理由的充分说明，不仅有利于公民知情权的保障，也有利于公安机关自身警务公开工作的规范化建设。

参考文献：

［1］王万华："开放政府与修改《政府信息公开条例》的内容定位"，载《北方法学》2016 年第 6 期。

［2］肖卫兵："政府信息概念：基于 874 件诉讼案例的实证分析"，载《中国法律评论》2016 年第 4 期。

［3］梁艺："政府信息公开中'内部管理信息'的判定"，载《行政法学研究》2015 年第 1 期。

［4］王敬波："阳光下的阴影：美国信息公开例外条款的司法实践"，载《比较法学研究》2013 年第 5 期。

［5］叶必丰："具体行政行为框架下的政府信息公开"，载《中国法学》2009年第 5 期。

网络个人求助的法律属性及法律规制研究

汪沛颖*

内容摘要： 网络个人求助是互联网科技创新下的新模式，其改变大众传统捐赠模式的同时，也深刻地影响着我国的法律制度。借助新的媒介创新出新的模式，但国内缺乏相应的制度跟进，因此实践中存在较大的法律道德风险。通过分析网络个人求助的合法性，理清相关法律关系，就网络个人求助面临的问题提出合理的立法及监管措施，从而有效进行规制。

关键词： 网络个人求助　法律属性　规制

截至 2017 年 6 月，中国网民数量达到 7.51 亿，是全球网民规模的 1/5，其中手机移动端占比达 96.3%。[1] 当个人求助信息（尤其经大众媒体的背书）一旦搭上互联网这趟高铁，几乎瞬间就呼啸着渗透到这个世界的各个角落，人们见识到了一个个劝募奇迹，南京女童案只是其中一例而已，个人求助已然成为公开募集资金。[2] 个人通过网络平台募集大量的善款，捐赠人、受赠人以及网络平台围绕善款的使用、归属以及三方的权利义务产生了大量的纠纷。反观我国的相关立法，规范网络捐赠行为的立法寥寥无几，其中涉及网络个人求助的更是空白。缺乏有效的监管和规范使得网络个人求助的风险大多由捐赠人个人承担，增加了个人的"慈善"成本，针对相关问题应采取相应的对策，规制风险，从而推动互联网捐赠的良性发展。

---

* 汪沛颖，中国人民公安大学法学硕士研究生，宪法与行政法方向。

〔1〕 参见《第 40 次中国互联网发展状况统计报告》，中央网络安全和信息化领导小组办公室，国家互联网信息办公室中国互联网络中心，2017 年 7 月。

〔2〕 金锦萍："《慈善法》实施后网络募捐的法律规制"，载《复旦学报》2017 年第 4 期。

一、网络个人求助的界定及合法性基础

个人求助是指自然人在陷入困境时，向社会公众发出求助信息的行为。我国《公开募捐平台服务管理办法》明确规定，个人为了解决自己或家庭的困难，可通过媒体或网络发布求助信息。由此可知，网络个人求助是个人在陷入困境时，借助网络平台向公众发布求助信息的行为。其是互联网时代，个人求助依托计算机技术衍生出的新类型。

2016年我国出台了《中华人民共和国慈善法》（以下简称《慈善法》），其中第21条规定："本法所称慈善募捐，是指慈善组织基于慈善宗旨募集财产的活动"，立法者将个人和非慈善组织的募集财产行为排除在慈善募捐行为之外。而网络个人求助是特定个体借助网络平台向不特定多数人进行的求助行为，其是否具有合法性？

从《慈善法》第3条表述可知，其将慈善活动与公益活动相等同，采用了广义的慈善概念。《慈善法》中的慈善不只是对弱者的救济和帮助，其中还包含了诸如生态环境保护等增进全社会福祉的活动。因此，我国《慈善法》采用了现代慈善的基本涵义，强调慈善目的并结合公益性标准。这与我国对"公私"的传统理解有所不同，在我国的传统文化中认为私即自私，对自身有利的便是私，其指向的是"己"，若不是独己即是公，此即公益。因此传统的理解中公益和私益行为皆属"慈善行为"。从现代慈善的概念出发，则私益行为并不能归入慈善活动中，虽然其符合慈善目的的标准，但由于私益行为的受赠人为特定的对象，因此，其不具有公益性的特征，不属于现代意义上的慈善。《慈善法》中所指的慈善募捐的对象是不特定的公众，慈善募捐是对不特定多数人的募集捐助。

与慈善募捐相对的便是个人募捐行为。个人募捐是指自然人作为募捐主体发起的，向社会募集慈善财产的行为。个人募捐的捐助对象是特定的人或事。募捐发起者可以是受赠人自身或是其近亲属，也可以是与受赠人没有任何亲属关系的他人。依据捐赠人和受赠人之间的关系，个人募捐行为可以分为两种模式：第一种是作为自然人的募捐人发起的针对其他特定人或特定目的的募捐行为；第二种模式是特定的自然人发起的以自身为受助对象的募捐

行为。[1]在第一种募捐关系中，存在三个参与者：捐赠者，受赠者和募捐者，这三者是独立的。而在第二种募捐关系中，仅存在两个参与者或者说受赠者和募捐者相重合，即只有捐赠者和受赠者（募捐者），这种模式便是我们所说的个人求助。综上可知，个人募捐是个人求助的上位概念，个人求助包含于个人募捐之中，是个人募捐的一种类型。我国《慈善法》中并未提及个人求助行为，对于个人公开募捐是否包含个人求助没有明确的规定。目前，学术界的普遍观点是将个人求助行为排除在个人公开募捐行为之外的。笔者认为，当个人在面临困境时理应享有向社会求助的权利，这是不可剥夺的。如若将个人求助行为纳入个人公开募捐，致使个人在发生困难的情况下无法向社会求助，这将与慈善发展背道而驰，不符合慈善立法的目的，亦与社会现实不相适应。因此，《慈善法》所禁止的应是个人募捐中的第一种类型，对于个人求助行为应适用"法无禁止即自由"的原则，属于合法行为。

网络个人求助是在互联网时代，个人求助与网络结合的产物，网络实质是个人求助的工具，也就是说网络个人求助的本质就是个人用网络求助。个人在网络上所发表的求助信息亦是个人网络言论表达的自由，公民通过网络平台将个人的身处困境的信息传达给社会，以期获得帮助。因此，网络个人求助实际涉及一项宪法基本权利——言论自由。网络个人求助行为属于"表达行为"，其表达了以下观点：这个社会存在着弱势群体，他们需要公众的帮助。[2]因此，笔者认为网络个人求助行为理应具有合法性。

二、网络个人求助的发展模式及法律属性

（一）网络个人求助的发展模式

在传统的慈善事业中，慈善组织发挥着巨大的作用，随着互联网技术的快速发展，在"互联网+"时代的当下，各个互联网平台推出相关的公益活动，如腾讯公司推出的"99公益日"，同时还有专门的公益筹款平台，网络平台已然成为慈善事业发展的重要推动力量。传统慈善模式中只包含了捐赠人、受赠人和募捐者，在新的"互联网+公益"模式中，网络平台亦参与到公益活动中，网络个人求助借助网络平台发展出了不同的模式。根据网络用户

---

〔1〕 安树彬主编：《慈善法前沿问题研究》，厦门大学出版社2016年版。
〔2〕 吕鑫："论公民募捐的合法性"，载《当代法学》2014年第4期。

在网络个人求助活动中角色的不同，笔者将网络个人求助的模式分为两种类型：一是网络使用者通过与网络平台签订用户使用协议，将个人求助信息上传至网络平台，该平台用户在浏览相关信息后，以电子支付的方式直接给予帮助的模式；二是由社会企业发起倡议，而网络用户作为活动的参与者，通过用户的参与，社会企业对特定主体予以捐赠的模式。第一种模式的典型代表为"轻松筹"平台推出的大病救助项目，网络用户通过网络平台了解个人的求助信息，从而直接对个人进行捐赠。第二种模式则主要表现为一种慈善营销，即社会企业与个人达成协议，借助网络平台，发动网民参与活动（主要是点击、转发等无成本行为），企业通过对个人予以捐赠来实现其营销的目的。此前朋友圈发生的"罗尔事件"便采用了慈善与营销相结合的方式，该事件中文章之所以被大量转发，并非文章自身给予读者的知识增量或者精神满足，而是因为读者出于对作者处境的同情。[1]通过网民参与转发活动，小桐人公司对罗尔进行捐赠，借此也提高了小桐人公司的知名度。

（二）网络个人求助的法律属性

传统的求助行为是双方"面对面"的直接捐赠，其受到范围、区域的限制。网络个人求助行为则完全不受此限制，搭上互联网这辆快车的个人求助凭借互联网的覆盖广、传播速度快等优点，给捐赠者和受赠人带来了极大的便利。网络个人救助中，依据《公开募捐平台服务管理办法》，互联网平台不负有验证个人信息真伪的责任，因此上文所提及的两种模式中，网络平台担当的完全是信息传输者的角色。在传统的个人求助行为中只有两方主体所形成的一种法律关系，即捐赠人和受赠人的赠与合同关系，但是网络个人求助则涉及三方主体，即捐赠人、受赠人和网络平台，这三方之间形成两种法律关系：一是捐赠人与受赠人所形成的赠与合同关系；二是网络平台与捐赠者和受赠人之间构成的网络服务合同关系，求助人借助网络平台发布信息以及捐赠人通过网络平台捐赠财产等行为都是对网络服务的使用。

1. 捐赠人与受赠人间的法律关系

《慈善法》第35条中明确规定了捐赠人既可向慈善组织捐赠亦可直接向特定的受赠人捐赠。网络个人求助行为中，捐赠人对特定人求助行为的回应便是直接捐赠，捐赠人与受赠人之间成立赠与合同关系。由于此种捐赠行为

〔1〕 金锦萍："如何理清六大法律核心问题"，载《公益时报》2016年12月6日，第9版。

通常是基于"慈善"的特殊目的，因此不可简单地将其归类为普通的赠与行为。目前学术界对于此种行为的定性主要存在两种观点，一种认为属于附解除条件的赠与，也有学者将其视为目的性赠与[1]，即捐赠人就自己的财产无偿赠与受赠人附加了一个失效条件，当特定事由不存在时，赠与合同将失去法律效力，募集的剩余财产所有权归属于捐赠人。[2]另一种观点则认为是附义务的赠与，即捐赠人在赠与时设定了善款须用于特定事项的义务，当受赠人不履行义务时，捐赠人可行使撤销权，合同撤销后剩余财产归捐赠人所有。无论是附解除条件的赠与或是附义务的赠与，两者的法律效果皆相同，都是使捐赠行为的法律效力灭失。而两者唯一的不同便是法律效力是条件成立时当然消灭，还是义务不履行时由捐赠人行使撤销权而消灭。有学者认为，认定为附义务的赠与赋予了捐赠人在发生义务不履行的情形时可选择撤销的权利，这更能体现民法的当事人意思自治原则。[3]

笔者认为网络个人求助行为中的捐赠人与受赠人间所形成的法律关系不应一概而论，对于不同的情形应予以区别。例如，通过"轻松筹"等网络慈善平台进行直接捐赠的，捐赠者与受赠人间的法律关系定性为附解除条件的赠与合同关系。因为此种直接捐赠行为与一般赠与目的的多样性所不同的是其具有目的特定性。捐赠者通常基于特殊的帮扶目的而做出的，因此可以说该特定目的是捐赠者与受赠人达成合同的基础。基于此种行为很强的目的性，当合同目的实现或受赠人偏离目的使用捐赠财产时，合同便自动失效，当事人间的权利义务关系归于消灭，而无需捐赠人再主张撤销权。但是，在微信"卖文"的打赏行为中，对于赠与人的目的则需予以区分。因为此时赠与人的目的并不具有唯一性，还存在出于对文章内容欣赏等多种可能性，一概地将赠与人的打赏行为定性为基于帮扶等特定目的的捐赠行为而判定二者间的合同失效的做法过于绝对。此时应基于意思自治的原则，尊重赠与人的个人意愿，区别对待。

2. 捐赠人、受赠人与网络平台的法律关系

与网络募捐等慈善活动相比，网络平台在网络个人求助活动中扮演的角

---

〔1〕 参见王德山、米新丽、刘胜江编著：《合同法学》，对外经济贸易大学出版社 2013 年版，第 190 页。

〔2〕 曾言："论社会募捐剩余财产的所有权归属"，载《湖南社会科学》2008 年第 6 期。

〔3〕 参见宋海洋："社会捐赠剩余的法律评析"，载《法学》2003 年第 3 期。

色相对"单一"，其并未直接参与个人求助活动，仅仅是担任信息的传输媒介，为网络用户提供网络服务。但是，网络平台作为网络服务的提供者其背后拥有强大的团队和技术支持，面对众多的用户群，实践中规则的制定权往往交由网络平台行使。用户在使用平台服务之初须接受平台制定、提供的相关规则，这些规则用户通常是难以对抗的。无论是腾讯公益还是轻松筹等平台，个人在平台发起求助或是进行捐赠前都需要同意相关的用户协议，而用户对于协议的相关内容是没有讨价还价的余地的，若不同意相关条款则无法使用相关服务。虽然在这个信息"大爆炸"的时代，互联网空间充斥着海量的信息，但正是在此背景下，计算机信息技术取得迅猛发展，各网络平台皆配备了相应的专业人员和技术设备支撑其平台管理。实践中网络平台利用其技术对平台内用户的信息发布等行为进行管理，及时删除违法信息。此时，平台提供者具有与广交会等展会管理机构类似的功能。[1]因此，虽然网络平台与捐赠人、受赠人间形成网络服务合同关系，但实际上双方之间并不是完全的对等关系，某些情况下二者更像是一种管理关系。

三、网络个人求助存在的问题

网络技术不断进步，各类社交网络、移动终端、支付工具等成为我们生活的延伸，公众的捐赠方式由传统的现金支付、银行转账变为网络线上和移动端支付，互联网"指尖公益"兴起。依据《中国慈善发展报告（2017）》，我国主要的三家互联网公益平台（微公益、阿里公益和腾讯公益）2015 年的捐赠量分别达到了 3094 万元、39 508 万元和 54 000 万元。[2]但是一项网络调查结果却显示，网络上经常会出现真伪难辨的求助信息，大约有近七成的网友遭遇过骗捐。[3]所谓"天下熙熙皆为利来，天下攘攘皆为利往"，有利之处便有人利用民众的爱心骗取钱财，近几年个人网络诈捐事件被频频报道，前有知乎大 V 童谣诈捐事件，后有德国留学生"轻松筹"治病引质疑，此类事件一出便引起公众的激烈讨论，其中所突显的问题值得深思。

---

〔1〕 彭玉勇："论网络服务提供者的权利和义务"，载《暨南学报》2014 年第 12 期。

〔2〕 参见杨团主编：《中国慈善发展报告（2017）》，社会科学文献出版社 2017 年版，第 20 页。

〔3〕 参见公益时报："近七成网友曾遭遇骗捐"，载 http://www.gongyishibao.com/html/yaowen/8243.html，最后访问日期：2017 年 9 月 22 日。

（一）　欺诈、诈骗事件频发

网络是一个虚拟的空间，与现实中的"熟人社会"所不同，网络空间充斥着各种各样的陌生人所发布的信息，这些信息通过网络平台进入公众的视野。出于网络安全的考虑，网络平台作为网络服务提供者具有对平台内信息管理的义务。我国的法律规定网络平台在发现违法信息时，应立即停止传播并消除相关内容。[1]国内主流观点认为此条款表明网络平台只有在发现违法信息后的删除任务，并没有事先的主动审查和事中实时监控的义务。结合网络平台不对个人求助信息真实性负责的条款，实践中，网络平台承担的监管责任很少，求助人只需填写个人基本信息，将身份证明和医疗证明以图片形式上传便可通过平台审核开始募集款项。甚至有的网络平台将本该由其承担的"通知—删除"义务通过用户协议变成了自身的权利，逃避监管责任。如，腾讯 WE 救助平台的用户协议中规定任何个人、组织和机构发现本平台用户存在任何违反法律规定及平台规定的，可向平台公益公众号留言举报，本平台依据本协议约定获得处理违法违规内容的权利，该权利不构成本平台的义务或承诺，本平台不能保证及时发现违法行为或进行相应的处理。[2]

面对纷繁复杂的海量信息，个人难以去细究其背后的真实性，捐赠人对于受赠人信息的了解只能以互联网虚拟平台提供的资料为依据，然后凭借着个人直觉来判断信息的真伪。由此造成不法分子利用此在网络发布不实信息骗取财物，或是夸大自身困难以此募集善款。如，有求助者借助筹款平台宣称其母亲患有乳腺癌，全部积蓄已用于支付手术费用，但仍急需上万元的术后化疗费，但是在随后的调查中了解到求助者母亲虽确实患有乳腺癌，病情却并非其描述的那么严重，且其医疗费中部分是可以报销的，其实际所需负担的费用并不高，求助者是完全有能力支付的。[3]疾病本身不是向公众募集款项的充分理由，而"疾病+贫穷"才是。[4]因此，网络个人求助中时常出现虚构事实或是隐瞒部分事实构成民事欺诈乃至刑事犯罪的情形。

---

〔1〕　全国人大常委会 2013 年颁布的《关于加强网络信息保护的决定》第 5 条规定，网络服务提供者应当加强对其用户发布的信息的管理，发现法律、法规禁止发布或者传输的信息的，应当立即停止传输该信息，采取消除等处置措施，保存有关记录，并向有关主管部门报告。

〔2〕　参见《WE 救助用户协议》第 13 条第 8 款。

〔3〕　参见新京报："网络大病众筹遭遇'诈捐'难题"，载 http://www.yangtse.com/kepu/science/news/2016-11-08/210346.html，最后访问日期：2017 年 9 月 23 日。

〔4〕　安树彬主编：《慈善法前沿问题研究》，厦门大学出版社 2016 年版。

（二）合同特定目的无法实现

通过网络个人求助，困难处境下的个体故事被公众所知悉，求助者一时间受到了各界的关注和支持，有的求助者一夜间便收到上百万的捐款，可谓"一夜暴富"。由于网络个人求助所募集的捐款往往是直接转入求助者的个人账户，这意味着捐款由受赠者自行管理，因此，实践中对于善款使用明细的公开完全取决于受赠人的自觉，善款使用相关信息的公开具有很大的随意性。浏览13家首批入围慈善信息平台的网站，其中开设个人求助专栏的几家平台，在其公开的信息里主要是受赠人的个人信息，以及募集到的资金的来源和总数，很多公众想知悉的信息并没有公开，比如善款的支出情况、受赠项目的最终结果。多数项目资金募集完成后，没有相关的执行反馈，缺失关键信息，这些问题凸显了网络个人求助的信息透明度低的问题。《慈善法》确立了慈善组织的信息公开制度，但是网络个人求助的信息公开却是立法的空白，各个网络平台间缺乏规范的统一标准。在缺乏有效监管的情况下，捐款的使用目的往往难以得到保障。

（三）募集财物归属不清

个人求助中，捐赠人的捐赠行为是带有特定目的性的，其无偿捐赠财物以帮扶受赠人摆脱困境为动因，理论上，受赠人应按照捐赠人的意愿使用财物，否则财物仍归捐赠人所有。但是，上述讨论仅是学术上的说法，个人通过网络求助获得财物的所有权问题在我国立法上仍是空白，尤其当特定目的实现或因特定事由无法实现时，剩余财物的处理没有明确的操作标准。由此，实践中经常引发纠纷，即捐赠和受赠双方皆主张财物的所有权。

（四）捐赠人非理性捐赠

近年来，我国互联网小额捐赠迅速增长，"零钱慈善"使得慈善不再是富人的专利。借助线上捐赠的便利，大众可随时随地将账户余额中的零钱捐出。相比传统的大额捐赠，网络小额捐赠人人皆可参与其中。但是对于小额的捐出，捐赠者往往是在看到"煽情"的内容后的冲动赠与，当行为结束后并不在意钱款的具体流向，大多数捐赠者抱着"日行一善，捐过就算"的心态。

四、网络个人求助的法律规制

从捐赠行为来看，大陆法系认为捐赠行为属于民法下契约关系规制的范围，也即属于私人之间的事项。[1]因此，除非出现违法事由或是违反公序良俗，否则应由当事人双方协调，法律不得随意规制。对于个人求助行为不得随意地介入，但是可通过完善立法，规范管理，在不限制个体自由的前提下，降低相关行为的法律风险，保护各方的合法权益。

（一）准确界定网络个人求助的法律关系

传统的个人求助行为只涉及两方主体，法律关系明确，但是网络个人求助行为由于网络环境的复杂性、多变性，以及其涉及主体的多方性，其法律关系相较于传统的个人求助行为有所不同。此时法律须明确界定网络个人求助中所包含的法律关系，通过对该问题的准确界定使得募集财产的性质得以明晰，即各方当事人对剩余财产享有的是一个不完全的财产权，其占有、使用、收益、处分各项权能分属于不同的权利人。[2]从而为司法实践中处理相关财产纠纷提供法律依据。

（二）明确网络平台的责任义务

1. 网络平台的事先审查责任

网络服务提供者的网络内容管理义务，依照违法信息的出现时间可以分为三类：其一是对网络内容的预先审查义务；其二是网络内容的实时监控义务；其三是违法信息在网络空间出现之后的报告、删除等义务。[3]目前，实践中出于促进网络平台自由发展，避免其义务过重的考虑，网络平台大多不承担事先审查和事中监督的义务。但是，正如前文所提到的，网络个人求助中网络平台的特殊地位及其广泛的影响力，且在实际的操作中，部分网络平台还通过提款缴纳手续费的方式变相收取费用，网络平台应当承担相应的审核义务。当然加强监管尤为重要，但其仍须与我国网络慈善发展情况相适应，不能赋予网络平台过多的监管责任，在降低网络个人求助法律风险的同时，须为网络慈善事业的发展留出充足的空间。介于此，笔者认为网络平台应当承担事先的形式审查义务。因为网络平台并不参与求助信息的制作编辑，所以平台只须要求求助者提供身份证明材料、医疗证明材料等基本证明材料即可。对于涉及目标金额较大的个人求助项目，网络平台可要求求助者增加证

[1] 褚鋆："个人募捐到底该如何监管"，载《中国社会报》2014年12月22日，第4版。
[2] 曾言："论社会募捐剩余财产的所有权归属"，载《湖南社会科学》2008年第6期。
[3] 涂龙科："网络内容管理义务与网络服务提供者的刑事责任"，载《法学评论》2016年第3期。

明材料，并对相关材料的合法性进行形式审查。

2. 监控资金流向

传统模式下，公众采用的往往是现金支付的方式完成捐赠行为，现如今随着电子支付方式的推广和普及，捐赠已由现金转为电子货币。在多数的网络平台上，如腾讯公益、轻松筹，当捐赠人线上完成捐赠后，款项并不是直接转到受赠人的银行账号而是存储于用户在该平台的虚拟账户中，当用户须使用资金时须进行提现方可使用。这为网络平台监控资金流向提供了便利，当受赠人须提取现金时，网络平台可要求其提交资金使用的说明。此举有利于监督受赠人的资金使用，亦是对捐赠人知情权的保障。

3. 风险提示义务

由于目前缺少对于个人求助行为的规范，因此，与个人和慈善组织合作发起的项目相比，其具有较大的风险性。网络平台在发布相关信息时应对相关风险予以说明，可以积极引导捐赠人参与有慈善组织认领的项目。

（三）规范信息公开

制定统一的平台信息发布标准，规范从受赠人身份信息到捐款使用详情等系列流程。明确必须公开的信息和可选择公开的信息。必须公开的信息受赠人和网络平台必须予以公开，可选择公开的信息捐赠人可要求公开，最终由受赠人自主决定是否公开。对于数额较大的网络个人求助，可针对特定的捐赠人推送捐款的执行反馈信息，从而有效地实现信息公开，以保障捐赠人的知情权。

（四）建立对网络平台资质的评估机制

2016年民政部经过一系列的遴选，最终公布了13家网络平台入选慈善信息平台。这是我国对于互联网慈善规范化管理的第一步，通过官方认证的信息平台的过滤能够帮捐赠人降低受骗的风险。但是对于风险的规制不能仅止步于网络平台的准入管理，同时还应定期对通过遴选的网络平台进行资质评估，确保平台符合相关要求。在政府监管和公众监督之外，还可引进第三方评估机构，通过制定科学合理的评估指标体系，运用定量和定性相结合的方法，定期或者不定期地对网络平台的资质与合法性、运作绩效、财务状况、诚信度特别是信息透明度、专业化程度以及主体品格等进行测评，并在此基础上做出具有说服力的、科学全面系统的评估报告，而且在评估报告中需要对网络平台的现状、问题、对策等信息予以详细说明。[1]

此外，捐赠的用户可对其参与的项目进行评价，对于相关问题提出自己的建议，用户的平台项目评价可以作为政府及第三方平台资质评估的参考。

结　语

信任是交往的前提和基础，网络个人求助行为亦是基于信任，个人求助信息真实可靠，才能赢得广大网友的信任和广泛参与。也就是说，信息资料的真实性是网络个人求助乃至慈善募捐顺利发展的基础。在信息技术发展的大背景下，慈善与互联网相结合所演变出的"互联网+公益"模式是慈善事业发展的大趋势，网络个人求助亦是如此。尤其在当前网络使用者如此众多的背景下，基于网络传播速度快、覆盖面广等特点，一旦发生骗捐、诈捐等诚信问题，其造成负面影响将会是传统个人求助的指数倍，致使社会出现信任危机。通过合理的法律规制降低网络求助的法律风险，构建监管的闭环，保护捐赠人的相关权益，同时提高网络平台的公信力，促进良性发展。

参考文献：

[1] 金锦萍："《慈善法》实施后网络募捐的法律规制"，载《复旦学报》2017年第4期。

[2] 安树彬主编：《慈善法前沿问题研究》，厦门大学出版社2016年版。

[3] 吕鑫："论公民募捐的合法性"，载《当代法学》2014年第4期。

[4] 金锦萍："如何理清六大法律核心问题"，载《公益时报》2016年12月6日，第9版。

[5] 曾言："论社会募捐剩余财产的所有权归属"，载《湖南社会科学》2008年第6期。

[6] 彭玉勇："论网络服务提供者的权利和义务"，载《暨南学报》2014年第12期。

[7] 褚蓥："个人募捐到底该如何监管"，载《中国社会报》2014年12月22

---

[1] 石国亮："慈善组织公信力重塑过程中第三方评估机制研究"，载《中国行政管理》2012年第9期。

日，第 4 版。

[8] 涂龙科："网络内容管理义务与网络服务提供者的刑事责任"，载《法学评论》2016 年第 3 期。

[9] 石国亮："慈善组织公信力重塑过程中第三方评估机制研究"，载《中国行政管理》2012 年第 9 期。

警务公开规范化建设的若干思考

——以北京市公安局警务公开实践为例[1]

吴步天[*]

内容摘要： 推进警务公开规范化是公安治理体系和治理能力现代化的应有之义，是新时期加强公安工作体制创新的重要途径。近年来，公安机关中警务公开意识已得到了稳定提高，但在实践中，无论公开的内容，还是方式、程序等各方面，距离理想的规范化警务公开还存有一定距离。对此，笔者在本文对警务公开规范化建设进行概述，结合北京市公安局警务公开实践存在的不足，分析并提出相应的具体完善措施，以期对当前警务公开实践的进步提供微薄之力。

关键词： 警务公开　规范化建设　便民利民

2016 年，北京市公安局在原有"一台、一栏、两网站、三微博"基础上，陆续推出了"平安北京"微信、"北京交警"微信等新举措，进一步拓宽了主动公开渠道，取得了良好社会效果。然而，在我国许多地市公安机关在警务公开这方面做得并不到位，甚至将警务公开作为面子工程看待，视之为彰显政绩的工具。因此，为了防止公共权力的滥用，更好地保护公民权，对警务公开进行规范化建设便成了当务之急。

---

〔1〕 本论文是高文英主持的"北京市警务公开法治研究"（14FXB015）的阶段性成果之一。

＊ 吴步天，中国人民公安大学 2015 级宪法学与行政法学研究方向硕士。

一、警务公开规范化建设概述

(一) 规范化建设的涵义

警务公开规范化是指警务公开的正式化和正规化,也就是要求警务公开的主体、内容、程序等各方面符合行政法规和政府文件的相关规定,将警务公开严格限制在法律的框架之中。警务公开规范化建设则是指通过对警务公开组织的评估,协助公安机关发现其在警务信息公开工作的过程中符合以及不符合警务公开规范化的各个方面,通过对其提出有针对性的意见和建议,促使警务公开往正式化、正规化方向发展。

同时,警务公开的规范化也是公安机关执法规范化的重要组成部分。执法规范化以法律的明文规定为依据,从程序和实体两个方面使公安民警的每一项执法行为标准化。实现执法规范化,正是希望通过提高公安机关执法能力,从而更好地打击违法犯罪、维护合法权益,最终达到实现公平正义,促进社会和谐的目的。

(二) 警务公开规范化的意义

1. 有利于满足法治社会环境的需要,充分保障公民权利

当前我国仍处于社会转型期,转型期内产生的社会震荡、大规模社会人口流动产生的附带性社会治安问题、政府职能转换期内产生的社会调控能力弱化等问题都导致了我国当前的公共安全问题突出,严重危害了国家安全和社会稳定。与此同时,随着社会制度的不断创新改革,由于警务公开可以极大满足公民的知情权,满足公民参与社会管理以及社会监督的愿望。因此,这些因素都在舆论监督、社会监督方面给公安机关提出了新时代的挑战。

与20世纪90年代初期不同,当时的大众传媒与公安密切合作,积极宣传公安英模形象,公安英模是当时社会"主旋律"的最佳代表。而在如今自媒体时代下,政府部门,特别是公安机关在一些事件中如果稍微应对不妥、处置不当,就有可能被放到媒体上放大,甚至是曲解,迅速演变成社会热点问题。面对这种社会环境,警务公开必须加强规范化建设,一方面是为了做到紧跟国家民主法制建设步伐、符合民主法制建设要求;另一方面,是为了进一步提高司法公信力,切实尊重和保障人权。

2. 有利于提升公安民警的素质与能力，提高公安机关的执法水平

公安民警的素质强弱、能力大小，直接决定着公安机关执法水平的高低。而在现阶段，我们仍时常能够发现，许多民警在执法过程中存在的不规范行为以及违规违法问题，究其原因大部分是由思想意识落后、自身素质不高造成的。而通过实行规范化的警务公开，一方面可以通过曝光其不符合警务公开规范化的各个方面，通过外力监督促使执法民警在监督之下正规处警，促使公安机关在监督之下正规执法，防止执法过程中的随意性和司法腐败；另一方面可以通过在警务公开工作的过程当中，培养公安民警的执法规范意识，将"公平正义、服务人民"等原则真正地内化于心、外化于行，切实提高工作主动性、增强工作责任心，从而达到从根本上提高公安机关的整体执法水平的目的，更好地服务人民。

3. 有利于通过完善监督机制而全面促进执法规范化

党的十八届四中全会提出建设一支高素质的法治工作队伍，而公安队伍作为依法治国的主体力量，执法能力的高低、规范化的程度直接决定了法治工作的质量和成效。[1] 如上文所述，笔者认为警务公开规范化同时也是公安机关执法规范化的重要组成部分，警务公开的规范化是执法规范化的重要保障。通过警务公开的正式化和正规化，使警务公开严格限制于法律的框架之中，将使公安机关在监督的压力下不断完善自身，加强执法规范化建设，从而促进公安机关全面执法规范化的发展，继续发挥好维护社会稳定的功能。

二、北京市公安局当前警务公开实践中存在的问题

作为政法工作体系的最前端，公安机关的主要职责与人民群众利益密切相关。能否实行规范化的警务公开制度，能否使公民有效地获取警务信息，满足公民参与社会管理以及社会监督的需求直接决定了人民群众对公安机关的满意度。在这种情况下，警务公开制度的现状也自然而然地成为公众评价监督的热点。笔者在以下部分将结合近几年北京市公安局警务公开现状，分析当前警务公开规范化建设的不足之处并在下一部分提出适当的完善建议。

---

〔1〕 张伟珂、李春华："法治公安视域下公安执法规范化实证研究"，载《中国人民公安大学学报（社会科学版）》2015 年第 4 期。

（一）警务公开相关法律制度缺失

如前文所述，虽然《人民警察法》《中华人民共和国政府信息公开条例》《公安机关人民警察内务条令》等都在条文中涉及了警务公开，使警务公开有了法律依据，但却都没有具体的法律条文直接为警务公开作出规定，而后公安部于2012年出台了《公安机关执法公开规定》对警务公开做了进一步的规定，却仍未对警务公开程序、时限等作出具体明确规定，而更多的是"应当""可以"等表达。

具体到北京市公安局，虽然在1999年就已经颁布《北京市公安局警务公开细则》对北京警务公开原则、内容进行概述，但是在近二十年的时间内却未有再结合社会生活的变化而颁布新的实施细则。笔者认为，这近二十年的时间，随着社会制度的不断创新改革，社会生活早已发生剧烈变化。北京市公安局作为执行北京市公安工作的方针政策、起草有关地方性法规草案、组织实施北京全市公安保卫工作的职能部门，掌握着北京全市影响政策稳定、危害国内安全和社会治安的情况。其应当根据时代的变化而制定警务公开规范化的相关实施细则并负责组织实施，以便警务公开规范建设依法有据，从而更好地保障公民的监督权、促进社会和谐进步。

（二）警务公开的力度不足、主动公开意识仍不强

有学者研究发现，有相当多的公安执法单位还根据上级机关的整体部署和要求，研究制定出了各式各样的建设规划和实施方案。从实施规模和参与人数上看，绝大多数警察是踊跃参与的；但从实施最终效果来看，大多数的参与者都是各自为战，缺乏统一的操作规范和指导原则，并且大都停留在口号上的、文件上的层面上。[1]

表1 2012~2016年北京市公安局依申请公开情况[2]

（表中"同意公开"皆包括"同意公开""同意部分公开"与"已主动公开"）

	2012年	2013年	2014年	2015年	2016年
受理完毕的申请数量	829件	857件	1564件	7320件	7357件

---

〔1〕 姚占军、程华："法律视角下的公安执法规范化建设"，载《中国人民公安大学学报（社会科学版）》2009年第1期。

〔2〕 北京市公安局政府网站，载http://www.bjgaj.gov.cn/web/，最后访问日期：2017年10月27日。

	2012 年	2013 年	2014 年	2015 年	2016 年
同意公开的申请数量	24 件	28 件	6 件	267 件	143 件
同意公开的数量所占比例	2.9%	3.2%	0.3%	3.6%	1.9%

对此，笔者认为，尽管这些年来政策下文件层出不穷，但是执法规范化乃至警务公开规范化还有一段很长的路要走。如表1，通过查阅北京市公安局公布的历年政府信息公开工作年度报告，能够发现北京市公安局这些年已经有了很大的进步，"受理完毕的申请数量总数"逐年提高并于近两年处于稳定状态，这一方面说明了公安机关的警务公开已收到了初步效果，公众开始熟悉运用该渠道维护自身利益，另一方面也验证了人民群众确实是有着期望知悉相关警务信息的需求。

然而截止到2016年年底，"同意公开"的情况仍一直处于很低的水平，其中2014年"同意公开"的比例更低至0.3%，尽管有部分原因是主观上申请人申请信息不全或者客观上该信息确实不应当公开，但我们也无法排除公安机关借"信息不存在"等理由直接将申请人的申请拒之门外的可能性。因此，从该方面可以看出北京市公安局警务公开的力度、主动公开意识仍可以进一步提高。

(三) 警务公开的资源保障不足

我国现有公安民警200万，约占全体国民的15‰，明显低于西方发达国家平均20‰~30‰左右的警民比例。我国对公安的投资约占国家各项投资的1%，发达国家平均为3%~5%，发展中国家达到9%。由此可见，在不考虑资金使用效率的情况下，在国内外的横向对比当中，我国政府财政上对公安事业的投入仍未达到应有标准。2016年末北京市常住人口为2172.9万人，而公安民警数量只有5万余人，约占总人口数量的24‰。而且相比起其他地市的公安机关，北京公安长期以来承担着沉重的政治任务，公安民警经常性地停休、加班，这些情况都进一步加剧了北京公安资源保障不足地窘境。

尽管在北京地区，各分局、支队都有一定的合同制文职人员、辅警可以弥补警力不足。然而，近些年因为辅警产生的负面新闻不得不使我们重新审视辅警的工作能力与素质。同时，在北京地区的辅警因其薪资水平较低、福利待遇不高等原因，导致其人员流动性远远高于一般在职民警。加上今年北京市公安局又为招录辅警增添了各项要求，如新增要求"具有本市常住户口"，综合考虑之下，不难预测出往后北京辅警的数量将走下坡路。另外，从劳动关系的角度上看，合同制文职人员虽较辅警更为稳定，但其更多是工作在机关单位，较少涉及警务公开工作。

（四）便民利民措施仍有待提高

表 2　2012~2016 年北京市公安局依申请公开的申请方式情况统计[1]

	2012 年	2013 年	2014 年	2015 年	2016 年
当面提出申请所占比例（%）	45.68	48.44	77.63	44.39	59.11
通过互联网提交申请所占比例（%）	0.46	1.13	1.02	0.31	1.65
以传真形式提交申请所占比例（%）	0	0.19	0.06	0.01	0.03
以信函形式提交申请所占比例（%）	53.86	50.24	21.29	55.28	39.21

从表 2 中可以看出，2012~2016 年北京市公安局依申请公开的申请人大部分都选择了"当面提出申请"或者"以信函形式提出申请"的方式提出申请。笔者认为，在网络信息技术飞速发展的时代，警务信息化建设应当已有一定规模，提出申请的方式理应是以网络技术作为渠道，比如通过互联网提交申请的居多。理由是，一来体现了便利民众的原则，方便申请人足不出户便可提交申请，省去一次甚至因遗漏材料导致多次往返公安机关的时间；二来可以提高公安机关的处理效率，减少民警亲自到前台处理、沟通的工作时间。然而现实情况却是"当面提出申请"或者"以信函形式提出申请"的方式占绝大多数，并且两者当中"当面提出申请"的方式甚至略微领先于"以信函形式提出申请"，这说明北京市公安局在警务公开申请方面的便民利民措

---

〔1〕　北京市公安局政府网站，载 http://www.bjgaj.gov.cn/web/，最后访问日期：2017 年 10 月 27 日。

施仍有待提高，否则申请人理应更多地选择通过互联网提交申请。

图1

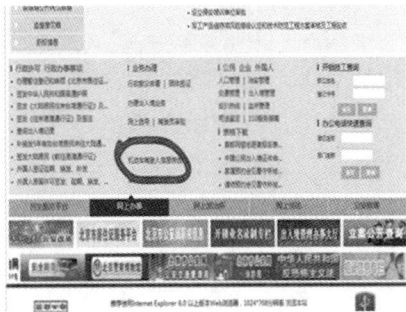

图2

另外在北京市公安局政府网站上也存在瑕疵。例如图1当中，位于网站首页的"民生服务平台APP"的二维码在扫描之后是无法顺利进入下载页面的；图2当中的"机动车驾驶人信息修改"，点击进去会显示"网页无法访问"；诸如此类的瑕疵都摆在了网站的首页，令人难免怀疑网页设计者在便利民众方面的工作态度。

三、完善警务公开规范化的对策

（一）警务公开规范化建设应当遵循的原则

标准化是规范化的核心，也是规范化实现的前提。学者栾丽认为，公安机关执法规范化的应然状态是依据法律的明文规定，使公安机关的每一项执法行为实现标准化。[1]同理，加强警务公开规范化建设的过程中，也需要加强标准化建设，需要在统一标准、保证公正的前提下讲究效率、提高执法水平。对此，笔者尝试参考公安执法规范化建设的要求，结合警务公开的特点，提出以下几项原则性要求，作为警务公开规范化建设的标准。

1. 依法公开

在法治社会当中，警务公开就是执法活动的一部分，如同其他国家权力机关、行政机关、司法机关作出的行为一样，也需要遵循依法公开原则，由法律预先为其设定价值取向和行为模式，其运行过程必须严格限定在法律规

---

〔1〕 栾丽："论执法规范化之核心与保障"，载《法制与社会》2016年第11期。

定的范围内。所以，依法公开原则是警务公开规范化首先要遵循的原则，要求公安机关在警务公开过程中，将警务公开的程序性规范严格限制在法律的框架之中。而在具体实践当中，经常发生部分地方公安机关对待警务公开持有消极态度，这种情况实则对警务公开规范化建设的发展是很不利的。在法治社会当中，就应该有法治思维，由法律规定来提供警务公开的标准，而不是单凭某个地方领导拍桌子的决定而改变走向。

在当前我国警务公开所依据的法律规定主要包括《人民警察法》《中华人民共和国政府信息公开条例》《公安机关人民警察内务条令》等[1]，这其中虽然都涉及了警务公开，使警务公开有了法律依据，但却都未对警务公开程序、时限等具体程序作出明确规定，导致警务公开的范围要求、组织机构、职能职责、工作方式、程序等都有不规范的空间。这在下文会再次提及，应该予以完善，然而在此主要是论述警务公开规范化建设需要以依法公开作为首要原则，尽管仍未有具体条文的规定，警务公开也应做到自觉地接受社会和公民的监督、对法定内容主动公开，否则，超越了法律授权就应当承担不利的法律后果。

有鉴于当前警务公开规范化建设的发展现状离理想的状态还有一定距离，笔者认为，应当在法律规定的框架下逐步扩大警务公开的内容范围，继续完善当前警务公开的程序规定。

2. 便民利民

在警务公开规范化建设中确立便民利民原则有如下几个原因：首先，公安执法工作本质上就是服务人民群众，维护人民群众的利益。警务公开是公安机关执法工作的重要组成部分，其出发点和落脚点也应当都是为了更好地服务人民。其次，由信息的特性、公安机关的管理职责所决定。警务信息具有多变性、内容庞杂性、来源广泛性等特点，这决定了公民即使在正常渠道下也不易获取到所需的信息。而负有警务信息管理职责的公安机关也会因信

---

[1]《人民警察法》第六章第44条规定，人民警察执行职务，必须自觉地接受社会和公民的监督。人民警察机关作出的与公众利益直接有关的规定，应当向公众公布；《中华人民共和国政府信息公开条例》第2条，第36条，第37条规定，人民群众利益密切相关的公共企事业单位在提供社会公共服务过程中制作、获取的信息的公开，参照本条例执行；《公安机关人民警察内务条令》第六章第28条规定，公安机关执法办案和行政管理工作，除法律、法规规定不能公开的事项外，应当予以公开，并通过报刊、电台、电视台等新闻媒体和其他现代化信息传播手段以及公示栏、牌匾或者印发书面材料等形式告知群众，为群众提供方便。

息制作有障碍、内部相互封锁消息或者公开信息的渠道单一等现实原因导致警务信息获取仍旧困难。最后，党的十八届三中全会对加快转变政府职能、建设法治政府和服务型政府提出了新要求，其中就公安机关作为人民群众利益密切相关的政府机构而言，也经由过去的管理型机关向服务型机关转变，在具体工作过程中，公安机关必须为人民群众服务，为人民群众提供便利。以上原因都要求公安机关在警务公开规范化建设中应加强树立服务人民的观念，遵循便民利民原则，采取最适合、最恰当的方式方便公众获取信息。

另外，笔者认为高效地收集、发布信息也有利于保证社会治安的稳定性。一方面公众能够通过警务公开规范化获利，及时获得真实有效的警务信息；另一方面公安机关也可以借此把握住引导社会的舆论的主动权，有效地减少虚假信息对社会的负面影响，降低对公众的伤害。

(二) 完善警务公开规范化的具体举措

1. 建立健全警务公开法律依据体系

公安机关应当建立健全警务公开法律依据体系。一方面，公安部应广泛征集专家意见、群众建议，推动警务公开的相关立法工作。甚至推动政府信息公开立法，及早纳入我国立法日程上来，完善健全整个政府信息公开的法律体系。另一方面，中央立法仍无法涵盖各地方警务信息公开的方方面面，所以各地方公安机关应在中央警务公开规范化建设的统一领导下，根据时代的变化，结合地方实际情况而制定警务公开规范化的相关实施细则并负责组织实施。

在日本，从《日本信息公开法》颁布实施前的 20 多年开始，日本国内的都道府县在此时期都制定了各自的地方信息公开条例，自下而上地推动了国家的立法进程。为后来在全国建立信息公开制度起到了实验和先导作用，也成为全国建立信息公开制度的法制基础。[1]在笔者看来，建立健全相关法律体系必须是警务公开规范化建设的首要环节，单靠《政府信息公开条例》和公安部的个别相关规定还是不够的，应该积极推动各地公安机关结合当地实际出台实施细则，积累经验推动全国的警务公开规范化甚至是整个行政信息公开的进程。

---

〔1〕 陆颖隽：“日本政府信息公开与开发利用对我国的启示”，载《图书与情报》2010 年第 6 期。

就目前而言，第一，在具体的警务公开规范化方面，北京市公安局可以结合国务院颁布的《政府信息公开条例》和公安部的相关规定，制定出符合北京市实际情况的实施细则，以此作出明确要求。第二，在相关的资源保障、质量考核方面，北京市公安局可以将警务公开的实施情况单列为"考核评议的主要内容"，而不是作为兜底的"其他需要考核评议的内容"，这样也将提高下属各部门的重视程度；另外，诸如上述的辅警问题，应该适当放宽辅警招录的户籍要求，而将工作素质、工作态度作为招录的主要考察标准。

2. 加强理论研究，合理解决警务公开的范围问题、明晰权责

如前所述，在当前学界中，关于警务公开的基本涵义仍未有统一界定，这也导致了警务公开的范围问题迟迟未得到妥善解决。由于在目前国家大力倡导建设透明政府的大环境下，而现状中警务公开的范围仍过小且工作发展很不平衡，笔者认为采取学者张超关于警务公开的概念界定是比较合理恰当，又具有现实意义的。警务公开的范围取决于"警务"的范围，要合理解决警务公开的范围问题就绕不开"警务"范围的合理确定。目前不仅是学界在大力倡导"有限政府"，在我国警务资源本身就是典型的"稀缺资源"，在"稀缺资源"中不"开源节流"反而"开流"本就是举步维艰的。

因此，公安机关应当在深化执法公开工作的过程中注重划分清楚权责范围，合理解决警务公开的范围问题。北京市处于我国政治文化中心，全国最优质的高等教育资源都集中在这里。北京市公安局可以利用该地缘优势，一方面，可以积极与当地著名高校，特别是与公安大学、北京警察学院等当地警校合作，使高校教育与公安实践相结合，从理论上合理解决警务公开的范围问题、明晰权责；另一方面，可以在申请获得公安部的批准之下，尝试与国外发达国家、地区的地方警局、警校取得联系，促进国际警务的交流与合作，积极学习他国的优秀先进经验。

3. 改革配套监督机制建设

一方面，内部监督是开展警务信息公开的重要保障，警务公开的监督机制应该内外结合。公安机关应当制定一套完整的监督制度，只有完善警务部门内部的规章制度，及时纠正公安民警观念上的错误，才能将警务公开落到实处。上级公安机关监督和指导下级公安机关的警务公开工作，对下级公安机关的警务公开工作应定期进行监督检查，对于不及时主动公开警务信息的相关责任人要追究法律责任；同时通过加强对自身警务公开制度的建设指导

下级公安机关警务公开工作。

另一方面，公安机关应当自觉接受公众对警务信息公开工作的监督，尊重公民个人和新闻媒体对警务公开的监督，听取公民对公安机关信息公开的建议，及时回应新闻媒体的质疑。公安机关应充分重视警务公开的法律意义，将其作为一项法定职责来履行，对主动公开事项定期进行信息梳理，确保警务信息的真实性与有效性。对警务公开的评价标准不能仅以公开数量作为唯一指标，而应该充分重视公开警务信息的社会价值，避免"报喜不报忧"现象的一再出现，重视公众对警务公开的满意度，将保障人民群众的警务知情权作为警务公开的出发点和落脚点。只有警务知情权得到保障，公民才能对警务工作进行有效监督，才能制止公安机关违法活动，促进公安民警的廉政建设。

4. 拓宽行政相对人的救济渠道

从警务公开规范化建设的流程来看，拓宽行政相对人的救济渠道应是最后的环节，但即使前面的环节能够顺利实行，该环节也是关键的一环。加强对公权力的监督，增加救济途径，能够加快行政机关转变服务理念。当公安机关侵犯了公民的知情权，公民可以按照法定程序，通过法律手段获得救济，这不仅是对公民知情权的保护，对警务公开规范化建设无疑也有着积极的推动作用。

目前行政救济在警务公开方面仍有不理想之处。对此，公安机关一方面应进一步深化和规范网上执法办案，提升执法和监督效能，加强依申请公开工作，严守法律程序、规范工作流程；进一步规范警务公开各项工作环节，防止因程序违法或工作不规范引发的行政复议和行政诉讼风险。另一方面，公安机关应积极拓宽行政相对人的救济渠道，对于依申请公开的警务信息，在拒绝公开后，充分保障相对人的复议、诉讼权利。具体而言，公安机关处理案件之前就应告知处理的事实根据、法律依据和相对人的权利；在送达处理决定书之时也要告知相对人的救济权；事后如果确有违法警务公开规范化的行为，公安机关也应予以公开相应追责情况，而不能只是追究内部责任，缺乏对不予公开的法制救济途径。否则还将造成责任主体为了自身的局部利益，而不去很好地开展警务公开工作。

同时，对申请人的救济不能只重视行政复议与行政诉讼阶段，对公安机关作出行政决定之前的申诉也要予以重视，切实考虑到申请人的实际需要。

在受理申请人警务公开申请的时候，公安民警应当按照"首问负责"的原则进行受理。公安机关尽早为申请人提供救济而不是变相地将案情"一拖再拖"，从申诉阶段拖到行政复议阶段，一直到行政诉讼阶段。

5. 多元化便民利民措施

在多元化警务公开的便民利民措施上，笔者建议学习新加坡在政府信息公开方面的先进经验。新加坡政府信息公开强调从公众出发，引入"客户"管理的创新理念，把关注的中心从政府转向公众，以公众的信息需求作为政府服务的导向，建设政府信息公开平台，保障公众对政府事务和公众生活事务的知情权以及参与政府决策与管理的监督权[1]。以公众的信息需求作为政府服务的导向是很有必要的，在警务公开上公安机关也应以公众的信息需求作为导向。

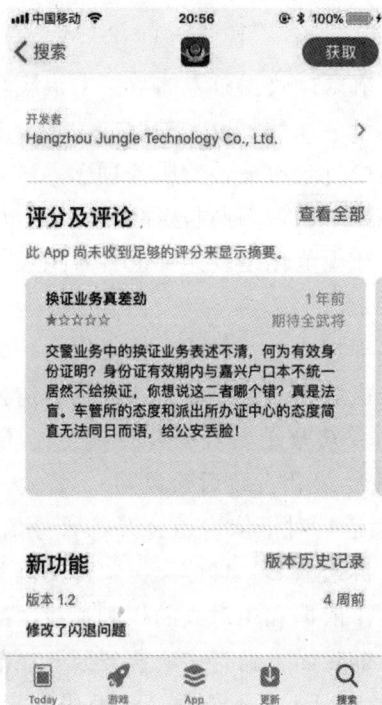

图 3

图 4

---

〔1〕 王灿平、薛忠义："信息公开下我国责任政府的建构——借鉴英国、美国、新加坡、日本等国经验"，载《江西社会科学》2016 年第 2 期。

具体而言，首先，应在技术层面上进行改进。一方面，在政府网站上应当注意首页面与子页面之间的衔接，特别是在首页面不得出现无效链接；另一方面，在相关警务 APP 的研发推广当中，应注重产品的用户体验，如图 3、4，避免出现为盲目充政绩而"东施效颦"的笑剧。在这过程中，可以向国外经验学习，为了更好的用户体验，日本移动警务 APP 还提供"个性化设置"。在接收犯罪情况通知时，不仅可以订阅特定类型的通知如电信诈骗、强盗等，还可以订阅自己所关注城市的犯罪情况通报[1]。

其次，在法定程序期内积极主动向民众提供信息。例如手机被盗等频发却难破案的案件，在立案后的时间内，尽管一直未有破案信息，也应在适当时间内以短信或者其他简易方式告知报警人，积极主动提供相关警务信息。

最后，在多元化便利民众渠道的同时，应当积极宣传推广警务公开，告知民众警务公开的意义所在。例如积极引导需要申请警务信息公开的民众选择"通过网络方式"的方式提出申请。

四、结论

总体而言，目前我国公安机关在警务公开方面取得的成绩是值得肯定的。近年来，全国公安机关中警务公开意识已得到了稳定提高，各级公安机关都在不同程度上推进自身警务公开制度建设。其中，北京市公安局更于 2016 年试点成立执法办案管理中心，并于今年在全市范围内推广成功经验，至今已在服务基层实战、规范执法办案、警务公开等方面发挥了卓越功效。

在笔者看来，21 世纪是法治的时代，警务公开制度从诞生之初就以提高警务工作的透明度，增强公安机关的公信力和亲和力为目标。北京市公安局在警务公开方面的成功经验自然值得学习推广，然而与此同时我们也应清晰认识到目前的不足，不能止步于现状而不向前看。不断完善警务公开制度绝非易事，但是这更需要我们有"有志者事竟成"的决心和勇气，付出持之以恒的努力。

---

〔1〕 http://www.gdga.gov.cn/nffz/http_ www.nffzb.com/html/2017-05/05/content_ 63671.html，最后访问日期：2017 年 10 月 27 日。

参考文献：

［1］张伟珂、李春华："法治公安视域下公安执法规范化实证研究"，载《中国人民公安大学学报（社会科学版）》2015 年第 4 期。

［2］姚占军、程华："法律视角下的公安执法规范化建设"，载《中国人民公安大学学报（社会科学版）》2009 年第 1 期。

［3］张超：《警务法治化建设进路研究》，中国人民公安大学出版社 2013 年版。

［4］栾丽："论执法规范化之核心与保障"，载《法制与社会》2016 年第 11 期。

［5］陆颖隽："日本政府信息公开与开发利用对我国的启示"，载《图书与情报》2010 年第 6 期。

［6］王灿平、薛忠义："信息公开下我国责任政府的建构——借鉴英国、美国、新加坡、日本等国经验"，载《江西社会科学》2016 年第 2 期。

南京国民政府时期"检警一体化"
侦查模式的启示

吴昶翀 *

内容摘要： 侦查模式决定了各部门在侦查活动中的权限和分工，合理的侦查模式应当在提高侦查活动效率的同时实现侦查法治化，保障嫌疑人的基本人权。南京国民政府时期沿袭清末和北洋政府统治时期以来的司法改革的成果，建立了相对完整的近代侦查模式。尽管南京国民政府时期的整体法律制度与现阶段并无直接的联系，我们仍可通过对其侦查模式的分析为我国现在的侦查模式改善获取经验教训。

关键词： 南京国民政府　侦查模式　检警一体化

引　言

侦查活动及侦查程序是一个案件刑事诉讼过程的起点，侦查模式的法治化水平直接影响整个诉讼过程的进行，也是公民对刑事诉讼活动的第一观感。我国现阶段的侦查活动仍存在侦查权力分配的格局构建不完善，侦查活动的外部监督机制不足，侦查程序有瑕疵、嫌疑人及其辩护人在侦查活动中权利保障不完善等问题，表明我国在侦查模式方面仍有待进一步完善。

1840 年以后，在西方殖民入侵的冲击下，中国传统的社会格局和文化思想都发生了剧烈的变革，中国开始认识并学习西方国家的近代刑事诉讼体制，并构建起职权主义的近代侦查模式。南京国民政府时期是中国近代侦查模式

＊　吴昶翀，中国人民公安大学 2015 级宪法学与行政法学方向硕士。

定型的时期，一方面继承了深藏于中国传统侦查模式中的历史传统，另一方面移植了西方侦查模式的先进思想和制度，在构建中国现代侦查模式方面做出了努力，迈出了重要一步。南京国民政府时期侦查模式的主要特点即检警一体化制度，希望通过检察机关主导侦查活动来限制侦查活动的随意性，虽然这一制度仍有一些缺陷，但同样可以给目前我国正在进行的"以审判为中心"的司法制度改革提供裨益之处。

一、南京国民政府时期的法制背景及侦查模式概述

（一）法制背景

南京国民政府时期，"西学东渐"之风依然盛行，大量留洋学者归来并带回了当时西方的先进法律思想和制度，为当时的法制建设提供了大量帮助。南京国民政府制定了诸多法律文本，内容涉及宪法、行政法、民法、刑法、民事诉讼法和刑事诉讼法等，人们将其统称为《六法全书》或《六法大全》。

在有关侦查活动的法律制度方面，自 20 世纪 30 年代，南京国民政府聘请了众多的美国司法学者和留美学者指导建立警政制度，如酆裕坤、余秀豪等，这些留美回国的刑事法学专家曾经在南京国民政府部门任职或担任司法改革的顾问，为当时的司法制度向近代化转变提供助力。同时，自清末以来中国司法改革制度取法德日的传统，侦查制度也影响了南京国民政府时期的侦查制度构建。最终南京国民政府时期通过制定《中华民国刑事诉讼法》，确立了偏向于大陆国家"职权主义"模式，兼采欧美模式的混合式侦查模式。

（二）侦查模式的含义

目前，在我国现行法律制度中并没有明确使用"侦查模式"一词，学术界对"侦查模式"一词的概念也有各种表述，有的学者认为侦查模式，或者称之为侦查构造，是指"各个程序主体之间的相互关系而形成的模式。法官、检察官、司法警察及犯罪嫌疑人自身，都各自拥有一定的权限，侦查程序就是上述程序参与人行使各自的权限，为了实现起诉或不起诉而进行的活动"[1]。还有学者认为，侦查模式是"各个侦查控诉主体所能拥有的权限及受到哪些权力制约等制度的总称"[2]。目前并没有关于侦查模式的严格统一的概念界定。

---

〔1〕 ［日］田口守一：《刑事诉讼法》，刘迪等译，法制出版社 2000 年版，第 27 页。

〔2〕 吕萍："中外侦查模式之比较"，载《公安研究》1999 年第 3 期。

通过研究多个学者给出的定义，笔者认为，侦查模式的定义虽然不尽相同，但是侦查模式核心内容是明确的：一是侦查权的分配；二是司法监督机制的运作；三是在侦查阶段对犯罪嫌疑人及其辩护人的权利保障。侦查模式可以称之为侦查权的分配和运作，以及在侦查阶段各主体之间的相互关系的总称。

二、南京国民政府时期侦查模式概述

（一）南京国民政府时期的警察制度

国民政府时期的警察制度沿袭了清末改革和北洋政府时期警察制度的构建。内政部是全国警察机关和警务活动的主管部门，其内设的警政司是具体的分管部门。在各省级警察机关方面，各省的警察事务归各省民政厅管辖，但各省情况不一，并没有完全统一起来。有些省份在相当长的时间里没有按照中央政府的指令将警察事务划归民政厅，而是另外设立直属于省政府的警务部门管理警察事务。市级警察局由各市级政府负责管理，警察局内部分设具体科室和专业警队，并划分辖区设置分局机构。在警察机构设置方面，与我国现行的公安机关体系并无大的差别，可以说在机构设置上已经形成了近代警察制度。

（二）"检警一体化"制度

"检警一体化"是我国近代侦查模式最显著的特征，是在清末司法改革中参照德日制度建立的。南京国民政府也沿用了这一制度，并在1928年的《中华民国刑事诉讼法》加以明确。"检警一体化"制度中，检察官是侦查权的主体，享有侦查权，指挥领导司法警察开展具体侦查活动。司法警察须服从检察官的领导指挥，按照其指令开展具体的侦查活动，采取相应的侦查强制措施，对案件侦查一般没有自主决定权。广义上的司法警察包括三类：一是协助检察官的司法警察官，包括"县长、公安局长及宪兵队长官"；二是接受检察官指挥的司法警察官，"警察官长、宪兵官长、军士及依法令规定，关于税务、铁路、邮务、电报、森林及其他特别事项，有侦查犯罪之权者"；三是狭义上的司法警察即在进行具体侦查活动的普通警员。[1]应注意的是，当时并

---

〔1〕 倪铁："中国传统侦查制度的现代转型——1906～1937年侦查制度现代化的初步进展"，华东政法大学2008年博士学位论文。

没有独立的司法警察的机构。除检察机关内设的少量警务人员外，司法警察的主要人员就是各警察机关从事侦查活动的警察。与普通警察相比，司法警察的任务主要是负责刑事犯罪的侦查活动和实施具体的侦查程序。也就是说，司法警察并非相当于现在而言的独立警种，其并没有独立的编制和管理机构，凡是按照规定参与到刑事侦查活动中的警察就是法律意义上的司法警察。

南京国民政府时期确立检警一体化制度，以检察官为侦查权主体，一方面是为了能够协调统一，快速打击犯罪活动；另一方面，在当时，中国的法律专业人才极度匮乏，同时又相对集中于法院和检察机关，希望通过具有法律素养和知识的检察官来领导侦查活动的方式，来提高侦查活动的法制化，减少侦查活动中对公民的不法伤害，改变中国传统侦查肆意开展，侵害人权的弊病。检警一体化制度认识到了没有外部控制的侦查权的危害性，试图通过检察机关参与侦查的模式加以控制。但这一模式将改善侦查法制化的目标主要寄托于侦查主体人员个人的法律素质上，而侦查程序和监督机制的匮乏并没有得到解决。

现阶段在我国刑事诉讼结构中，侦查活动的主体是公安机关，检察院是法律监督主体和提起公诉的主体，法院是审判机关，三者是相互监督、相互配合的关系。但在实践中，我国的刑事诉讼长期以来是侦查中心主义结构，检察院和法院成为对公安侦查工作的质检员。对于如何建立以审判为中心的刑事诉讼结构，有学者提出将检警视为侦查活动的统一主体，而由法院作为监督主体，[1]这种观点与检警一体化具有一定的相似性，但这与我国目前对检察机关法律监督主体的定位有所冲突，可以说，检警一体化和目前我国的法律制度有矛盾之处，不能称之为司法改革制度的首选。

（三）检察官主导侦查活动

侦查活动的启动由检察官决定。《中华民国刑事诉讼法》第 207 条规定："检察官因告诉、告发、自首或其他情事，知有犯罪嫌疑者，应即侦查犯人及证据。""其他情事"包含哪些情况法律并无明文规定。曾经担任南京国民政府最高法院院长兼刑庭庭长的夏勤，在其所著的《刑事诉讼法释疑》中解释："本条中所谓'其他情事'，例如报纸上之记载及其他街谈巷议均属之。"由

---

[1] 参见姚莉、黎晓露："侦查诉讼化模式再解读及其制度逻辑"，载《法学杂志》2017 年第 7 期。

此可认为，无论是什么消息来源，也不论其真实可靠性是否足够，只要是涉嫌犯罪，检察官都可以开展侦查活动。

在侦查活动中，检察官负责指挥侦查活动的进行并决定是否采取侦查强制措施。《中华民国刑事诉讼法》中规定，检察官或履行侦查职能的司法警察只有对于被告或被害人的身体以及与案情相关的物件，才有权力进行检查。南京国民政府通过 1935 年对该法的修订，扩大了检察官的搜索、检查权力，1935 年修订的《中华民国刑事诉讼法》第 122 条规定："（检察官）对于被告之身体及住宅或其他处所，于必要时得搜索之。"按照《检察厅调度司法警察章程》的规定，犯罪现场勘验是检察官的法定职责，司法警察负责协助检察厅检验尸伤。"凡毙于道路者是否有刑事情形，应由发见（现）之巡警一面保守一切证据，一面报告该管长官电告检察厅从速派员前往检验。"检察官根据自身职权可以指挥司法警察开展如现场勘验和证据收集等侦查活动，并决定侦查强制措施的施行。"凡审判厅应行查取证据时，由检察厅知照该管检察厅转饬司法警察人员，会同检察官前往。""司法警察搜查证据，不得用强制手段，须听检察官之调度。"司法警察在侦查活动中是具体侦查活动的实施者，其自身没有决定是否采取侦查强制措施的权限。"遇有刑事重要案件，不论发生地是否在本管地方，但经检察厅调度逮捕，司法警察应即遵照办理。"

检察官主导侦查活动是检警一体化制度的具体表现，检察官获得了整个侦查活动的主导权和侦查强制措施的决定权，司法警察的参与主要是提供专业侦查知识和技能。而在我国现在的侦查模式中，公安机关自行决定侦查的启动和具体活动，侦查强制措施中除逮捕外，均由公安机关自主决定。强大自主的侦查权力对提高侦查效率，侦破案件无疑是有利的，但也极易导致侵犯公民基本权利，通过非法手段获取证据甚至刑讯逼供现象的发生。

（四）司法监督的空缺——"预审"制度的废除

清末变法活动中，参照日本法律规定引进了预审制度，但对于预审的性质，部门归属的认识却时有变动，北洋政府时期沿用了预审制度。清末《刑事诉讼律草案》中，对于预审（豫审）程序说明如下："侦查与豫审均为准备起诉之程序，故因决断是否提起公诉起见，应搜集决断时所必须之资料。惟据第二百七十四条，原则上搜查中不许用强制处分，以保护臣民权利。豫审中则许用强制处分，以伸张公权。"将侦查强制措施的实行阶段单独出来建立预审制度并由法院决定，有通过审判权监督制衡侦查权的意图。可以说，当时的改革者对于侦查活动的司法监督制度已经有了初步认识。

1928 年，南京国民政府颁行的《中华民国刑事诉讼法》合并了侦查和预审，该法的起草者认为："废止预审制度，而于预审中有利于被告之规定，明定于侦查程序之中，以利诉讼上之进行。预审程序可视为侦查程序之延长。就法律之规定而论，凡在预审中可以实施之处分，侦查中皆得为之，实无需此种复程序之必要，故此法毅然予以废止。"[1]于是 1928 年《中华民国刑事诉讼法》将"预审"和"侦查"两者合并，使得"预审"并入"侦查"，并规定侦查程序的整体运作由检察官控制，参与侦查的主体为检察官和司法警察。该法的规定使得在法律规定层面上赋予了检察官全权负责整个侦查活动和侦查强制措施施行的权限，法官不再介入侦查阶段的审查监督，侦查强制措施的决定权由检察官自主决定。废除预审制度认识到了这一制度在设计上的重复性和权力划分上的不合理性，但南京国民政府并未建立新的可替代制度来保障对侦查活动的外部监督，由此检察机关一家得以领导指挥侦查，特别是单独决定强制性侦查行为，无需经过法院的监督，无疑极大地削弱了侦查活动的外部监督和制衡因素。检察官单方面即可决定侦查强制措施的实行，同时由于律师制度的不完善，嫌疑人在侦查活动中的权利几乎处于空白状态。

目前我国侦查活动也面临着监督缺失的问题，制度设计的缺失使得检察机关的法律监督职能并没有得到充分发挥，检察机关对于侦查活动的监督主要是事后监督，除逮捕外的侦查强制措施均由公安机关自主决定，而例如搜查，扣押，取保候审等侦查强制措施密切关系到公民的人身权、财产权和隐私权等基本权利。检察机关主要通过移送的案卷来分析决定是否提起公诉，对侦查活动的合法性难以做出有效判断。

（五）嫌疑人及辩护律师的权利空缺

南京国民政府时期的侦查活动建立了"侦查，不空开之"的侦查原则，秘密侦查的侦查原则加之没有司法监督制度的存在，在制度上并未给律师介入侦查活动留下多少空间。加之当时律师从业人数有限，社会上对律师制度存在观念上的偏见，司法机关也以传统的"讼棍"看待律师活动，对律师活动制定了诸多不合理规定，1932 年颁布的《拘留所规则》规定"拘留所对于请求接见人应询明其姓名、住址、身份、职业及所请见人之姓名并事由，经

---

〔1〕 谢振民编著：《中华民国立法史》，中国政法大学出版社 2000 年版，第 1014 页。

主管长官许可后，在接见室接见之，但必须派警员临场监视 "，在警察监视之下，律师并无机会为嫌疑人提供充分的法律帮助，而且其法律帮助也有可能被认为挑唆诉讼，漠视法律等含糊规定而导致自身入罪。

目前，我国在法律规定层面上对律师参与行使诉讼活动的各项权利作了较为全面的规定，但在社会观念上对律师在刑事诉讼活动中的必要性和正当性认识还不够普遍，律师在侦查阶段的会见权、知情权和提出意见权等正当权利仍然没有完全落实，公安机关及其人员通过各种单位规定或不配合态度避免律师参与侦查活动的现象很普遍。

三、南京国民政府时期侦查模式的评价

（一）侦查法制化有所进步

南京国民政府统治时期侦查模式的法制化进程虽限于各地发展程度不一，过程反复，但总的来说均有了较大程度的发展。这一时期，中国出台了大量的有关刑事诉讼和侦查机关设置、运作的法律法规，开展了建设规范侦查机构的实践，并引入现代鉴识科技，中国侦查模式在法制化和专业化方面取得了一定进步。《中华民国刑事诉讼法》的制定和修订，确立和完善了近代侦查制度，并新确立了保释制度，规定由殷实之人或商铺作具保。羁押的嫌疑人或被告即可释放。明文规定了禁止刑讯逼供的原则，还有诸如侦查中禁止夜间进行搜查活动的细节性规定。这表明立法者在保障人权方面认识的进步。但在实践中由于传统人治因素的遗留，加之各地军阀为政，各种地方法规，长官命令的干预，侦查实践仍不能称之为法制化。侦查实践中，由于各种原因的制约，刑讯逼供的现象依然十分普遍，特别是在国民党统治中后期，特务活动蔓延至警察机关，侦查活动成为其维护自身落后统治的工具，刑讯现象尤为严重。

（二）侦查实践中的问题

第一，南京国民政府时期并没有独立的检察院机构设置，而是采取了在法院内附设检察官的制度，这一方面影响了检察官独立履行职能，另一方面导致检察官人员编制数量很少，无力承担繁多的侦查工作。此外，由于司法警察没有专人设置和独立部门管理，而是对参与侦查活动的警员的通称，检察官对其没有直接的管理权，在司法警察不服从检察官指令时，检察官只能

通过向警察部门通报的方式间接惩处，导致侦查实践中指挥失灵的现象屡有发生。而且南京国民政府历来有"重警轻检"的传统，政府方面希望回避检察官的职能，将警察侦查直接同法院审判相连接，简化刑事诉讼的程序以期迅速结案，后期更通过《特种刑事案件诉讼条例》规定"司法警察官署移送该类案件于法院时，应用移送书，记载必要事项，以提起公诉论；法院得径行审判，于审判期日，检察官不得出庭。"

第二，检察机关的侦查权限过大，且没有外部监督机制，相对的嫌疑人及其辩护人的权利则是一片空白。"检警一体化"制度下检察官主导控制了整个侦查活动的进行，嫌疑人自身权利及辩护律师的权利近乎一片空白，导致刑讯逼供行为频发，在发生冤假错案后也没有相应的救济制度。在制度设计上，国家机关与嫌疑人之间地位极不平等，导致嫌疑人只有招供的义务而没有辩护的权利和渠道。由检察官主导侦查活动以避免警察机关单独开展侦查活动以保障侦查活动法制化的立法初衷反而变相为检察机关独揽侦查权的局面，并没有建立对侦查权实行外部监督的制度。

第三，司法党化问题制约了侦查活动的正常开展。南京国民政府以训政为由，在司法活动领域要求司法党化教育，"批判资产阶级的法官检察官超党派的学说，认为司法官不党是虚伪的无真实意义的原则"[1]，一方面，大量委派国民党党员充任各级检察官、司法警察官，在警察队伍和检察官队伍中开展"党义教育"，甚至在检察官培训期间明令要求加入中国国民党；另一方面要求在司法审判包括侦查活动中注意党义的运用，将国民党集团的利益置于国家法律之上，加之警察组织与宪兵、特务相结合，大兴秘密侦查、刑讯拷打之风，成为三位一体的维护一党独裁统治的工具。侦查权也因此政治化，侦查活动的法制取向服从于政治需要而扭曲。

第四，南京国民政府时期的侦查模式除在制度设计上存在缺陷外，还面临着复杂的社会背景和外界力量的干预，主要是来自政府高层官员以及军方势力的干预。以 1928 年上海"江安轮烟土案"为例[2]，1928 年 11 月上海市公安局接到情报称有毒品交易来沪，后公安局长戴石浮令警察埋伏抓捕，

---

〔1〕 张培田、张华："近现代中国审判检察制度的演变"，中国政法大学出版社 2004 年版，第 46 页。

〔2〕 蒋志如："转型社会刑事侦查权的限度"，载《社会科学研究》2010 年第 1 期。

发现贩卖鸦片的是军方侦查人员后警察被军方侦查人员扣押，军方称自己查缉毒品，公安局则宣称军方武装贩毒，双方各执一词展开了舆论战。后蒋介石下令罢免戴石浮，戴石浮后被停职候审。1929年1月上海地方法院审理该案，审判结果认为，主犯为参与贩毒的王道，其人已外逃，要求缉捕归案，查获的烟土收没。而涉及该案的军队人员如王忠明等，则未构成犯罪，判决当庭释放。首先从案件发生的过程而言，上海市公安局确实是根据情报依法履行职权，履行进行查缉毒品的职责，但是在查处过程中却由于行为对象是军方人员，不仅侦查权受到阻挠，侦查人员甚至被扣押，这反映出侦查权因受到军事部门的影响，在涉及军人的案件中受到了一定的限制，公安机关的侦查权限低于军队自有侦查部门的权限。其次，从案件的发展来看，外部势力的干预对案件侦查起了主导作用。尤其是在最高领导层的干预下，正常履行职责的公安局首长甚至被停职候审。在政治斗争结束后公安局局长被停职，市长被迫辞职，最终贩毒案也简单地不了了之。在面对有组织犯罪，涉及政府人员或军队人员的案件等特殊案件时，公安机关的侦查权形同虚设，难以正常进行。而这种侦查权受限的局面更逐步扩展到整个刑事侦查领域，侦查活动越来越受到军事和政治的影响。当公安部门依法开展侦查活动时，犯罪嫌疑人则会寻找疏通各种关系来脱罪，面对南京国民政府时期千丝万缕互相缠绕的复杂权力网络，侦查权在其中只能唯诺行事，侦查无力甚至包庇参与犯罪活动的现象时有发生。

四、对完善我国现行侦查模式的启示

从对南京国民政府时期侦查模式的分析可以看出，侦查模式的构建直接关系到整个侦查活动的法治化水平。健全的侦查模式既要在外部建立有效的侦查监督机制，也要注重侦查活动中的法定程序，保障嫌疑人的合法权益。具体而言：

第一，制定明确详细的法律法规完善以审判为中心的司法制度，刑事诉讼从以侦查为中心向以审判为中心转变是一项巨大繁复的工程，不仅需要所有司法行业人员扭转观念，更赖于各项法律制度的制定和完善。在侦查模式完善中，最关键的一点即对侦查程序和侦查强制措施的监督。在我国目前的机构分工中，由检察机关担任侦查监督机关是较为可行的，应当确立检察机关对整个侦查程序和侦查强制措施的同步监督机制，公安机关在侦查启动环节应同步告知检察机关，所有侦查强制措施应由检察机关批准后实施，发生紧急情况可以在先行采取措施后及时向检察机关申请批准。

第二，进一步完善公安机关对保障嫌疑人及其律师正当权利的制度保障。现阶段我国在侦查活动中的刑讯逼供现象已大幅度减少，但这并不表明嫌疑人的相对权利得到了充分保障，学术界长期探讨的关于犯罪嫌疑人的沉默权并未得到充分落实，证据获取违反程序性规定的现象还比较多。律师在侦查期间的各项权利的不合理限制也仍然存在，这些除需要法律制度的完善外，同样需要侦查人员在侦查实践中明确法治理念，摒除有罪侦查的观念。

第三，充实公安机关人员。公安机关侦查人员的多少也是影响侦查水平的重要因素，侦查工作的繁重往往容易导致侦查人员为及时完成任务量而无法严格依照侦查程序规定，忽视侦查过程中的嫌疑人权利。值得注意的是，充实一线侦查人员的方式不仅有扩充编制的手段，也应当在公安机关内部进行机构改革，减少非警务人员的数量，降沉警力到侦查实战部门。

第四，侦查活动的法治程度也依赖于整个国家和社会环境的法治化水平。按照"条块结合，以块为主"的原则，我国各地公安机关主要由各地政府部门领导工作。这一方面有利于各地公安机关按照本地实际开展工作，也存在政府其他部门和领导不正当干预侦查活动的空间。对于这种隐患，除了健全在公安机关内部上下级间的监督机制外，更需要整个法治政府的制度化完善。社会公众的法治观念的提高也会在外部形成对侦查活动的监督，提高侦查法治水平。

五、结语

南京国民政府时期，在推进侦查模式法制化方面制定了较为全面的法律制度，并在实践中推动了近代中国侦查模式的进步。尽管由于各种因素制约，侦查活动在实践中出现了大规模倒退的现象，但其法律规定试图以检察官来约束警察权的尝试依然给了我们思考借鉴之处。不受外部权力制约的侦查权极易导致冤假错案的发生，赵作海案、呼格案、浙江叔侄案、聂树斌案的平反，都是因为偶然的"幸运"因素——死者复活、真凶落网，这正反映了我国现行侦查模式不完善之处，司法体制的低效导致冤案的拖延，公平正义最终并不是来自于法制本身的自我纠正能力，而是来自于外界无可辩驳的压力。由此反映出我国现代侦查模式还很不完善，法治化道路还十分漫长，改变以侦查为中心的传统司法理念，构建以审判为中心的司法制度需要我们不断完善侦查模式，完善对侦查活动的监督。

参考文献：

[1] 孙长永：《侦查程序与人权》，中国方正出版社2000年版。

[2] 樊崇义主编：《刑事诉讼法实施问题与对策研究》，中国人民大学出版社2001年版。

[3] 张培田、张华：《近现代中国审判检察制度的演变》，中国政法大学出版社2004年版。

[4] 汪海燕：《刑事诉讼模式的演进》，中国人民公安大学出版社2004年版。

"袭警" 入刑后之窘境与出路探讨

石 峰[*]

内容摘要：暴力袭警问题一直是警察群体重度关注并亟须解决的问题，然而袭警成罪问题一直悬而未决。经过《刑法修正案（九）》的规定，袭警行为终于入刑，但简单入刑并非独立成罪，两者之间还是存在一定差距。本文在分析袭警入刑有无必要与袭警成因间的联系基础上，对"袭警条款"进行深入解读与分析，以期增加对该条款适用性的应有理解。袭警行为既已入刑，就需在刨除对必要性的探讨上进一步对刑法相关条文的适用进行分析。同时，应当在实质意义上解决袭警问题。

关键词：袭警入刑 袭警成因 法条解读 出路探讨

一、袭警成罪与袭警入刑

自 2003 年开始，即有中央政法委、公安部等有关部门不断多次提议在刑法典中单独设置袭警罪。有关增设袭警罪之必要性问题，理论界、法学家也一直争论不休。然而《中华人民共和国刑法修正案（九）》依然没有单独设立"袭警罪"，只是在《刑法》第 277 条中增加一款内容：暴力袭击正在依法执行职务的人民警察的，依照妨害公务罪的规定从重处罚。此次关于"袭警"问题的规制内容，是作为《刑法》第 277 条"妨害公务罪"这一罪名之中一种具体的行为表现形式而以条款的方式规定的，袭警终于入刑，然而又非常明显的是，袭警行为进入刑法规制范围，但第九修正案并没有将袭警行为独立地规定为单一犯罪，是否也就没有真正意义的"袭警入罪"？对于多年

---

[*] 石峰，中国人民公安大学刑法学研究生。

以来奔走呼吁希望设立"袭警罪"的人来说，这种刑法修正案的修改方式未免令其失望。粗读《刑法》第 277 条"妨害公务罪"可以看出，袭警行为作为"妨害公务罪"的一种形式，具体的表现竟然只有"暴力"二字，容易让有些人在解读时有流于形式之感。另一方面，就该行为的量刑而言，比照"妨害公务罪"从重对于实务操作可能也是一个需要关注的问题。简而言之，袭警行为如果造成人民警察重伤、死亡，仍然要按照故意伤害罪或故意杀人罪等相关犯罪处理，而这是因为袭警行为属于典型的想象竞合行为，因此对该行为的判罚是从一重罪处罚。相对于故意伤害罪处罚要轻，所以会在出现想象竞合犯的场合，只能选择其他犯罪适用。妨害公务罪的法定刑为三年以下有期徒刑、拘役、管制或者罚金。反言之，倘若袭警行为过轻，可以适用《治安管理处罚法》第 50 条第 2 款：阻碍人民警察依法执行职务的，从重处罚。同时，一个不能忽视的问题是，介于轻微程度的袭警与暴力袭击程度的袭警之间的行为程度，如何适用法律法规？因此，《刑法修正案（九）》中规定的"袭警入刑"似乎难以奏效，使得该条文的适用处于一个略显尴尬的境地。

回顾《刑法修正案（九）》出台之前对于袭警行为入罪与否的讨论，持袭警入罪论观点的学者指出"袭警犯罪严重地冲击统治秩序和法律权威，阻碍警察正常的职务活动，使警察执法缺乏安全感，其危害性是显而易见的，制度的构建是解决袭警犯罪问题的必由之路，应当通过刑事立法予以禁止。"[1] 袭警入罪"对于维护国家法律的权威，有效保障警察执行公务，维护社会治安，保障人民群众的安全都具有重要的意义。"[2]"只要制定了相关的法律规范，就能形成一个有针对性的、可操作的打击防范袭警行为的完整法律体系，使任何形式的袭警行为都不能逃脱法律的制裁。"[3] 这些支持袭警入罪的学者主要是从保护执法权正常行使的角度提出己见的。

持反对袭警入罪论学者观点在于：我国现行刑法对于妨害公务罪、故意伤害罪、故意杀人罪等犯罪已经做出了规定，这些规定完全可以作为应对处理暴力袭警行为事件的法律依据，单独增设袭警罪是没有必要的。"袭警行为

---

〔1〕 邓国昌："袭警入刑的正当性考量"，载《江西警察学院学报》2015 年第 6 期。

〔2〕 杨忠民、张志国："论袭警行为的刑法规制"，载《中国人民公安大学学报（社会科学版）》2006 年第 3 期。

〔3〕 赵忠诚："谈暴力袭警的原因及预防对策"，载《铁道警官高等专科学院学报》2009 年第 5 期。

只是妨害公务的一种特殊表现形式，若仅仅因为袭警现象增多就设立袭警罪，那么随着社会的变迁，袭击人大代表、法官、税务人员等现象同样有可能增多，是不是也应当增设'袭击人大代表罪''袭击法官罪''袭击税务人员罪'？这样发展下去，势必导致罪名设置的叠床架屋，破坏罪刑关系的均衡性与协调性，最终则有违法律的公正与正义，有损法律的神圣与尊严。"[1]"由于给袭警罪配置的法定刑必定会高于妨害公务罪的法定刑，将在刑法分则中产生新的罪刑失衡现象，徒添弊病。"[2]"试图通过增设袭警罪来防范和制裁袭警行为，只会导致错误地扩大打击面，激化矛盾，更严重地破坏警民关系，损害警察形象，给社会稳定造成更大隐患。"[3]这些持否定论者主要是从防止重复立法的角度表明观点的。

《刑法修正案（九）》的出台，对于袭警行为的规定，并未支持袭警行为独立成罪，但是也没有完全否定对袭警行为予以规制的观点。正如有学者认为："'刑修九'的这一规定其实并无太大的实际意义，从某种角度来说，规定'袭警行为从重处罚'似乎也属于刑事立法对所谓'民意'的一种屈从和妥协，情绪性刑事立法的色彩明显，似乎有所不妥。"[4]

二、袭警入刑与袭警成因联系分析

刑法规定某种行为为犯罪行为，是因其侵犯了某种法益而导致社会秩序被破坏，刑法机能体现于此，也即秩序维护机能之一的利益保护机能。[5]预防犯罪是秩序维护机能的另一层面。然而一种犯罪行为并不会因为法律对其规制而永远消失，刑罚的严苛亦非某种犯罪行为绝迹的理由。秩序维护机能中的预防犯罪功能是通过刑法对于犯罪行为规定的刑罚具有的不可避免和及时报应之特性来体现的。

关于犯罪成因与刑法规制之因果联系问题，笔者试以酒驾入刑问题来做简单比对。我国《刑法》第 133 条第 1 款规定的"危险驾驶罪"，已将"醉

---

〔1〕 田宏杰："我国不应设立袭警罪"，载《瞭望周刊》2005 年第 44 期。

〔2〕 左坚卫、李益明："论增设袭警罪的隐患"，载《法学杂志》2008 年第 6 期。

〔3〕 左坚卫、李益明："论增设袭警罪的隐患"，载《法学杂志》2008 年第 6 期。

〔4〕 刘宪权："刑事立法应力戒情绪——以刑法修正案九为视角"，载《法学评论》2016 年第 1 期。

〔5〕 赵秉志："略论刑法的机能"，载《北京联合大学学报（社会科学版）》2006 年第 2 期。

酒驾驶机动车"的行为纳入其中。可见，酒驾作为一种常见的具有一定可能引发危害后果的负面行为，被刑法规制在法律条文中，但只是作为"危险驾驶罪"的一种行为方式，与酒驾并行作为违反刑法规定的行为还有追逐竞驶，校车超载、超速以及违反安全管理规定运输危险化学品等行为。但是在公众的视野中，引发关注度最高的，仍是酒驾问题，其次是校车超载、超速问题。因此，一个在刑法上应当负面评价的犯罪行为独立成罪与否，同该行为在现实社会生活中能否得到有效遏制不存在必然联系。对于持有朴素法制观念的社会民众而言，明确酒驾入刑之后，其在日常生活中或多或少会有意识地规避自己酒后驾车的行为。就酒驾而言，单纯地酒后驾车也不一定会造成危害社会的后果，但是该行为有置公共安全和他人生命、财产安全于某种危险境地之虞，同时这种行为在社会生活中发生得过于普遍，因此进入了刑法规制的范围。反观袭警行为，与酒驾明显的区别就在于袭警者不可能不知道对执行公务警察的攻击不仅是违背道德的，而且造成严重后果是违背法律的。"打人伤人杀人都是犯罪"这一想法，无疑是最直白的法律意识，但袭警行为的成因不能排除行为人有这样的意识因素：在袭警与接受处罚之间选择袭警，有逃避处罚的可能，接受处罚所受到的非难较之于袭警行为给其带来的不利后果比重可能更大，因而导致其袭警行为的发生，费尔巴哈的"心理强制说"在这些人身上并未取得应有的效果。

所以，警察群体缺乏法律保护并非袭警事件频发的肇因，行为人故意袭警，必然是明确知晓其行为是应当得到负面评价的。笔者认为，袭警行为成因是多方面的，警察群体在执法活动中尤其是治安活动中的弱势表现；某些新闻媒体不负责任的报道；警察群体内部过于严苛的纠察监察体制和奖惩措施，等等。由此可知，袭警事件的频发，主要在于警察权威的缺失而导致行为人的肆无忌惮，其与刑事立法、袭警入刑之间并无必然的因果关系。

三、对我国袭警条款的解读

各式各样的法律规则以及法律原则不可能穷尽地列入一部法典之中，立法者所竭力去做的只是对现实生活中已然的和未然的法律事实进行规定，然而随着时间流逝，社会变迁，没有预知能力的人永远不可能制定一部万世一系的法典以期一劳永逸。法律具有滞后性和类型性，作为法律最后保障的刑法不只具有上述特性同时还需秉持"谦抑性",能不用刑法规制尽量不用刑法规制,谨防对轻微违法犯罪化而导致对人权的践踏是其应有之义。

"即使立法真像金字塔一样沉默无语、岿然不动,解释者也难以北窗高卧、东篱自醉。"〔1〕因此,对于刑法的解释,变得尤为重要,也是刑法生命力得以彰显的原因,刑法只有不断地被解释,才可以发挥更好的作用。解释法律,务须遵循一定规则,这是法律解释的基本准则,在解释"袭警条款"时以下几个问题必须引起注意:第一,各类解释方法之中,类推解释应当被禁止使用,但是不排除一定程度上的扩大解释适用于"袭警条款"的解读。罪刑法定原则是刑法的基石,任何解释方法都应当在此基石之上进行,而不应对其有所违背和突破。但是应当意识到,由于语言具有局限性和模糊性,在理解"袭警条款"之时必然不能仅局限于其表面意思,所以如前所述的扩大解释适用是解读"袭警条款"的必由之途,应在不违背字词语句所可能囊括的最大含义前提下对其进行扩大理解。第二,刑法条文具有简洁性、概括性、规范性,其法典特性决定了其用语近乎达到"惜墨如金"程度的特质。"袭警条款"的规定仅有 32 个字,而无论是其关于行为方式的规定,还是关于客体法益的规定都过于笼统,所以为了便于实际操作和理解,对于"袭警条款"的解释应当细化、明确、具体。第三,解释法律是为了回应对条文理解的困惑,同时也应对实际生活中可能遇到的问题予以解答。条文规定的限定要素为"正在执行职务",从而应当厘清"正在"与"非正在"之间界限。此外,"警察"一词能否按照社会大众对于警察的理解去解释也是一个需要明确的问题。

首先,有关"暴力袭击"之解读。"暴力"一词在我国刑法典中多处条款均有涉及,条款中对"暴力"的呈现方式大部分是作为客观要件之行为手段被呈现出来。而笔者认为,"袭警条款"中的"暴力"不仅具备表述行为手段程度方面的意义,同时具备表述行为手段性质方面的意义。暴力应当囊括手段性质和手段程度两方面,我国《刑法》第 234 条第 1 款规定:故意伤害他人身体的,处三年以下有期徒刑、拘役或者管制。将两条款进行比对不难发现,"袭警条款"规定比之于故意伤害罪的量刑仅在多一个"并处罚金",就自由刑种类的限制方面,两者是完全相同的。因此,"袭警条款"中

---

〔1〕 张明楷:《刑法学》(第四版),法律出版社 2011 年版。

的"暴力袭击"程度判定，不应超过对警察造成重伤害以上的结果。同时应当注意的是"袭警条款"为"妨害公务罪"中子条款，而妨害公务罪的客体要件包括从事公务人员的人身权利以及国家的正常管理活动。故"暴力"的性质应以阻碍人民警察执行职务为判明标准，这也是该条款限定在妨害公务罪之中的原因。具有张性的法定刑规定也为轻微暴力阻碍人民警察执行职务提供定罪量刑空间。这也是暴力袭击正在配合警察执行职务的辅警也应从重处罚的缘由之一，此时其间接的暴力行为已阻碍人民警察执行职务。"[1]因此，对于"袭警条款"中的暴力而言，其行为手段性质应当属于能妨碍警察执法活动的暴力，就其行为手段所达到的程度造成何种损害后果而应当处以何种相应刑罚，则应当以司法解释的形式予以具体规定，确立相对确定的法定刑以由法官在具体案件自由裁量。

其次，关于"正在依法执行职务"的正确理解。"正在"这一语素明确表明了一种时间性的限定，也即将袭警行为的发生限定在了"依法执行职务"这一时间段内。因此正确理解"正在依法执行职务"首要需解决的问题是正确理解"依法执行职务"。虽然，警察这一职业也实行正常的上班出勤制度，但是其职业特殊性又决定了其不同于正常 8 小时工作制的其他职业，虽然警察不可能一天 24 小时无休，但是加班、半夜出警、非上班时间出警、随时待命也是常有的。在上述时间内，警察因其身份得以行使警察权力，同时承担警察义务；由此可见判定警察群体是否处于"正在依法执行职务"应当综合两方面因素：一方面是其是否在以其警察身份进行警务活动；另一方面是其是否依法行使权力履行义务。警察在进行警务活动时，有执法权的他们需要随时待命，可对遇到的属于自己职权管辖范围内的不法行为立即做出反应，因此对虽未执行具体公务，但处于工作期间，正常开展勤务之警察进行袭击的，可适用"袭警条款"。同时需要明确一点，警察下班后不再拥有执法权，虽然无可否认其是警务人员，但是其没有警察职务的权利外观，所以不再受到"袭警条款"保护，这是问题关键所在。有人认为："人民警察在上下班的路上受到暴力袭击的，视为在工作期间受到袭击"[2]。笔者对此观点表示不能认可，因为该观点对"袭警条款"的适用范围进行了不适宜的扩张。但是，

〔1〕 郭喜鸽："暴力袭警从重处罚条款的法律适用"，载《天津法学》2016 年第 4 期。

〔2〕 陈骅："袭警行为之评判"，南京大学 2016 年硕士学位论文。

对于上下班途中的警察，其身着警察制服的情况下，在符合一般逻辑经验推理的前提下，可以判定其仍然有着警察职务的权利外观，遇有不法行为时仍有作出应对处理的义务，所以也应受到"袭警条款"的保护，而非一律地要认定所有上下班路上的警察如果遇到暴力袭击都属于工作期间受到袭击。同理，当警察在非工作期间，遇有行为人针对他人之不法行为时，向不法行为人明确表明其警察身份后，便具备了警察职务的权利外观，也是理应受到"袭警条款"保护的。结合以上论述，警察是否"正在依法执行职务"的判定关键点在于，警察是否处于能为正常人所知悉的其具有警察职务权利外观的状态。当然，必须排除警察利用职务、身份上的便利为自身谋取私利或者为他人谋取不正当利益时所具有权利外观的情况，这种情况即"非依法执行职务"。该条文中"依法"一词又表明警察行为应当符合法律规定，所以当出现"非依法执行职务"的情况时，"袭警条款"是不能予以适用的。我国有关的行政法对警察执法行为做出了严格限定和适用程序，当出现警察的非依法执行职务，如果遇有符合正当防卫、紧急避险要求的情况，相对人当然可以予以对抗。但是需要明确的是，"非法对抗非法"是双方行为都需要法律给予负面评价，只是双方根据各自行为承担相应后果，而对于"袭警条款"的具体案件中的适用，一旦警察行为被判定为"非依法执行职务"，"袭警条款"的适用便必须予以排除。

最后，"人民警察"概念之厘清。根据《中华人民共和国警察法》第2条第2款的规定，"人民警察包括公安机关、国家安全机关、监狱、劳动教养管理机关的人民警察和人民法院、人民检察院的司法警察。"从条文语义来看，人民警察的含义里是不应包括"辅警"这一群体在内的。我国辅警的设置是为了应对治安现状，在受制于地方财政和警察编制的条件下，吸纳非公务人员从事警方辅助活动的一种变通措施。从目前的实践来看，辅警从事的工作和任务与警察在很大程度和范围上相差无几，但是辅警却不属于人民警察的工作编制，也没有与警察相同的执法权限。实质执法权限的缺失在现实生活中其实并没有减少辅警进行警务活动对于公众所表现出来的权利外观，也即辅警群体发挥着与正式人民警察相同的作用。"袭警条款"中规定的袭警行为，侵犯的是人民警察的人身权，同时侵犯了国家的社会管理秩序，这是一种侵犯双重法益的犯罪行为。对被保护的客体而言，"警察"是限定在"正在依法执行职务"这一语境下的，也即"警察"这一身份本身不是该罪更关键的因素。或者可以这样理解,"警察"这一语素要受到"正在依法执行职务"这一状态的限定(实则也可以理解成一种扩张)。因此,笔者认为,对于"袭警条款"中的"人民警察"一词适宜做适当的扩大解释,将该条文保护的"人民警察"适当扩大至正在协助人民警察依法执行职务的辅警范围,但同时对辅警进行执法活动的程序要求出台相关的规章制度,予以相应限制。其中重要的一点是要限定辅警的执法活动以辅助正式警察为基准,必须有严格的程序性规定,没有正式警察的主导,辅警单独执法应归于无效。

四、袭警独立入刑窘境的解决方案

应对袭警独立入刑目前面临的问题,笔者认为有如下两条可行的途径:

其一,细化法律条文,出台司法解释,对袭警行为的具体表现方式予以规定,从法律层面对袭警问题进行规制。解释与细化的目的有两方面的意义,一方面在于司法实践中对于相关袭警行为可以有明确的认定依据,从而增加法律条文的可适用性和可操作性。另一方面在于若采用列举形式的行为方式规定,可以排除非袭警行为的表现形式,是从反向角度对人权的一种更有力保障。

其二,赋予警察更多执法权利,更多执法空间,同时对警察执法权利的制约机制体制进行更为详尽的规定,要求警察的每次执法活动必须有执法记录留案备查。新闻媒体以及各种自媒体的高速发展,社会舆论传播的速度提升在某种程度上也为现代警察权威及形象维持带来了监督。基于此,对于无限制地肆意报道和主观臆断地散布谣言等有损警察执法活动,乃至于所有国家机关正常执法活动的错误行为应当予以相应规制,必要时应追究相应单位或者个人的法律责任。这种从增加警察权能角度出发的规制方式,是最为稳妥、便捷、高效的途径。因为这是一种公共行政职能上的变革、而非法律规制。在扩张和增加警察权威与权利的同时,还应注意维系与民众的良好关系,从而为更好地保护国家安全,维护社会秩序提供有力支撑。

参考文献:

[1] 邓国昌:"袭警入刑的正当性考量",载《江西警察学院学报》2015年第6期。

[2] 杨忠民、张志国:"论袭警行为的刑法规制",载《中国人民公安大学学

报（社会科学版）》2006年第3期。

［3］赵忠诚："谈暴力袭警的原因及预防对策"，载《铁道警官高等专科学院学报》2009年第5期。

［4］田宏杰："我国不应设立袭警罪"，载《瞭望周刊》2005年第44期。

［5］左坚卫、李益明："论增设袭警罪的隐患"，载《法学杂志》2008年第6期。

［6］刘宪权："刑事立法应力戒情绪——以刑法修正案九为视角"，载《法学评论》2016年第1期。

［7］赵秉志："略论刑法的机能"，载《北京联合大学学报（社会科学版）》2006年第2期。

［8］张明楷：《刑法学》（第四版），法律出版社2011年版。

［9］郭喜鸽："暴力袭警从重处罚条款的法律适用"，载《天津法学》2016年第4期。

［10］陈骅："袭警行为为之评判"，南京大学2016年硕士学位论文。

组织、传播蓝鲸游戏的刑法定性

赵　鑫 *

内容摘要： 蓝鲸自杀游戏在今年年初传入我国，并且在互联网上传播迅猛。蓝鲸游戏在全世界范围内都已经造成了恶劣影响，严重危害着青少年的身心健康和生命安全，理应受到刑法的严惩。组织、传播蓝鲸游戏的行为如何定性，在理论上存在以危险方法危害公共安全罪、非法持有宣扬恐怖主义、极端主义物品罪、故意杀人罪的争议。笔者认为，蓝鲸游戏的本质在于教唆他人自杀，应以故意杀人罪论处。

关键词： 蓝鲸游戏　自杀　教唆　故意杀人罪

2017 年 5 月 9 日，共青团中央官方微博发布博文："你可以在天空翱翔，为何将自己拘禁于海底？捕杀蓝鲸计划，开始启动"，意味着蓝鲸游戏已经引起了国家机关高层的关注。蓝鲸游戏是一款诱导青少年自杀的死亡游戏，发明者是俄罗斯的一名心理学专业大学生，全球范围内已经臭名昭著，已经先后造成上百名青少年非正常死亡[1]。进入 2017 年，我国互联网上主流社交媒体比如 QQ、微信等，开始频频出现以"蓝鲸""4：20 起床""自杀"为主题的 QQ 群、微信群，这意味着在我国境内已经有不法分子开始组织、传播蓝鲸游戏，且已经有部分青少年陷入其中，跟随其做任务，已经严重影响了青少年的身心健康、人身安全以及社会秩序。本文就要对组织、传播蓝鲸游戏

---

* 赵鑫，中国人民公安大学法学院 2016 级硕士研究生，刑法学方向。

[1] 谢宛霏："诡异似电影，警惕蓝鲸游戏诱导青少年自杀"，载《中国青年报》2017 年 5 月 12 日，第 6 版。

进行细致讨论，并对其在刑法上进行定性分析。

一、典型案例

案例一：2017 年 5 月 15 日，湛江市公安局网警在网上巡查时发现，有一个怪异的 QQ 群"蓝鲸自杀游戏"，群内已有成员 500 余人，出于安全考虑网警调查了该群聊天内容，发现该群内聊天内容主要涉及教唆自残、自杀等危险内容。网警上报至分局领导，公安分局立刻在网警支队的配合下，展开侦破工作。第二天即将 QQ 群组织者徐某某在湛江抓获。经调查，徐某某，年龄 17 岁，还是一名在校大学生，其在网络上无意中发现蓝鲸游戏后，对其产生兴趣。其本人在网络上也专门经营软件和衣服，为了吸引人注意，开始在 QQ 空间发表蓝鲸自杀游戏相关内容，并且建立专门的 QQ 群，后不断有人加入 QQ 群。经查实，徐某某经常往群里发送其下载的网友在自己身上刻画蓝鲸图案的照片，并且在群聊中大肆宣扬有多少网友完成其布置的任务，实则为欺骗网友的谎言，目前，湛江市公安局以触犯《刑法》第 120 条之 6 之非法持有宣扬恐怖主义、极端主义物品罪将徐某某刑事拘留〔1〕。

案例二：2017 年年初，17 岁的小姚通过网络查找到了一个相约自杀的蓝鲸游戏 QQ 群，群里有好几百人，每天的聊天内容都是关于自残、自杀的，起初小姚也只是好奇，一直以来都是持观望态度，并没有付诸过行动。直到 4 月 27 日，QQ 群里一个名叫"林静"的网友添加了小姚，并且询问了小姚加入本群的真实意图。小姚天性单纯，没有任何隐瞒，告知其由于自己学习成绩差，父母对其也总是漠不关心，感觉生活没有动力，有自杀的想法。得知小姚的真实想法之后，对方开始逐步怂恿小姚接受任务挑战，并且给自己的生命开始倒计时。所谓的任务，主要是每天 4：20 起床，每天计算自己生命还剩下多少天，用刀割伤自己的身体，并且观看恐怖片。小姚开始接受任务，准备一把工具刀，划伤自己的手臂，并且用手机拍下来发给了对方。接下来小姚陆陆续续接受了许多任务，这一切家人都没有发现异样，最终对方对小姚下达了终极任务——自杀。5 月 23 日，小姚在喝酒壮胆之后选择用石头绑在自己身上去跳河，可由于当天下大雨没有出门。5 月 24 日，公安机关已经

---

〔1〕 湛江公安公众号："捕鲸计划已启动"，载 http://www.gdga.gov.cn/jwzx/gdjx/zjsj/，最后访问日期：2017 年 5 月 9 日。

得到了小姚想要自杀的线索，立刻找到小姚，劝说其放弃自杀，并且联系到家长认真看管。目前，小姚已经放弃自杀念头[1]。

二、对组织、传播蓝鲸游戏刑法定性的争议

蓝鲸游戏设立的目的就是在于教唆沉迷游戏的青少年自杀，刑法理论上所谓教唆自杀指的是行为人通过胁迫、利诱、劝说等方式迷惑被害人，使没有自杀意图的被害人产生自杀意图并实施自杀的行为。瑞士、日本等国家，对教唆别人自杀这一行为规定有明确的刑法条文，可直接依据刑法条文定罪量刑，我国《刑法》第 232 条规定了故意杀人罪，但是对于帮助他人自杀、教唆他人自杀并没有做出规定，也没有"教唆罪"这一罪名，教唆犯的定罪量刑皆依据教唆者所实施的具体行为，教唆人实施了什么类型犯罪，就以什么罪名判处刑罚[2]。综合来看，目前我国刑法对组织、传播蓝鲸游戏的定性主要存三种见解。

第一，以危险方法危害公共安全罪。这种观点认为，在互联网上组织、传播蓝鲸游戏，教唆别人完成一系列摧残内心的任务，逐渐达到厌世的目的，进而自杀，已经危害到了不特定多数人的生命健康，应当以以危险方法危害公共安全罪论处，这种观点有待商榷。

第二，非法持有宣扬恐怖主义、极端主义物品罪。本罪是《刑法修正案（九）》新增加的一种罪名，其根本目的在于遏制恐怖主义、极端主义物品的传播，持本观点的人，是将蓝鲸游戏的内容比如"4：20 叫我起床""看恐怖片""卧轨""跳楼"等归类为恐怖主义、极端主义思想，之前的案例中可以看出司法机关已经以涉嫌非法持有宣扬恐怖主义、极端主义物品罪逮捕了组织、传播蓝鲸游戏的嫌疑人，但最终的案件定性应该会有变化。

第三，故意杀人罪。在故意杀人罪层面存在分歧，一种观点为肯定说，[3] 肯定说认为蓝鲸游戏的组织传播者初始即有使被害人自杀身亡的故意，利用

〔1〕 央视新闻："19 岁少年策划自杀，竟是为了完成任务"，载 http://news. china. com/socialgd/ 10000169/20170604/30643781. html，最后访问日期：2017 年 6 月 4 日。

〔2〕 陈兴良："教唆或者帮助他人自杀行为之定性研究——邵建国案分析"，载《浙江社会科学》2004 年第 6 期。

〔3〕 周立波："蓝鲸自杀游戏引出的刑法问题"，载 https://www. ddvip. com/weixin/20170510V0A 05L00. html，最后访问日期：2017 年 6 月 12 日。

互联网传播快的特点，建立QQ群、微信群等方式聚集在一起统一管理，游戏内容设置又抓住了青少年的好奇心理，以及追求刺激不顾后果的幼稚心态，采用迷惑手段或者强迫其听从命令，而后命令其开始接受自残、自杀等一系列活动。根据刑法理论上主客观相一致原则，故以故意杀人罪定罪处罚，目前此类说法为通说。另一种观点为责任阻却说[1]。持此类说法的人，认为组织传播蓝鲸游戏不具备刑法处罚的可能性，因为从目前案例来看受害者往往属于能认识到"自杀"的含义、具有分辨能力的完全行为能力人，可以对自己的身体健康、生命自由进行支配。此类说法争议较大。

三、组织、传播蓝鲸游戏的刑法定性之我见

1. 不构成非法持有宣扬恐怖主义、极端主义物品罪

从国外案例和国内互联网上流传的资料来看，蓝鲸死亡游戏的内容主要包括：每天起床时间必须在凌晨4：20，早起之后看恐怖电影或者听灰色基调音乐，用刀在身体上自残，爬往高处使自己习惯对高处的恐惧，连续50天之后，一个人达到生理承受极限，这时对结束自己生命的任务往往不再抗拒。这一款教唆人自杀的游戏，本身具备一定违法性，但这内容是否属于暴恐类犯罪中的恐怖主义、极端主义思想？2014年3月1日新疆高级人民法院、人民检察院、公安厅、文化厅和工商行政管理局联合发布《关于严禁传播暴力恐怖音视频的通告》，对恐怖主义、极端主义音视频做了解释，具体如下：①含有宗教极端思想，诸如"伊吉拉特""煽动圣战"等，主张采用暴力手段，公然践踏法律，危害公私财产安全和他人生命相关内容的音视频；②通过教授如何使用管制器具、炸药、枪支、爆炸物、危险物品实施暴力恐怖犯罪，或者传授管制器具、炸药、枪支、爆炸物、危险物品的制作方法等内容的音视频；③含有破坏国家统一、民族安定、煽动分裂国家领土等内容的音视频；④其他涉及分裂国家、暴力恐怖、宗教极端思想等内容的音视频。

恐怖主义类型犯罪往往具有双重目的，第一层目的在于侵害人民群众的人身财产安全，传播极端暴恐思想；第二层目的在于妄图改变社会的意识形

---

[1] 中南财经政法大学法学院公众号："蓝鲸死亡游戏，教唆自杀归咎于谁?"，载http://www.sohu.com/a/147393135_ 99894872，最后访问日期：2017年5月22日。

态，引发社会混乱，动摇统治根基，进而颠覆国家政权。组织传播蓝鲸游戏的目的仅在于引诱人自杀，无关政治，从暴恐类犯罪的特征和目的来看，组织传播蓝鲸游戏皆和暴恐类犯罪无关，之前案例中司法机关以非法持有宣扬恐怖主义、极端主义物品罪逮捕组织传播蓝鲸游戏者的行为不符合罪刑法定原则。

2. 不构成以危险方法危害公共安全罪

截至目前来看，蓝鲸死亡游戏已经在国际社会造成一百多名青少年自杀身亡，相关信息也早已见诸报端，所以在其初传入我国时，一定程度上引起了社会恐慌，甚至有些人提出蓝鲸游戏危害了公共安全。我国《刑法》第114、115条并没有对以危险方法危害公共安全罪中的"危险方法"做出具体规定，但是亦作出了详细说明，即应当是与放火、爆炸、决水等相当的方法，威胁到公共安全。不能符合此条件的，不得以以危险方法危害公共安全罪论处，以防止其成为口袋罪。

认定组织传播蓝鲸游戏是否构成以危险方法危害公共安全罪，关键在于两点：第一，在社会上组织、传播蓝鲸游戏的行为是否达到与放火、爆炸、决水等方式危险性相同；第二，是否具有给公共安全造成危险的紧迫性[1]。首先，放火、爆炸、决水等属于以严重暴力手段危害公共安全，组织传播蓝鲸游戏的行为不具备如此暴力等级。就像《刑法修正案（九）》中对于持有宣扬恐怖主义、极端主义物品的行为没有规定为以危险方法危害公共安全罪，而是设立了单独的罪名非法持有宣扬恐怖主义、极端主义物品罪，就是因为无论是组织传播蓝鲸死亡游戏，还是持有宣扬恐怖主义、极端主义物品，其行为性质都达不到与放火、爆炸、决水的相当性级别。其次，蓝鲸游戏的受众是特定群体，主要针对社会经验不够丰富、好奇心重、心里脆弱的青少年，并不能威胁到传统观点中的"公共安全"。而且蓝鲸游戏的游戏周期一般需要五十天，说起其有危险损害的现实紧迫性未免过于牵强。

3. 组织传播蓝鲸游戏可构成故意杀人罪

（1）排除"责任阻却说"。前文中提到，对于组织传播蓝鲸游戏的行为，有一种观点认为存在阻却可罚性，其理论基础在于刑法理论上关于教唆别人

---

[1] 张明楷："论以危险方法危害公共安全罪——扩大适用的成因与限制适用的规则"，载《国家检察官学院学报》2012年第4期。

自杀的规定。对于自杀的教唆对象可分为两类：一种是对于自杀行为具备完全认识能力，一种对自杀行为不具备完全认识能力。教唆第一种情况的人不构成犯罪，比如组织传播蓝鲸游戏这种情况；教唆第二种情况自杀，比如教唆未成年人、精神病人等，依据张明楷教授的观点，属于故意杀人的间接正犯，教唆者成立故意杀人罪[1]。

在此，我认为蓝鲸游戏里面对被害者的精神控制并不完全等同于刑法理论上的教唆，教唆的定义为以劝说、利诱、怂恿、威胁等手法使没有犯罪意图的犯罪嫌疑人产生犯罪意图，但蓝鲸游戏里面则是达到了对被害人精神控制的级别。在参加游戏之前，组织传播蓝鲸游戏者会要求加入者发送身份证号、家庭住址甚至裸照等，使其不敢违抗命令，再逐步对其精神控制，要求按照游戏内容完成任务，使其厌恶世界，最终自杀。虽其本质为教唆，但比教唆更具有可罚性。虽然蓝鲸游戏的内容决定其不属于邪教，但其洗脑方式和邪教迷惑信众的手段相同，通过规则强势介入其生活，使其生理和心理上接受生活是灰暗的论调，认为人生就是一个受罪的过程，这种痛苦随着每天任务量的增加而不断增强，最终接受组织者自杀的命令。从因果关系的角度来看，蓝鲸游戏的组织、传播者的下达任务行为与受害者的死亡具有直接的因果关系，就应当对死亡的后果承担刑事责任。

（2）组织传播蓝鲸游戏可构成故意杀人罪。再次从蓝鲸游戏的本质去分析，游戏的组织传播者利用参与人员的好奇心理，通过建立 QQ 群、微信群等将人群笼络，再逐步通过强制其完成一系列任务之后达到对游戏成员的精神控制，使其最终沉迷游戏之中，最终接受自杀指令。删繁就简来看，这就是一个教唆人自杀的行为，可是教唆别人自杀在我国终究没有追责的法律依据。但是从犯罪构成的角度来看，首先主观上组织传播者有希望被害人非正常死亡即自杀的意图，主体肯定属于完全民事行为能力人，客观上实施了组织传播蓝鲸游戏并且下达一系列游戏指令的行为，侵害了社会秩序和受害者的生命健康权利。可是若以教唆别人自杀定性，若发生了受害人自杀身亡的结果却不能以故意杀人罪追究责任。所以从学理上来看，对于组织传播蓝鲸游戏致使别人自杀的，认作是故意杀人罪的间接正犯，更能实现罪责刑相适应。

---

[1] 张明楷："论教唆犯的性质"，载陈兴良：《刑事法评论》第21卷，北京大学出版社2007年第3期。

间接正犯，是相对于犯罪正犯而言的，行为人一般通过欺骗或者胁迫的方式，通过支配他人完成犯罪行为，自己并不直接参与犯罪，成立间接正犯，就需要对犯罪行为所导致的损害后果承担责任。这要包括两种情况，第一种是利用无责任能力人犯罪，第二种情况是利用他人过失或者不知情的情况下实施犯罪行为。所以组织传播者能否被认定为故意杀人的间接正犯，关键是要看组织传播者多大程度上控制了被害人。从蓝鲸游戏的游戏规则来看，组织者通过对受害人发布一个个不可抗拒的任务，慢慢控制了受害者的精神，使自杀自残者一步步对生活感到绝望，最终听从组织者的命令选择自杀，此时可以看作组织传播者已经控制了被害人，如果做不到完全控制，被害人也不会听从命令自杀，所以可以以故意杀人的间接正犯处理。如果已经在网络上开始实施蓝鲸游戏，笼络了一批游戏玩家，但由于意志以外的原因未能使玩家自杀的，可以故意杀人罪未遂处理。

参考文献：

[1] 周光权："教唆、帮助自杀行为的定性"，载《中外法学》2014 年第 5 期。

[2] 李双元：《儿童权利的国际法律保护》，人民法院出版社 2004 年版。

[3] 王俊平、孙菲："论信息网络传播权的刑法保护"，载《中州学刊》2009 年第 1 期。

[4] 花岳亮："帮助信息网络犯罪活动罪中'明知'的理解适用"，载《预防青少年犯罪研究》2016 年第 2 期。

论侮辱国歌罪

刘依妮*

内容摘要： 国歌是国家的象征和标志之一。世界上有不少国家将侮辱国歌的行为以犯罪论处的立法例。《刑法修正案（十）》新增侮辱国歌罪具有重大现实意义。侮辱国歌罪的客体是国家对国歌的管理秩序，客观方面的公共场合除了公共场所之外，还应当包括网络空间，主体是一般主体，主观方面是直接故意，并且具有侮辱国歌的目的。主要应当从是否具有侮辱目的和情节是否严重两个方面区分罪与非罪的界限，应当坚持宽严相济的刑事政策处理共同犯罪案件，应当正确处理牵连犯和想象竞合犯等罪数问题。

关键词： 国歌　侮辱　公共场合　情节严重

中华人民共和国国歌——《义勇军进行曲》，是我们祖国和人民尊严的代表之作，是我们国家的象征与标志。出于对我国国歌尊严的维护以及对公民的爱国观念和国家意识提高的目的，十二届全国人大常委会第二十九次会议于 2017 年 9 月 1 日通过了《中华人民共和国国歌法》，紧随其后，十二届全国人大常务委员会第三十次会议于 2017 年 11 月 4 日通过了《中华人民共和国刑法修正案（十）》，增设侮辱国歌罪。侮辱国歌罪的增设，对于增强人们自觉尊重国歌的良好社会风气，同侮辱国歌的行为作斗争具有极为重要的意义。本文拟对侮辱国歌罪的立法考察、构成特征、司法认定和刑罚适用等问题进行分析。

---

* 刘依妮，中国人民公安大学法学院 2016 级刑法学方向硕士研究生。

一、侮辱国歌罪的各国立法考察

国歌是国家的象征和标志，代表国家和民族的尊严。为了维护国歌的尊严，保卫国歌所代表的祖国的荣誉，世界上许多国家都把侮辱国歌的行为纳入刑法，把此行为规定为犯罪予以惩治。《德国刑法典》第 90 条 a 规定了"对国家及其象征的侮辱"，其中就包括对德意志联邦共和国国歌的侮辱。[1]《保加利亚刑法典》第 108 条规定："玷污保加利亚共和国国徽、国旗或国歌的，处不超过 1 年的监禁或者 100 列弗至 300 列弗的罚金。"[2]《意大利刑法典》第 292 条规定了侮辱国旗或者国家其他标志罪。[3]《土耳其刑法典》第 300 条第 2 款规定："公然侮辱土耳其国歌的，处 6 个月以上 2 年以下监禁。"[4]《泰国刑法典》第 118 条规定："意图侮辱国家，而对国旗或者其他象征国家的标志进行嘲弄行为的，处 2 年以下有期徒刑，并处或者单处 4000 铢以下罚金。"[5]《哈萨克斯坦共和国刑法典》第 372 条规定了亵渎国家象征罪。[6]由此可见，将侮辱国歌的行为规定为犯罪，外国也是存在立法例的。

二、侮辱国歌罪的构成特征

侮辱国歌罪，是指在公共场合，故意篡改中华人民共和国国歌歌词、曲谱，以歪曲、贬损方式奏唱国歌，或者以其他方式侮辱国歌，情节严重的行为。本罪具有以下构成特征：

（一）犯罪客体特征

本罪侵犯的客体是国家对国歌的奏唱等的管理秩序。《国歌法》第 2 条明确规定："中华人民共和国国歌是《义勇军进行曲》。"《国歌法》第 4 条、第 6 条、第 7 条分别规定了奏唱国歌的场合、奏唱国歌的形式以及规定了奏唱时的举止。本罪的犯罪对象仅限于中华人民共和国国歌，侮辱外国的国歌不成立本罪。

〔1〕 徐久生译：《德意志联邦共和国刑法典》，中国政法大学出版社 1997 年版，第 71 页。

〔2〕 陈志军译：《保加利亚刑法典》，中国人民公安大学出版社 2007 年版，第 43 页。

〔3〕 吴光侠译：《意大利刑法典》，中国政法大学出版社 1998 年版，第 91 页。

〔4〕 陈志军译：《土耳其刑法典》，中国人民公安大学出版社 2009 年版，第 128 页。

〔5〕 黄风译：《泰国刑法典》，中国人民公安大学出版社 2004 年版，第 29 页。

〔6〕 陈志军译：《哈萨克斯坦共和国刑法典》，中国政法大学出版社 2016 年版，第 202 页。

（二）犯罪客观方面特征

本罪的客观方面表现为，在公共场合，故意篡改中华人民共和国国歌歌词、曲谱，以歪曲、贬损方式奏唱国歌，或者以其他方式侮辱国歌，情节严重的行为。在本罪客观方面的认定中，主要应当注意以下问题：

1. "公共场合"的含义

"公共场合"是本罪客观方面行为实施地点的要求，即本罪只能发生于公共场合。"公共"是指属于社会的或者公有公用的。[1]"场合"是指一定的时间、地点、情况。[2]公共场合是指属于社会的或者公有公用的地点。笔者认为，公共场合的认定中应当注意以下问题：

（1）"公共场合"和"公众场合"的区别。《刑法修正案（十）》在新增侮辱国歌罪的同时，将侮辱国旗、国徽罪罪状中的"公众场合"修改为"公共场合"。公众是指社会上大多数的人或者大众。[3]因而，公众场合是指社会上大多数的人或者大众的地点。笔者认为，公共场合与公众场合的区别主要在于，前者强调场合能否供"多数人"进入，并不要求行为时必须有多数人同时在场；而后者强调场合当时是否存在"多数人"，行为当时必须同时有多数人在场。

（2）"公共场合"和"公共场所"的异同。我国刑法中大量使用"公共场所"一词，唯独在《刑法》第399条侮辱国旗、国徽罪和侮辱国歌罪中使用"公共场合"一词。公共场所，是指公众人士或任何一类公众人士，不论是凭付费或其他方式，于当其时有权进入或获准进入的地方。[4]笔者认为，"公共场合"和"公共场所"的核心含义基本相同，但公共场合含义比公共场所更为宽泛，不以一定的现实空间存在为依托，可以很好地涵括公共网络在内。

（3）"公共场合"包括《国歌法》第4条规定的应当奏唱国歌的九种场

〔1〕中国社会科学院语言研究所词典编辑室编：《现代汉语词典》（第5版），商务印书馆1993年版，第472页。

〔2〕中国社会科学院语言研究所词典编辑室编：《现代汉语词典》（第5版），商务印书馆1993年版，第155~156页。

〔3〕中国社会科学院语言研究所词典编辑室编：《现代汉语词典》（第5版），商务印书馆1993年版，第474页。

〔4〕陈志军、翟金鹏："扒窃行为特征与追诉标准的司法认定"，载《中国人民公安大学学报（社会科学版）》2013年第3期。

合。从该条规定来，允许奏唱国歌的场合大多数是一些政治性场合，比如全国人大会议、中国人民政治协商会议以及各种国家的重大庆典仪式上允许奏唱国歌，但是在该条的第（九）项有个兜底条款，即规定在"其他应当奏唱国歌的场合"。笔者认为，可以参照 2014 年 12 月 12 日中共中央办公厅、国务院办公厅印发的《关于规范国歌奏唱礼仪的实施意见》进行确定。

（4）"公共场合"包括《国歌法》第 8 条[1]明确规定的禁止使用国歌的公共场合。在全国人大常委会审议《国歌法（草案）》的过程中，不少委员针对"哪些场合禁止奏唱国歌"提出了建议。有委员建议把"丧事"两字去掉，理由是：因为提及了"丧事"，那么如果是在私人的一些喜庆的场合里是否就能因此而播放或奏唱国歌呢？也有委员认为，"对于不宜奏唱、播放国歌的"，现在定义为私人丧事活动这个范围还是窄了一点，建议适度扩大范围。[2]笔者认为，其实《国歌法》中关于"丧事"一词是否存在或者是否有必要进一步具体表述不适宜使用国歌的具体场合，并不重要。因为侮辱国歌的行为入罪的关键在于行为人是否在公共场合公然地侮辱国歌，也即无论是私人丧事活动还是喜庆活动，只要其是在公众可以进出的场合，故意地篡改中华人民共和国国歌歌词、曲谱，以歪曲、贬损方式奏唱国歌，或者以其他方式侮辱国歌，均符合侮辱国歌罪客观方面的行为特征。《国歌法》第 8 条规定适用的难点在于如何理解"不适宜的场合"。笔者认为，应当根据中办、国办《关于规范国歌奏唱礼仪的实施意见》规定进行认定，即国歌不得在私人婚丧庆悼、商业活动、娱乐活动、非政治性节庆活动、其他在活动性质或气氛上不适宜奏唱国歌的场合使用。

（5）网络是否属于"公共场合"？在全国人常委会审议《国歌法》的过程中，有的委员建议增加"国歌不得用于电话、电脑、彩信、互联网等铃声、叫醒号"等；有的建议增加关于通过互联网损害国歌形象应该如何处理方面的规定。[3]在现如今科技发达的时代，互联网逐步成为人们工作、生活的主要场所，互联网对人们的影响日益加强，影响可涉范围广，甚至比我们传统意义上解释的"公共场合"的涉及范围更大。比如前不久的萨德事件中，一

---

[1] 《国歌法》第 8 条规定："国歌不得用于或者变相用于商标、商业广告，不得在私人丧事活动等不适宜的场合使用，不得作为公共场所的背景音乐等。"

[2] 魏哲哲："国歌响起，我们该如何致敬"，载《人民日报》2017 年 7 月 19 日，第 17 版。

[3] 魏哲哲："国歌响起，我们该如何致敬"，载《人民日报》2017 年 7 月 19 日，第 17 版。

些网络红人打着爱国的名义，录制抵制萨德行动的视频在网络上发布，但殊不知却在视频中把我国国旗挂反了，引来外媒的嘲讽，不但没有起到爱国的震慑作用，反而引来一些有心人士的分裂煽动。此事件引起了社会的喧哗，社会影响力之大，不论网络红人们是否出于故意，挂反国旗的行为在一定程度上都侮辱了国家的象征标志，损害了国家的尊严。综上，笔者主张公共场合的内涵扩大到互联网领域，这不违背刑法的谦抑性，也不会影响人们的爱国情怀，这反而会更容易达到控制人们侮辱国家象征性标志的目的，更加尊重和敬重国家象征性标志。试想一下，如果互联网不被纳入"公共场合"的范围，人们就可以在网络上肆意地发布改编的国歌，这与侮辱国歌罪的设立初衷，即唤起大家的爱国之心，让人民群众尊重、维护、热爱自己的国家的目的相违背，故应增加相应的内容，规定在网络发布、传播损害国歌形象的音频、视频的行为应得到严肃处理。

2. "篡改中华人民共和国国歌歌词、曲谱"的含义

（1）篡改。篡改国歌歌词、曲谱是本罪客观方面的行为方式之一。篡改，是指随意增加、删减或者修改国歌的歌词和曲谱，从而改变了国歌的原貌。

（2）中华人民共和国国歌歌词。《国歌法》附件中规定了中华人民共和国国歌的歌词。歌词是歌曲的灵魂、宗旨的表达，阐明了一首歌想要表达的主旨和感情。歌词的好坏往往在很大程度上决定一首歌的好坏。可以说，国歌歌词是国歌的精粹。《义勇军进行曲》旋律铿锵有力、激越奋进以及其奋发身心的歌词，表达着中国人民对帝国主义的侵略不屈不挠、勇于反抗的宝贵精神，同时也充分体现着中华儿女的爱国情节之浑厚。实践中，篡改国歌歌词的行为并不少见，如"《国歌》股市版""《国歌》好汉版"等版本，就是如此。

（3）中华人民共和国国歌曲谱。曲谱即乐谱，是指记录音乐的音高或节奏的各种书面符号的有规律组合，如简谱、五线谱、吉他谱等。《国歌法》附件中规定了中华人民共和国国歌的曲谱，包括五线谱版和简谱版两种版本。

3. "以歪曲、贬损方式奏唱国歌"的含义

（1）奏唱国歌。是指演奏或者演唱国歌。演奏是用乐器表演，包括独奏、伴奏、重奏、合奏、齐奏和领奏等。演唱是指以唱的方式来表演，包括齐唱、独唱、重唱、合唱等。

（2）歪曲。是指故意改变其内容。[1]即在演奏或者演唱国歌时，故意地改变其歌词或者曲谱。

（3）贬损。是指贬低。[2]即在参与演奏或者演唱国歌时，以语言、行为或者其他方式对国歌进行侮辱。

4. "以其他方式侮辱国歌"的含义

这是一种"兜底性"或者"堵截性"的行为方式。是指除"篡改歌词、曲谱"和"以歪曲、贬损方式奏唱国歌"以外的其他方式。笔者认为，其他方式的具体类型非常多，任何对国歌进行侮辱的方式都可以包括在其中。例如下列情形都可能构成对国歌的侮辱：在商标、商业广告中侮辱性地使用国歌；在私人丧事活动等不适宜国歌奏唱的场合奏唱国歌；在公开演讲中发表侮辱国歌的言论；在演奏国歌时喝倒彩；等等。

（三）犯罪主体特征

本罪的主体是一般主体。凡是年满16周岁并且具有刑事责任能力的自然人均能构成本罪。这里的自然人既包括中国人，也包括外国人或无国籍人。单位不能成为侮辱国歌罪的主体。

（四）犯罪主观方面特征

本罪的主观方面必须是出于直接故意，即行为人明知其在公共场合实施侮辱国歌行为的性质、后果，并且希望其发生。主观方面必须具有侮辱国歌的目的。即通过其行为达到使国歌当众受辱、损害国家尊严的目的。间接故意和过失不构成本罪，如行为人不是故意篡改国歌的歌词和曲谱，而是忘了歌词或非故意唱错了歌词，或者唱走了调，这样的行为则不应该追责。不具有侮辱国歌目的的，也不构成本罪。

三、侮辱国歌罪的司法认定

在侮辱国歌罪的司法认定中，主要应当注意以下问题：

---

〔1〕 中国社会科学院语言研究所词典编辑室编：《现代汉语词典》（第5版），商务印书馆1993年版，第155~1397页。

〔2〕 中国社会科学院语言研究所词典编辑室编：《现代汉语词典》（第5版），商务印书馆1993年版，第155~182页。

（一）罪与非罪界限的界定

1. 是否具有侮辱目的

侮辱国歌的行为可以划分为三种类型：第一，篡改国歌歌词、曲谱；第二，以歪曲、贬损方式奏唱国歌；第三，以其他方式侮辱国歌，三类行为有一即可。笔者认为，不能将篡改了国歌曲谱的行为一律认为是成立侮辱国歌罪的行为方式。笔者以为，在合理范围内应当允许出于正当目的的改编，我国现存官方版本的国歌《义勇军进行曲》是激昂向上、令人斗志昂扬的，这确实有利于唤起爱国情怀，但也有很多钢琴抒情版本的、摇滚版本的改编，改编的抒情版有时更能打动异乡游子的爱国情怀，从而产生更深的民族认同感。而且如果将篡改歌词、曲谱的行为一律认为是侮辱国歌罪的行为方式，那将会加大司法的任务和压力。对于上述行为，应该区分对待，要考量篡改的歌词与曲谱是否具有侮辱的性质，比如是否出现了一些侮辱性字眼或者曲谱里故意穿插一些哀乐以诋毁国歌的行为。

2. 情节是否严重

成立侮辱国歌罪的行为具备着入罪门槛，即"情节严重的"才构成犯罪，如果没有达到情节严重的程度便不属于犯罪，只是一般违法行为，可以由公安机关依法给予行政处罚。何为情节严重，应当考量行为人的侮辱手段、在场人数多少、场合重要程度、行为次数、社会影响大小、是否再犯等方面予以具体确定。

（二）共同犯罪的认定

二人以上在公共场合侮辱国歌，或者聚众在公共场合侮辱国歌的，可以构成侮辱国歌罪的共同犯罪。在体育比赛等公共场合纠集或者挑动他人侮辱国歌的，应当基于宽严相济刑事政策，将纠集者或者挑动者作为打击的重点，对于积极参加者原则上也应当追究刑事责任，对于一般参加者可以予以行政处罚。

（三）罪数的认定

1. 侮辱国歌罪与其他犯罪的牵连犯

行为人以情节严重的侮辱国歌行为为手段，实施煽动分裂国家罪、煽动颠覆国家政权罪、聚众扰乱公共场所秩序、交通秩序罪、寻衅滋事罪等其他犯罪的，构成牵连犯，应当从一重罪处断。

2. 侮辱国歌罪与侮辱国旗、国徽罪的想象竞合犯

　　行为人以同一行为对国歌和国旗或国徽进行侮辱，都达到构成犯罪程度的，属于一行为触犯数罪名的想象竞合犯，应当从一重罪处断。但是，如果侮辱行为是分别实施的，则应当以侮辱国歌罪和侮辱国旗、国徽罪进行并罚。

非法证据排除程序性规则的发展与完善

焦　娜*

内容摘要：十八届四中全会明确提出，推进以审判为中心的刑事诉讼制度改革，全面贯彻证据裁判规则，在此大背景之下，不断出台相关规范，细化非法证据排除程序性规则，包括启动、审查、裁决和救济等环节，确保司法机关履行法定职能，以"看得见的方式"实现诉权保障和程序正义。
关键词：非法证据排除　程序　审查　完善

非法证据排除是刑事诉讼中加快推进以审判为中心的制度改革的"牛鼻子"[1]，决定着改革的方向和目标，是司法改革进程中的重要体现，因此非法证据排除规则的发展必定引起实务界和学术界的高度重视。两高三部于2017年6月27日发布的《关于办理刑事案件严格排除非法证据若干问题的规定》（以下简称《严格排除非法证据规定》），是对2010年7月1日起施行的《关于办理刑事案件排除非法证据若干问题的规定》的归纳完善，从标题上看，增加了"严格"二字；从篇幅上看，增加了27条；从内容上看，更加全面具体，涉及了刑事诉讼的各个阶段和各个部门的诉讼职能等。另外，两高三部为了推进以审判为中心的刑事诉讼制度改革，落实《严格排除非法证据

规定》，于 2018 年 1 月 1 日在全国试行"三项规程"[1]，进一步固化了非法证据排除规则的改革成果。

非法证据排除规则分为实体性规则和程序性规则，实体性规则主要是对非法证据的认定标准和范围界定，而程序性规则是规范非法证据排除的整个过程，包括从侦查、逮捕、起诉、辩护和审判多环节中启动、审查、裁决和救济的主体、对象、方式、后果等内容，二者相辅相成，共同发挥作用，为非法证据排除提供更加明确的依据。本文将主要围绕以审判为中心的刑事制度改革、《严格排除非法证据规定》和"三项规程"的内容，重在探讨非法证据排除程序性规则。

一、非法证据排除程序的启动

非法证据排除程序性规则的成功运用，始于程序的启动，也在于程序的启动。因此，如何启动程序，何时启动程序，谁来启动程序，也成为探讨非法证据排除程序规则不可回避的问题。

（一）启动方式

依照发起程序的主体不同，可分为依申请启动和依职权启动，两种启动方式对于排除非法证据具有同等重要性。

1. 依申请启动

申请主体和申请对象。《严格排除非法证据规定》中明确[2]，申请排除非法证据的主体仅包括辩方，即犯罪嫌疑人、被告人及其辩护人，诉讼程序中的绝大多数证据来源于侦查机关，赋予辩方申请排除由控方收集的非法证据的权利，保证辩方诉权的实现，减少发生冤假错案的概率，发挥对控方职权行为的外部监督作用。但关于申请主体和申请对象的范围，存有以下两点

---

〔1〕 "三项规程"是指《人民法院办理刑事案件庭前会议规程（试行）》《人民法院办理刑事案件排除非法证据规程（试行）》和《人民法院办理刑事案件第一审普通程序法庭调查规程（试行）》。

〔2〕 查阅《严格排除非法证据规定》全文，涉及申请排除非法证据的主要有以下条文，均可推断，申请主体仅包括辩护一方。第 14 条第 1 款："犯罪嫌疑人及其辩护人在侦查期间可以向人民检察院申请排除非法证据……"第 17 条第 1 款："审查逮捕、审查起诉期间，犯罪嫌疑人及其辩护人申请排除非法证据……"第 20 条："犯罪嫌疑人、被告人及其辩护人申请排除非法证据……"第 23 条："被告人及其辩护人申请排除非法证据……"

疑问：

第一，刑事案件中证人和被害人是否有权申请排除非法证据？被排除的言词证据范围中除了以非法方法收集的犯罪嫌疑人、被告人的供述，还包括证人证言和被害人陈述，既然证据种类中涉及的作证主体包括证人和被害人，那么，他们是否也应该享有申请非法证据排除的权利？目前我国现行的《刑事诉讼法》及司法解释规定[1]，有权向人民法院申请排除非法证据的主体是当事人及其辩护人、诉讼代理人。因此刑事案件中的被害人是法定的申请主体，那么证人有权申请排除非法证据吗？我国法律规范中没有提及，且赋予证人申请排除非法证据的权利不具有必要性。

确定申请的权利主体与排除非法证据规则的核心价值密切相关，与一般的法律规则不同，其核心价值彰显人权保障，具体而言是加强公民人身权的司法保障[2]，这明显体现出 2012 年修改后的《刑事诉讼法》确立的我国刑事诉讼的目的和任务"尊重和保障人权"，以及我国刑事诉讼的基本原则之一——"不得强迫自证其罪"。因此，证人与诉讼结果之间并无利害关系，更加牵涉不到因承担不利后果而产生的权利救济问题。假若超出人权保障的核心价值范围，为了司法纯洁性，那么凡是在刑事案件中，具有正义感的诉讼参与人，包括鉴定人、翻译人员在内，都应该被赋予排除非法证据的申请权，一方面有利于严格遵守非法证据排除规则，更大程度地保障进入诉讼程序中的证据是合法的，但另一方面，申请主体存在不确定性，不易辨别其主观心态是否是为了追求公平正义，严重时可能导致权利被滥用，影响诉讼程序的正常进行。另外，若参照已有的辩方申请排除非法证据的相关法律法规，如何保证不影响诉讼效率且能够有效利用司法资源，这些问题仍然需要进一步考究。

---

〔1〕 我国现行《刑事诉讼法》第 56 条第 2 款规定："当事人及其辩护人、诉讼代理人有权申请人民法院对以非法方法收集的证据依法予以排除。申请排除以非法方法收集的证据的，应当提供相关线索或者材料。"最高法关于执行《刑事诉讼法》司法解释第 96 条规定，"当事人及其辩护人、诉讼代理人申请人民法院排除以非法方法收集的证据的，应当提供涉嫌非法取证的人员、时间、地点、方式、内容等相关线索或者材料。"且《刑事诉讼法》第 106 条规定："当事人是指被害人、自诉人、犯罪嫌疑人、被告人、附带民事诉讼的原告人和被告人。"《严格排除非法证据规定》是以《刑事诉讼法》及有关司法解释为根据，因此综合分析可得知，除了辩方，控方中的自诉人、被害人都是法定的申请排除非法证据的权利主体。

〔2〕 沈德咏："我们应当如何适用非法证据排除规则"，载人民网 http://legal.people.com.cn/n1/2017/0628/c42510-29368943.html，最后访问日期：2017 年 6 月 29 日。

第二，控方是否有权向审判机关申请排除辩方非法收集的证据？《严格排除非法证据规定》和"三项规程"都明确规定，应当予以排除的证据范围除了言词证据之外，还包括不能补正或作出合理解释的物证、书证。根据我国现行《刑事诉讼法》的规定[1]，辩护人的责任包括收集对犯罪嫌疑人、被告人有利的材料和意见，如果收集到的材料足以证明案件事实，即可作为证据使用，且证据种类主要表现为物证和书证。在庭审中法庭调查阶段，控辩双方有权对对方出示的证据进行质证。另外，辩护律师在侦查、审查起诉阶段收集到的证明犯罪嫌疑人无罪、罪轻的证据应当及时告知公安机关、人民检察院。且辩方在开庭五日前应向人民法院提供将在当庭出示的证据[2]。司法实践中辩护律师通常不会积极履行及时告知义务，既然如此，控方通常是在辩方将收集到的证据交给人民法院之后，行使阅卷权的过程中方才知悉。那么，公安机关、人民检察院是否享有申请人民法院排除辩方以非法方法收集的证据？美国非法证据排除规则的设立目的是限制公权力，规范公权力，而非规范私人，排除的非法证据范围不包括辩方证据[3]。在我国法律规范中没有明确，与控方相比，辩方收集证据的手段和方式具有天然的弱势，因此当法官面对辩方收集到的证据时，更多的是考虑证据的客观性和关联性，而非合法性，通过法庭举证质证环节，法官将在判决书中写明是否予以采纳此证据。所以，没有必要赋予人民检察院向人民法院申请排除辩方收集的非法证据的权利。

2. 依职权启动

《严格排除非法证据规定》第 15 条规定，侦查终结后，侦查机关应全面审查证据材料的合法性，依法作出排除非法证据的决定；第 17 条规定，审查

---

[1] 根据我国现行《刑事诉讼法》第 35 条的规定，"辩护人的责任是根据事实和法律，提出犯罪嫌疑人、被告人无罪、罪轻或者减轻、免除其刑事责任的材料和意见，维护犯罪嫌疑人、被告人的诉讼权利和其他合法权益。"

[2] 根据我国现行《刑事诉讼法》第 40 条规定："辩护人收集的有关犯罪嫌疑人不在犯罪现场、未达到刑事责任年龄、属于依法不负刑事责任的精神病人的证据，应当及时告知公安机关、人民检察院。"和最高法司法解释第 182 条规定："开庭审理前，人民法院应当进行下列工作：（三）通知当事人、法定代理人、辩护人、诉讼代理人在开庭五日前提供证人、鉴定人名单，以及拟当庭出示的证据；申请证人、鉴定人、有专门知识的人出庭的，应当列明有关人员的姓名、性别、年龄、职业、住址、联系方式……"

[3] 王兆鹏：《美国刑事诉讼法（第二版）》，北京大学出版社 2014 年版，第 44~47 页。

起诉期间，人民检察院依职权对证据进行审查认定为非法证据后，有权作出排除决定。综上，侦查机关、检察机关在各自发挥主导作用的诉讼阶段，依职权主动审查证据合法性，依法作出排除非法证据的决定。但对于审判机关，第 34 条规定，审判阶段法庭审理后，确定存在非法收集证据情形的，人民法院依法作出排除决定。对"确定存在"应理解为仅针对依申请排除的非法证据进行审查，一是因为移送至人民法院的全部证据已经由侦查机关、检察机关全面审查，人民法院没有必要依职权主动审查每个证据的合法性，节约司法资源，避免法院工作负担太重[1]。二是符合不告不理原则，为了在控辩双方之间保持平衡，人民法院依法对控辩双方各自的请求做出裁决，发挥消极中立的作用，保证实现程序公正。有利于保证排除非法证据的诉讼阶段连贯性，三机关分工负责，并将有争议的证据交由处于中立地位的审判机关作出最终决定。

（二）启动阶段

根据上文对启动方式的分析，可以得出排除非法证据的阶段包括侦查阶段、审查起诉阶段和审判阶段，涵盖诉讼阶段广，最大范围保证非法证据排除于诉讼程序之外。但深究其效果，发现以下两个问题：

第一，侦查阶段，辩护律师申请排除非法证据的权利不能真正实现。其一，侦查阶段的特点是集中收集证明案件事实情况的材料，具有不确定性；其二，辩护律师尚不享有阅卷权，了解案件进展情况主要是通过会见犯罪嫌疑人，辩护律师仅凭犯罪嫌疑人的一面之词，按照《严格排除证据规定》要求提出排除非法证据的相关线索和材料，不具有现实可能性。

第二，侦查、审查起诉阶段，侦查机关和检察机关作为刑事案件的控方，依职权排除非法证据的可能性令人怀疑。侦查机关和检察机关代表国家行使公权力，其职权行为被推定为合法有效，况且依职权排除非法证据与其追诉犯罪的职能背道而驰。但是，以审判为中心的诉讼制度改革以来，要求侦查机关和检察机关收集的证据要符合庭审裁判的要求，尤其对于侦查机关合法收集证据提供了更高标准。按照人普遍性趋利避害的本能，若侦查机关不能在自己主导的侦查阶段自我审查、自我监督、自我排除，那么证据移送到审查起诉阶段，甚至审判阶段，侦查机关面对的诘难增多，对不利结果承担的责任加重，体现了以审判为中心的证据裁判规则对侦查机关的"倒逼"。无论

---

[1] 杨宇冠：《非法证据排除规则研究》，中国人民公安大学出版社 2002 年版，第 283 页。

是依申请还是依职权方式排除非法证据，与其他阶段比较，侦查阶段距离案发时间最短，重新收集证据的难度系数更小，这也正是在侦查阶段就提出非法证据规则排除的必要性和重大意义。如何提高侦查机关和检察机关依职权排除非法证据的可能性，完善措施将在下文具体阐述。

二、非法证据排除程序的审查

（一）审前阶段的审查

1. 审查主体

审前阶段对非法证据排除的审查属于侦查机关和检察机关的职权行为，是一种自我监督的重要方式，此外，检察机关还发挥着对侦查机关庭前把关的监督作用[1]，"三项规程"中明确对于重大案件，驻守看守所的检察人员应核查讯问的合法性并做出核查结论。

2. 审查对象

涵盖了主要诉讼阶段内已经收集、固定的所有证据形式，以公安机关作为侦查机关为例，其有权审查的证据来源主要包括：第一，侦查部门在侦破案件取证活动中，对证明案件事实的证据材料的收集和固定；第二，侦查终结之后，法制部门[2]对证据的合法性、客观性、相关性和证明力的审查；第三，案件性质发生变化后，公安机关审查行政证据转化而来的刑事证据。

3. 审查方式

证据来源渠道广，证据形式和种类表现类型多样化，如何针对不同种类的证据进行有效审查，司法实务中审查方式集中表现为书面审查和调查，书面审查的对象主要是案卷，调查则是指重新核实证据。采用二者中的何种方式，取决于收集、固定证据的过程对权利的影响程度大小。比如通过刑讯逼供手段获取犯罪嫌疑人、被告人供述，侵犯了宪法规定的人身基本权利，权利价值位阶越高，非法取证行为的违法性越严重，对收集的证据审查方式就

---

[1] 熊秋红："检察机关在非法证据排除中的多重角色"，载《中国刑事法杂志》2017年第4期。

[2] 《公安机关法制部门规范》第55条："公安法制部门应当在规定的案件审核范围内，重点对立案、管辖是否合法，事实是否清楚，证据是否确实、充分、合法，定性是否准确，处理意见是否适当，适用法律是否正确，程序是否合法，法律文书是否规范、完备以及其他与案件质量有关的事项进行审核，提出审核意见，报本级公安机关领导决定。"第56条："公安法制部门审核案件主要通过审查案卷的方式进行，必要时可以要求办案部门就有关问题作说明。"

要越严格，按照《严格排除非法证据规定》，始于书面审查，审查之后仍然不能消除疑问的，有权进行调查。因此，调查与书面审查相比，还原证据收集过程真实性的可能性更大。

4. 审查期限

我国现行《刑事诉讼法》对公安机关、人民检察院审查逮捕期限做出了明确的限定[1]，无法为负责审查证据合法性的部门提供充足的审查时间[2]，尤其是需要展开调查工作时，易导致应排除的证据没有被排除，不应逮捕的却被逮捕，不应起诉的遭到起诉，犯罪嫌疑人、被告人会因控方的工作失误付出代价，无法保证实现合法的诉讼权益。

（二）审判阶段的审查

1. 审查方式

与审前阶段相同，也分为书面审查和调查。"三项规程"中提到开庭审理之前，承办法官应当通过阅卷的方式，对收集证据的合法性进行审查。2012年修改后的《刑事诉讼法》增加了庭前会议制度，在《严格排除非法证据的规定》中，庭前会议时控辩双方对证据收集合法性有争议，且人民法院认为有疑问的证据，留待庭审活动中，公诉人宣读起诉书之后法庭调查之前对证据进行调查并做出处理决定[3]。

2. 庭审调查时机

在法庭审理过程中，究竟是对有争议的证据合法性的调查在先，还是法

---

〔1〕 现行《刑事诉讼法》第 89 条："公安机关对被拘留的人，认为需要逮捕的，应当在拘留后的三日以内，提请人民检察院审查批准。在特殊情况下，提请审查批准的时间可以延长一日至四日。对于流窜作案、多次作案、结伙作案的重大嫌疑分子，提请审查批准的时间可以延长至三十日。人民检察院应当自接到公安机关提请批准逮捕书后的七日以内，作出批准逮捕或者不批准逮捕的决定。人民检察院不批准逮捕的，公安机关应当在接到通知后立即释放，并且将执行情况及时通知人民检察院。对于需要继续侦查，并且符合取保候审、监视居住条件的，依法取保候审或者监视居住。"从以上规定可以得出，公安机关提请批准逮捕的最长时间是 30 日，检察院做出决定的最长时间是 7 日，合计总共不超过 37 天。

〔2〕 卞建林、谢澍："我国非法证据排除规则的重大发展——以《严格排除非法证据规定》之颁布为视角"，载《浙江工商大学学报》2017 年第 5 期。

〔3〕《严格排除非法证据规定》第 26 条："公诉人、被告人及其辩护人在庭前会议中对证据收集是否合法未达成一致意见，人民法院对证据收集的合法性有疑问的，应当在庭审中进行调查；人民法院对证据收集的合法性没有疑问，且没有新的线索或者材料表明可能存在非法取证的，可以决定不再进行调查。"第 28 条："公诉人宣读起诉书后，法庭应当宣布开庭审理前对证据收集合法性的审查及处理情况。"

庭调查阶段中的举证质证环节在先。我国现行《刑事诉讼法》做出了模糊规定，仅在第 56 条提出了法庭审理过程中，审判人员认为可能存在非法情形的，应当对证据的合法性进行法庭调查。2013 年最高法的司法解释第 100 条规定，根据具体情况，对证据合法性的调查可在提出申请之后，也可在法庭调查结束之前一并进行，这样的规定赋予法官很大的自由裁量权，难以真正消除被排除的非法证据对定罪量刑造成的影响。进而，在《严格排除非法证据规定》中，第 30 条规定应当先行当庭调查证据合法性，但为了防止因此造成的庭审过分迟延，也可以在法庭调查结束之前一并进行，相比之下，此条虽赋予了法官一定程度的自由裁量权，但"应该"二字体现了更加明确的目的，即为了缩短非法证据在法庭审判过程的存续时间，防止非法证据参与到举证质证环节，破坏影响定罪量刑的证据体系，尽量削弱其影响力，也表明了对排除非法证据的坚决态度。法律法规的有关内容不断明确具体，促使非法证据排除程序性规则不断完善。

3. 庭审调查手段

《严格排除非法证据规定》和"三项规程"中都规定，法庭决定调查的证据，首先由控方出示证明证据收集合法性的证明材料，然后由辩方进行质证，双方开展辩论，符合以审判为中心的刑事诉讼制度改革下直接言词原则的要求。期间辩方可提请人民法院通知侦查人员出庭说明情况或者作证，这样会出现"先审警察"的直观视觉现象，尤其是在场且不深谙法律的旁听人员看来，导致对警察的公众形象产生负面影响，甚至削弱司法权威和司法公信力。但是，警察出庭有利于帮助审判人员了解证据收集的过程，还原案件事实真相，对有合法性争议的证据做出公正裁决，这既是警察的权利也是警察的义务。关于公众对警察出庭认知的偏见，可通过普法宣传循序渐进的过程加以改善。

三、非法证据排除程序的裁决与救济

（一）裁决主体和裁决方式

按照《严格非法证据排除规则》，侦查阶段为确保裁决的中立和公正，审查证据合法性的主体与办案部门相分离，是公安机关内部的法制部门，主要通过审查案卷的方式，但最后的裁决主体是公安机关的负责人，裁决方式为决定[1]。虽从表面来看，侦查机关自侦自排，"做自己案件的法官"，但公安机关内各部门之间分工明确，不失为公安机关自我监督的一种良策。审查逮捕、审查起诉阶段，非法证据排除裁决的主体是人民检察院，对证据调查核实后作出决定的是检察长。审判阶段，由法庭当庭作出决定，必要时与合议庭或者审判委员会讨论之后当庭作出，确立了当庭裁决原则，有利于维护程序性裁判的权威性[2]，树立司法公信力。以上涉及非法证据的各个诉讼阶段，有关裁决主体和裁决方式已经做出了明确详细的规定。

（二）设立辩方救济权的争议

在《严格排除非法证据规定》中，首先，在审查逮捕、审查起诉阶段，若因非法证据排除之后而做出不予逮捕、不予起诉的决定，侦查机关依法享有救济权，有权提出复议、复核。而对辩方依申请要求排除非法证据遭到司法机关的拒绝后，或是辩方收集到的证据，被控方向审判机关申请排除之后，却没有类似救济的具体规定。有关辩方认为行使诉讼权利受阻后的救济权，在我国现行《刑事诉讼法》的第47条中[3]做出了较为笼统的规定。一方面辩方没有救济权就不能保证诉讼权益实现，甚至侵犯了其他合法权利，确实因没有排除非法证据而导致被逮捕、被起诉，辩方不能充分表达辩护意见，可能为冤假错案的发生埋下伏笔。而另一方面在侦查、审查起诉阶段，司法效率具有很大的重要性，不宜被多次中断或延迟。两者概括起来为权利保障和权力实现之间的取舍，辩方应不应该享有救济权，应该从长远的诉讼发展来看，具体分析下文会在完善部分进一步说明。

其次，在审判阶段，审判人员裁决排除的非法证据采用决定的方式，且一经作出，即刻生效，辩方不服决定内容也只能等到判决宣告之后，生效之

---

[1] 公安部《公安机关办理刑事案件程序规定》（2013年1月1日公安部令第127号）第67条："在侦查阶段发现有应当排除的证据的，经县级以上公安机关负责人批准，应当依法予以排除，不得作为提请批准逮捕、移送审查起诉的依据。"《公安机关法制部门工作规范》第55条："公安法制部门应当在规定的案件审核范围内，重点对立案、管辖是否合法，事实是否清楚，证据是否确实、充分、合法，定性是否准确，处理意见是否适当，适用法律是否正确，程序是否合法，法律文书是否规范、完备以及其他与案件质量有关的事项进行审核，提出审核意见，报本级公安机关领导决定。"

[2] 陈瑞华："新非法证据排除规则八大亮点"，载法制网 http://www.legaldaily.com.cn/commentary/content/2017-06/28/content_7224325.htm? node=34252，最后访问日期：2017年6月28日。

[3] 我国现行《刑事诉讼法》第47条规定："辩护人、诉讼代理人认为公安机关、人民检察院、人民法院及其工作人员阻碍其依法行使诉讼权利的，有权向同级或者上一级人民检察院申诉或者控告。人民检察院对申诉或者控告应当及时进行审查，情况属实的，通知有关机关予以纠正。"

前，向第二审人民法院提起上诉。由此，辩方在侦查、审查起诉阶段没有明确具体的救济权，在审判阶段仅有一次救济权，还是一种事后救济的方式，这样给辩方带来的严重不良影响以及依申请排除非法证据的成功率难以想象。

（三）裁决排除后的非法证据随案移送争议

《严格排除非法证据规定》第 17 条第 3 款明确，审查逮捕和审查起诉期间，依法被排除的非法证据应当随案移送。结合前文得知，辩方在审判阶段之前对排除的非法证据并无救济权，那么随案移送至审判阶段，辩方仍有异议，是否可以向人民法院提出排除申请，《严格排除非法证据规定》中没有提及，假设如果可以的话，已经被排除的非法证据就丧失了排除的意义。另外，随案移送直接导致排除后的非法证据进入审判人员的视野，影响法官心证，进而不自觉地影响对被告人的定罪量刑。以上分析可得，不宜将已排除的非法证据随案移送，包括从侦查机关移送到检察机关，检察机关移送到审判机关。应当封存备案，留待追责或查询之用。

上文提到，"三项规程"中明确开庭审理前，承办法官应当阅卷，审查证据收集的合法性。这是我国刑事诉讼过程中的传统做法，如此一来进入审判阶段的争议证据，并在审判阶段决定排除的证据都会进入承办法官的视野，不能减少被排除的非法证据对法官的影响，但考虑到我国法官实行员额制改革的效果，提高了法官队伍的专业素质和能力，还有审判阶段非法证据排除的整体性和连贯性要求，和案多人少的司法现状。因此，为追求司法公正与司法效率并举，开庭审理前与开庭审理时为同一个法官更加符合我国的司法状况。

四、完善非法证据排除程序性规则的建议

（一）以审判为中心运用非法证据排除程序性规则

非法证据排除程序性规则贯穿运用于侦查阶段、审查起诉阶段和审判阶段，为了契合以审判为中心的刑事诉讼制度，侦查机关、检察机关应该按照审判要求的标准收集、固定、审查以及排除证据，提高证明标准，接受审判机关的制约和裁判[1]。其中，侦查机关实施的有关证据的刑事诉讼活动不具有终局性，要接受检察机关和审判机关的监督和制约，依法排除非法证据之

---

〔1〕 亢晶晶："非法证据排除规则下公安机关的角色实现"，载《北京警察学院学报》2015 年第 2 期。

后，最终裁判做出之前，侦查机关仍有机会补正证据，或者重新进行相关侦查活动，收集、固定证据，这样更加符合侦查机关行使追诉权打击犯罪的职能。进而可得，排除非法证据与追究侦查人员责任之间存在关联，但非必然的关联，这也正是要求侦查机关按照审判的标准收集、固定、审查和排除证据的原因。既然如此，侦查人员不必过于增添心理负担，担忧因争议证据被排除而承担行政责任甚至是刑事责任，发现非法证据后采取积极态度应对。

（二）增强辩方力量，扩大救济权

1. 增强各个诉讼阶段的辩方力量

"三项规程"中明确提到案件移送至人民法院时，被告人申请排除非法证据的，没有辩护人，可以通知法律援助机构指派律师辩护。在 2017 年 10 月 11 日，最高法和司法部联合发布了《关于开展刑事案件律师辩护全覆盖试点工作的办法》，旨在充分发挥律师在刑事案件审判中的辩护作用。试点工作的推行是增强辩方力量的良好开始，保证实现控辩平等，充分发挥非法证据排除程序性规则的作用和价值。以上最新规定均是仅增强在审判阶段的辩护力量，在美国有学者提出，审前阶段律师的权利不是辅助性的，不是美国宪法第六修正案的边缘性规定，与审判阶段的权利同等重要，如果缺失就可能面对潜在的风险和错误[1]。因此，在侦查、审查起诉阶段，犯罪嫌疑人、被告人提出排除非法证据的申请时，都应保障获得律师帮助或者委托律师为其辩护。

2. 增加辩方申请排除非法证据的时机

除了既有规定内容之外，将辩护律师的阅卷权提前至侦查工作结束后计划侦查终结之前[2]，如果辩护律师通过阅卷，发现侦查机关对证据的收集确实存在不合法，或许正好与犯罪嫌疑人告知的一面之词相吻合，由此一方面加大辩护律师在侦查阶段提出排除非法证据申请的可能性，另一方面在辩方申请期间，侦查机关也可借此时机主动审查收集到的所有证据的合法性。

3. 扩大辩方在审判阶段的救济权

考虑到侦查阶段和审查起诉阶段时间和效率的重要性，并且为了更好实

---

〔1〕 Yale Kamisar, Wayna R. LaFave, Jerold H. Israel, Nancy J. King, Oin S. Kerr, Eve Brensike Primus, "Modern Criminal Procedure", *Cases*, *Comments and Questions* (*Fourteenth Edition*), St. paul：West Academic Publishing, 2015, pp. 870~871.

〔2〕 张金玲："公安机关非法证据排除程序研究"，载《山东警察学院学报》2017 年第 5 期。

现以审判为中心的刑事诉讼制度，需扩大辩方在审判阶段对非法证据排除的救济权，已有规定中的上诉救济仅是一种事后救济，不足以充分保障辩方实现依申请排除非法证据，建议在一审中增加复议的救济方式，复议主体是审判委员会，如果仍不服复议决定，待一审判决做出之后方可进行第二次救济，行使上诉权。这样有利于辩方充分表达申请排除非法证据的意见，保障辩方的合法权益。

（三）增加科技运用，促进司法智能化

随着刑事犯罪行为的手段逐渐高科技化、智能化，迫使司法机关必须与时俱进，加快建设"智慧司法""智慧法院"和"智慧检务"，比如最高法正在探索通过运用司法大数据平台，建立智能化考核标准，办案流程电子化、网络化[1]。因此，司法机关应该在运用非法证据排除规则的大势之下，借此机会改善硬件设施配置，加大科技投入，提高司法智能化水平，减少非法证据在诉讼程序中的出现及存续时间。比如在侦查阶段，讯问犯罪嫌疑人时，供述通过语音录入后直接转化为数据，减少刑讯逼供的发生，改善侦查办案质量，从证据收集的源头上防止出现非法证据。

司法智能化将司法工作人员从纯技术性、简单易操作的工作中解放出来，集中精力处理那些必须依赖人经验、心智才能进行的工作，提高诉讼效率，避免发生不必要的错误，保障犯罪嫌疑人、被告人的合法权益。

五、结语

非法证据排除程序性规则是非法证据排除规则的重要内容，自 2010 年施行的《关于办理刑事案件排除非法证据若干问题的规定》，2012 年新修改的《刑事诉讼法》，2013 年最高法施行的适用新刑诉法的司法解释，2017 年两高三部发布的《严格排除非法证据规定》及 2018 年 1 月 1 日向全国试行的"三项规程"，都在不断与时俱进，逐步发展完善规则，当前，在司法改革的进程中，非法证据排除规则更应与以审判为中心的刑事诉讼制度改革相结合，保证证据裁判原则实现，防止因非法证据存在而导致的冤假错案。切实发挥非法证据排除程序性规则作用，从收集、固定、审查、排除方面保证实现程序正义。

---

〔1〕"人民法院司法改革成效数据报告暨司改典型案例"发布会，http://www.scio.gov.cn/xwfbh/qyxwfbh/Document/1557884/1557884.htm，最后访问日期：2018 年 1 月 6 日。

参考文献：

［1］沈德咏："我们应当如何适用非法证据排除规则"，载人民网 http://legal. people. com. cn/n1/2017/0628/c42510-29368943. html，最后访问日期：2017 年 6 月 29 日。

［2］王兆鹏：《美国刑事诉讼法（第二版）》，北京大学出版社 2014 年版。

［3］杨宇冠：《非法证据排除规则研究》，中国人民公安大学出版社 2002 年版。

［4］熊秋红："检察机关在非法证据排除中的多重角色"，载《中国刑事法杂志》2017 年第 4 期。

［5］卞建林、谢澍："我国非法证据排除规则的重大发展——以《严格排除非法证据规定》之颁布为视角"，载《浙江工商大学学报》2017 年第 5 期。

［6］亢晶晶："非法证据排除规则下公安机关的角色实现"，载《北京警察学院学报》2015 年第 2 期。

［7］Yale Kamisar, Wayna R. LaFave, Jerold H. Israel, Nancy J. King, Oin S. Kerr, Eve Brensike Primus, "Modern Criminal Procedure", *Cases*, *Comments and Questions（Fourteenth Edition）*, St. paul: West Academic Publishing, 2015.

［8］张金玲："公安机关非法证据排除程序研究"，载《山东警察学院学报》2017 年第 5 期。

认罪认罚从宽制度中自愿性保障机制探究

赵一平*

内容摘要： 自认罪认罚从宽制度试点工作开展以来，在刑事案件中实现繁简分流，办案效率显著提升，司法资源调配得到较好优化，基本达到认罪认罚从宽制度试行之初目的。但在当前试点工作中仍存在标准不统一、适用有差异、权利保障不到位等问题。尤其是作为认罪认罚从宽制度关键一环的自愿性保障问题，自愿是认罪认罚从宽制度适用的前提，而在有些试点地区却未将自愿性作为重点审查对象，被追诉人权益难以得到有效保障。为进一步完善我国认罪认罚从宽制度，借鉴外国实践经验，探究相关自愿性保障机制十分必要。

关键词： 认罪认罚　自愿性　外国经验　保障机制

一、引言

2016 年 9 月，第十二届全国人民代表大会常务委员会第二十二次会议通过了《关于授权最高人民法院、最高人民检察院在部分地区开展刑事案件认罪认罚从宽制度试点工作的决定》（以下简称《试点工作决定》）。同年 11 月，"两高三部"又印发了《关于在部分地区开展刑事案件认罪认罚从宽制度试点工作的办法》（以下简称《试点工作办法》），自此为期两年的认罪认罚从宽制度试点工作全面展开。截至 2018 年 1 月，各试点地区实现案件繁简分流，刑事诉讼效率大幅提升，试点工作取得明显成效。但同时也突显出许多问题，由于刑事诉讼中各方参与者利益需求不同，为实现节约人力成本、时

---

* 赵一平，中国人民公安大学。

间成本、提高效绩等目的，致使对被追诉人自愿性保障的忽略与缺失。当前大部分试点地区，不论是在侦查、起诉阶段，还是在庭审阶段，往往不能给予被追诉人认罪认罚自愿性充分关注，也鲜有制定相关自愿性保障办法。不健全的自愿性保障机制会为认罪认罚从宽制度带来误判风险与不确定性，因此本文拟从当前试点工作实际做法出发，借鉴外国先进制度经验，探究适用于我国认罪认罚从宽制度的自愿性保障机制。

二、认罪认罚从宽制度中自愿性保障机制实施现状

试点工作开展以来，各试点地区依据《试点工作办法》相继制定了本地区工作办法、工作实施细则等规范性文件，以指导当地认罪认罚工作，虽然各地方在落实认罪认罚从宽制度时存在做法差异，但在自愿性保障机制设置方面却有许多相仿之处，其做法主要有以下几个方面。

（一）多种方式履行告知义务

履行告知义务是适用认罪认罚从宽制度的前提，这种告知义务应当包括对认罪认罚从宽制度的告知、诉讼权利的告知与可能导致法律后果的告知，在被追诉人对告知事项有充分了解的基础上才可能实现自愿认罪认罚。在实际试点工作中追诉方履行告知义务存在多种方式：在杭州市《关于办理认罪认罚从宽案件工作实施细则》中规定，侦查阶段公安机关便可直接向被追诉人履行有关告知义务并送达《告知书》，被追诉人认罪认罚的会及时签署《承诺书》；北京在办理认罪认罚案件时，审查起诉阶段人民检察院会积极开展认罪认罚教育转化工作，履行告知义务，并将情况记录在案由被追诉人签字后附卷；还有些地区同时采取了口头告知、案卷记录、送达权利义务告知书等多种方式进行告知。由于各试点地区权利义务告知方式不同，也就导致不同地区的被追诉人对制度了解详尽程度的差异，这在一定程度上将影响告知所起到的自愿性保障作用。办案机关还应当结合被追诉人实际情况做到充分告知，避免履行告知义务形式僵化，确保被追诉人真正理解并自愿认罪认罚。

（二）值班律师提供法律帮助

值班律师制度在当前各试点地区都已确立，各试点地区所出台的规范性文件中，都规定了被追诉人拥有获得值班律师法律帮助的权利，来自值班律师的法律帮助已经成为自愿性保障机制的重要组成部分。在之前为期两年的

刑事案件速裁程序试点工作中，值班律师已初步展现出其保障认罪认罚自愿性作用。关于值班律师的身份定位，《刑事速裁程序试点办法》将其界定为"法律帮助者"，其职责主要是"提供法律咨询和建议、告知犯罪嫌疑人、被告人适用速裁程序的法律后果，帮助其进行程序选择和量刑协商，依法维护其合法权益"。[1]由值班律师向被追诉人告知相关权利义务、解释认罪认罚制度，有利于消除被追诉人对追诉方的不信任感。此外，设立值班律师，也使得被追诉人对有关制度存在疑问时，能够获得及时快速解答。值班律师完善的法律帮助，在很大程度上对被追诉人自愿认罪认罚起到保障与促进作用。

（三）注重保障被追诉人辩护权

保障被追诉人的辩护权已经成为保障其自愿性的重要方式，各试点地区在本地规范性文件中，同样将保障被追诉人辩护权作为一项保障人权、保障自愿性的重要规定。以青岛市《关于开展刑事案件认罪认罚从宽制度试点工作的具体办法》（以下简称《办法》）为例，在该《办法》中，第7条规定了被追诉人指派辩护的情形，第11条、第16条、第21条分别规定了各诉讼阶段履行告知义务时、被追诉人签署相关文书时辩护律师的职责；在该《办法》的第四节还规定了审判阶段辩护人的权利义务。辩护律师参与贯穿认罪认罚案件整个诉讼程序，避免了被追诉人因受到胁迫、欺骗、诱导等而认罪的情况发生，以此保障被追诉人自愿认罪。为保障认罪认罚自愿性，辩护人参与不可或缺，当前部分试点地区已经实现刑事辩护的全覆盖。

（四）需自愿签署认罪具结书

在认罪认罚案件中，作为被追诉人自愿认罪认罚的依据，需要被追诉人在辩护律师或值班律师在场的情况下自愿签署具结书，签署具结书即表明被追诉人自愿认罪，同意量刑建议和程序适用。签署认罪认罚具结书这一程序设置，是体现认罪认罚自愿性的关键环节，在第三方辩护律师或值班律师参与下，最终是否在具结书上签字仍然取决于被追诉人自身意志，如被追诉人反悔或因其他原因不愿签署具结书，诉讼程序可转为普通程序继续进行；若被追诉人自愿签署具结书，那么认罪认罚具结书与上文所提到的告知书及其他文书，将共同构成被追诉人自愿认罪认罚的证明。在庭审过程中认罪认罚告知书、具结书等文书，也会作为认罪认罚自愿性审查的依据。

---

〔1〕 姚莉："认罪认罚程序中值班律师的角色与功能"，载《法商研究》2017年第6期。

三、认罪认罚中自愿性保障机制实施中存在问题

各试点地区的工作办法、实施细则等规范性文件中，大都在程序上作出了保障认罪认罚自愿性相关规定。在实际办理认罪认罚案件时，也围绕保障认罪认罚自愿性做出大量工作。但当前各试点地区自愿性保障机制各异，且其中部分机制仍存在许多问题。

（一）自愿性认定缺少统一标准

为保障认罪认罚自愿性，首要问题应是认定何为自愿，但是当前法律法规或试点地区制定的规范性文件中，并未对"自愿"给出明确定义，办理认罪认罚案件缺少统一自愿性认定标准。自愿从词义上来讲即出于自身意愿，在我国《刑事诉讼法》第50条中规定"严禁刑讯逼供和以威胁、引诱、欺骗以及其他非法方法收集证据，不得强迫任何人证实自己有罪。"由此可推出自愿即为在案件中不应出现刑讯逼供、威胁、欺骗等消极因素，被追诉人未处于受强迫的情况下，承认自身罪行甘愿受罚。同时根据《试点工作办法》第5条第1款规定："办理认罪认罚案件，应当保障犯罪嫌疑人、被告人获得有效法律帮助，确保其了解认罪认罚的性质和法律后果，自愿认罪认罚。"这说明自愿不但要求非强迫，还要求被追诉人对认罪认罚有足够充分的认知。由于缺少统一规范标准，各试点地区只能依据现有规定推定出何种程度为自愿认罪认罚，导致各地自愿性保障机制出现差异，自愿性保障力度不一。这不仅体现在侦查、审查起诉程序中，也使得庭审缺少自愿性审查标准，削弱了对自愿性的保障。

（二）侦查活动缺乏中立性

侦查阶段作为诉讼的启动阶段，侦查主体在刑事诉讼中最先与被追诉人接触，侦查机关对待认罪认罚的行为与态度，会对整个诉讼程序造成影响，目前在办理认罪认罚案件时，存在侦查主体缺乏中立性的问题。中立性作为博弈论中的理论，应用于侦查活动中便是要求在案件侦查时，除了要注意到己方作为侦查博弈一方的地位和利益外，还应本着相对超然、中立和客观的态度看待案件，看待与其他侦查博弈参与者的关系以及其他博弈参与者彼此之间的关系，按照事件本身的是非曲直来开展侦查工作。[1]但在实际侦查活

---

[1] 刘为军："论侦查主体的中立性思维侦查制度与策略的双重视角"，载《山东警察学院学报》2014年第6期。

动中，从人性的角度出发，侦查人员常会出于职责所在或是正义感，而把自身与被追诉人对立，先入为主形成"有罪推定"，进而去引导被追诉人认罪认罚，而非积极发现案件真相。在一些大案要案当中，侦查讯问、调查取证程序较为严密，并且庭审阶段积极调查佐证，能够做到"零口供"定案，此类案件被追诉人认罪认罚自愿性有充分证据基础作为保障。而在办理轻微刑事案件时，如数额较低的盗窃、诈骗案件，诉讼程序大幅简化，此时缺乏中立性的侦查人员会在带有自身目的情况下办案，强迫被追诉人认罪认罚可能性会被放大，加大了认罪认罚案件的风险。

（三）被追诉人难以获得有效辩护

辩护律师的有效参与不仅有利于保障被追诉人的辩护权，防范冤错案件，也有助于推动认罪协商及后续程序的顺利进行。[1]在认罪认罚案件中，由于被告人选择认罪认罚，一定程度上等于放弃了为自己辩解的权利，若在整个诉讼流程中再缺少辩护人作为第三方介入，整个诉讼程序就演变成单纯的国家机关对犯罪进行追诉，带来的便是自愿性的难以保障。在实际案件中，被追诉人大多是社会底层人士，文化程度并不高，法律知识欠缺，可能对事实和法律规定存在认知上的错误，尤其是对涉及罪与非罪的问题，这就特别需要作为专业人士的律师提供法律咨询和帮助，从而避免认罪上的错误发生。[2]目前各试点地区在办理认罪认罚案件时，已基本能够保证有需要的被追诉人获得辩护，但辩护人参与效果不佳。例如，签署具结书时要求辩护律师在场，在场辩护律师本应是从被追诉人角度出发考虑签署的利弊，然而实际多是辩护律师在场浮于表面形式，有些辩护律师甚至成为公诉机关的说客，难以起到保障认罪认罚自愿性的作用。此外，辩护律师对相关制度熟悉程度、是否具有办理认罪认罚案件经验、是否受过相关专业培训等因素都会影响到辩护的有效性。有效辩护将会使得"控辩对抗"在整个诉讼过程中（不仅仅是庭审阶段）都有所呈现，这有助于消除侦查机关与公诉机关对被告人的强迫因素，同时也有助于从宽量刑协商的自愿进行。

（四）被追诉方证据知悉权缺失

依据我国刑事诉讼法有关规定，我国依法行使侦查权的主体有公安机关、

---

[1] 陈光中："认罪认罚从宽制度实施问题研究"，载《法律适用》2016年第11期。

[2] 韩旭："辩护律师在认罪认罚从宽制度中的有效参与"，载《南都学坛（人文社科学报）》2016年第6期。

国家安全机关以及检察院，并没有赋予公民进行侦查的权利，私家侦探也不如西方国家盛行，刑事案件中调查取证工作主要由侦查机关完成，在刑事案件中大部分证据都掌握在专门机关手中，虽然律师享有一定的调查取证权，但控辩双方所掌握证据在多数案件中是不对等的。从理论上来说，被追诉人只有在充分了解控诉方所掌握的证据（包括控诉证据和辩护证据）的基础上，才能更为准确地预测法庭审判的结果从而理智地做出是否认罪的决定，因此证据先悉权是认罪自愿性的重要保障机制。[1]否则，被追诉人会处于一种对案件的进展、据以定罪量刑的证据等一无所知情况，这将会对被追诉人造成极大心理压力，此时的认罪认罚往往会带有盲目性、非自愿性。因此，保障被追诉方证据知悉权也应作为认罪认罚自愿性保障机制的一部分加以考虑。

四、外国量刑协商制度中的自愿性保障机制

在外国的刑事诉讼程序中，与认罪认罚从宽制度相似的认罪协商制度早已存在，此类制度最早起源于英美法系国家的"辩诉交易"制度，随后大陆法系国家相类似的认罪协商制度也相继确立。当前我国认罪认罚制度尚处于试点阶段，为探索建立相关的自愿性保障机制，有必要借鉴外国相对成熟的制度经验。

（一）完备的公设辩护人制度

诉讼过程中确保被追诉人获得法律帮助以及有效辩护，这将成为最好的自愿性保障机制。在美国辩诉交易制度中，为保障大量的贫穷当事人，设立了公共辩护人，此类辩护人由国家支付固定工资代理大量当事人，使得在辩诉交易之中的被追诉人往往都能够获得辩护，在很大程度上提高了被追诉人同意进行辩诉交易的自主性、自愿性。由于公共辩护人往往重复参与到辩诉交易之中，他们与检察官与法官密切合作，并且形成了一种信赖关系，尤其当公共辩护人认为被追诉人是无辜的时候，无辜者被强迫进行辩诉交易的可能性就大大降低。[2]这一点对无辜者的自愿性提供了很大保障。在日本的即决裁判程序中，也存在相类似的国选辩护人制度，并且在日本刑事诉讼法第

---

〔1〕 史立梅："认罪认罚从宽程序中的潜在风险及其防范"，载《当代法学》2017 年第 5 期。

〔2〕 Darryl K. Brown, *Rationing Criminal Defense Entitlements: An Argument from Institutional Design*, Social Science Electronic Publishing, 2004, 104 (3), pp. 801~835.

350 条之九中明确规定，无辩护人参加即决裁判程序庭审就不会开始，这种强制性辩护权保障规定，有力保护了被追诉人在案件中的意志自由。然而公共辩护人往往负担过重，他们每年经手上百起案件，远超于那些私人律师[1]。因此公共辩护人没有像私人律师那样的精力去为每个被告做充分的辩护，这为自愿认罪留下了些许隐患，但这种公共律师制度仍有一定的借鉴意义。

（二）庭前充分的证据开示

证据开示制度起源于英国，以英美两国证据开示制度为代表，此后为许多国家刑事诉讼所采用。证据开示制度使得控辩双方在开庭前能够进行证据自主交换，有利于抹平控辩双方信息不对等，也有利于促进被告人自愿认罪。在美国辩诉交易制度中，除去相当一部分案件本身无可争议之外，在证据开示之后，辩护律师或被告人便会觉得认罪比不认罪更有利于获得从轻处理的结果；控方之所以愿意通过交易方式获得被告人认罪，也是为了规避旷日持久的正式审判可能带来的败诉风险，避免承受人力、物力和时间上的巨大耗费。[2]但部分美国学者提出，如果被追诉人是无辜的，或在精神失常、迷醉情况下犯罪，证据开示制度将无法很好保障被追诉人自愿性，证据开示制度所发出的光亮太少了，不足以照亮"审判的阴影"。[3]因为多数情况下被告知晓证据材料仅有自身陈述、犯罪记录，若要获得由控方收集文件、实物、勘验检查报告等证据，会被要求以同等证据来进行交换，但私人侦探所获证据在质与量上，难以与检方所有证据进行对等交换，这是需要加以改进之处，但该制度所起到的自愿性保障作用毋庸置疑。

（三）认罪协商制度中法官的有效审查

不论是在辩诉交易制度中，还是在其他国家一些认罪协商制度中，庭审环节法官对认罪自愿性保障都起到了重要作用。在美国辩诉交易案件中，联邦刑事诉讼规则 11（b）（2）中规定，在接受认罪或申诉前，法院必须在公开法庭确定认罪是自愿的，并不是由于武力、胁迫或承诺（认罪协议中的承诺除外）造成的。如果被追诉人在认罪的过程中受到警察或者检察官胁迫，

---

〔1〕 Albert W. Alschuler, "The Defense Attorney's Role in Plea Bargaining", *YALE L. J*, 1975, 84 (6), pp. 1179~1314.

〔2〕 孙长永："刑事证据开示制度的价值新探"，载《人民检察》2009 年第 8 期。

〔3〕 S. Bibas, "Plea Bargaining Outside the Shadow of Trial", *Harvard Law Review*, 2004, 117 (8), pp. 2493~2495.

其有机会在法庭安全的环境之中揭露事实真相。联邦刑事诉讼规则 11 （b）（3）规定，法院必须找到证明被告确实有罪找到事实依据。这种要求主要原因是保护被告人免受其害，被告知道他所做的，并且很可能相信他所做的是犯罪，但可能不知道他的行为不是犯罪，或是他准备认罪的较轻的犯罪行为。[1] 并且联邦刑事诉讼规则 11 （c）（1）明确指出，法官不得参与检察官和辩护律师的认罪协议讨论之中。因为法官有裁判的权利，若法官提前介入来聆听辩诉交易并做出倾向性的暗示，被告会感觉受到胁迫，这不利于被告自愿进行有罪答辩。在德国认罪协商案件中，法官同样承担发现案件实体真实的义务，德国刑事诉讼法第 257 条 c 第 1 款和第 244 条第 2 款明确了协商程序中法院承担职权调查义务。[2] 由此可见，庭审过程法官应依职权进行自愿性审查，有效审查将成为被追诉人认罪自愿性的最终保障。

五、认罪认罚自愿性保障机制之完善

上文中从认罪认罚从宽制度背景出发，结合当前试点工作中实际做法，再综合外国先进立法经验进行比较、反思。探索并总结其中与我国实际相适应做法，提出几点完善我国认罪认罚自愿性保障机制的建议。

第一，充分履行告知义务。告知是适用认罪认罚从宽制度的首要环节，充分告知才是随后自愿认罪的前提。大部分的被追诉人并不具备专业的法律知识，不了解适用该制度会对自身权益带来何种程度的影响。倘若被追诉人未能全面知晓该制度的情况下，适用认罪认罚从宽制度就难免存在欺骗、诱导、强迫之嫌，因此，公检法机关履行告知义务时，应当注重告知的充分、有效，在部分试点地区仅通过检察官宣读义务告知书，或是仅通过向被追诉人送达书面告知书等形式来完成告知义务，这样的做法远未达到充分告知的程度。履行告知义务应将重点放在如何使被追诉人能够对认罪认罚从宽制度有充分理解，这不但要求就制度、量刑、权利影响做全面告知，而且告知时应结合被追诉人实际情况，尽量使用被追诉人能够理解的语言进行解释，同时通过值班律师法律帮助，由第三方律师介入为被追诉人答疑解惑，消除被

---

[1] Ronald Jay Allen, *Comprehensive Criminal Procedure Fourth Edition*, Scottsdale：Aspen Publishers，2017，pp. 1232~1238.

[2] 高通：“德国刑事协商制度的新发展及其启示”，载《环球法律评论》2017 年第 3 期。

追诉人对追诉方告知的不信任感，实现充分性告知，达到被追诉人自愿适用认罪认罚从宽制度的目的。

第二，探索庭前证据展示制度。虽然我国现行刑事诉讼法规定了庭前会议制度，但在庭前会议上更偏向对程序性问题的讨论与为庭审做准备，而非主要讨论证据问题，控辩双方掌握的证据依然是不对等的，也就是说在认罪认罚案件中被追诉人并不了解侦查、公诉机关都掌握哪些证据、案件情节，被追诉人这样的认罪不具有针对性，甚至会出于盲目而非自愿认罪。因此，需要探索一种庭前证据的展示制度以保障被追诉人的证据知悉权。例如，侦查完毕移送起诉后，检察人员对于事实清晰、证据确实充分的简单案件，在审查起诉阶段直接向被追诉人展示所有具以定案的证据，其中重点展示关键的实物证据、展示完整的证据链，随后再决定是否适用认罪认罚从宽制度，将认罪认罚环节放在证据展示之后，这样的做法使得自愿认罪更符合逻辑也更具说服力。

第三，确保被追诉人获得有效辩护。通过国内外制度比较，确保被追诉人辩护权已成为保障被追诉人自愿性最为普遍的做法，认罪认罚各试点地区虽然都注意到保障被追诉人辩护权，但实际辩护效果并不理想。为进一步完善相关制度，有的学者提出值班律师转换为辩护律师的做法。根据相关试点文件，值班律师和辩护律师在刑事诉讼中是两种不同身份，承担不同职责，值班律师提供的是初期的、即时的、高效的法律帮助而非辩护，而再聘请辩护律师会使得部分工作重复，也不利于辩护律师全面了解案情。[1]因此，由值班律师直接进一步转换为辩护律师的做法较为妥当，这样有利于将保障被追诉人自愿性贯穿于刑事诉讼全过程。另外，在认罪认罚案件中，虽然目前最佳的保障机制是全覆盖式辩护，但是对于一些集中起诉、集中审理的案件，针对每件个案进行指派与法律援助反而增加了人力成本、降低了诉讼效率。因此，探索创新一种集中辩护模式，即指派律师为集中审理的一批简单案件进行集中辩护，在保证每名被追诉人都获得辩护的同时，被指派律师能更多地接触到此类认罪协商案件，从而积累办理此类案件的经验，再通过律师协会等组织为律师进行相关办理认罪认罚案件的专门培训，使得辩护律师能够

---

[1] 樊崇义、徐歌璇、哈腾、刘鹏宇："依托认罪认罚从宽 完善值班律师制度——中国政法大学关于福建值班律师制度试行情况的调研报告"，载《人民法院报》2017年12月28日，第8版。

更好考虑到被追诉人自愿性保障问题，实现有效辩护。

第四，统一认定标准、庭审过程注重自愿性审查。在立法层面，应当在总结试点工作的基础上，制定并完善统一适用的认罪认罚法律法规，明确自愿性认定标准；在司法层面，还要求法官审理认罪认罚案件时将自愿性审查作为庭审的一部分，在适用速裁程序时也不应完全省略法庭调查。法官对被追诉人自愿性进行重点审查时，不应过度受到控方量刑建议影响，使庭审结果缺少法官的判断，更不应仅凭控方所提供的相关认罪具结书、口供作出裁判，庭审过程更应重点审查被追诉自愿认罪的合理性，以及相关证据合法性、充分性，并简要通过询问、调查等方式，当庭确认被追诉人认罪的自愿性。在当前"以审判为中心"的诉讼制度改革大背景下，经庭审法官有效审查来保障认罪认罚自愿性符合改革趋势。

第五，赋予被追诉人反悔权利。认罪认罚从宽制度究其本身是建立在被追诉人自愿认罪前提之上的一种"共赢式"的诉讼制度，公诉方与法院得以更快地结案，被追诉人能够获得更轻的量刑判决，尤其在刑事诉讼中控辩双方地位并不平等的情况下，为实现保障人权、保障自愿性的目的，应赋予被追诉人适用诉讼程序上的选择权，包括选择适用认罪认罚从宽制度的权利，以及认罪之后反悔选择适用普通程序的权利。但是在被追诉人反悔后，将限制或禁止其再适用认罪认罚从宽制度，确保认罪认罚的严肃性、稳定性以及避免诉讼程序反复改变。在认罪认罚自愿性保障机制中加入反悔权，起到制约公权力与避免风险的作用，被追诉人拥有反悔权后，将会更为积极地选择适用认罪认罚从宽制度。

参考文献：

[1] 姚莉："认罪认罚程序中值班律师的角色与功能"，载《法商研究》2017年第6期。

[2] 刘为军："论侦查主体的中立性思维侦查制度与策略的双重视角"，载《山东警察学院学报》2014年第6期。

[3] 陈光中："认罪认罚从宽制度实施问题研究"，载《法律适用》2016年第11期。

[4] 韩旭："辩护律师在认罪认罚从宽制度中的有效参与"，载《南都学坛（人文社会科学学报）》2016年第6期。

［5］史立梅：“认罪认罚从宽程序中的潜在风险及其防范”，载《当代法学》2017 年第 5 期。

［6］Darryl K. Brown, *Rationing Criminal Defense Entitlements：An Argument from Institutional Design*, Social Science Electronic Publishing, 2004, 104 （3）, pp. 801~835.

［7］Albert W. Alschuler, "The Defense Attorney's Role in Plea Bargaining", *YALE L. J*, 1975, 84 （6）.

［8］孙长永：“刑事证据开示制度的价值新探”，载《人民检察》2009 年第 8 期。

［9］Stephanos Bibas, "Plea Bargaining Outside the Shadow of Trial", *Harvard Law Review*, 2004, 117 （8）.

［10］Ronald Jay Allen, *Comprehensive Criminal Procedure Fourth Edition*, Scottsdale：Aspen Publishers, 2017.

［11］高通：“德国刑事协商制度的新发展及其启示”，载《环球法律评论》2017 年第 3 期。

［12］樊崇义、徐歌璇、哈腾、刘鹏宇：“依托认罪认罚从宽 完善值班律师制度——中国政法大学关于福建值班律师制度试行情况的调研报告”，载《人民法院报》2017 年 12 月 28 日，第 8 版。

浅议形成之诉的利益

张 静* 杜 珂** 叶晓川***

内容摘要：作为大陆法系基本的民事诉讼类型之一，形成之诉在大多数国家与地区都得到了认可。在牵涉多数人利益的家事、商事等领域，法律通过赋予当事人形成诉权来完成法律关系的塑造和稳定。而作为裁判者对于当事人的诉请是否有进行审理并作出判决的必要，诉的利益是法官在民事诉讼中平衡国家利益与当事人利益的天平，是法官对于形成之诉进行实质审理的前提与基础。因此，探讨形成之诉的利益具有较为重要的意义。

关键词：形成之诉 诉的利益 合同解除权

在民事诉讼中，形成之诉在得到大多数国家与地区认可的同时，却一直不为我国民事诉讼理论与实践所重视，然而其所具有的搭建起变更或消灭特定法律关系桥梁的重要作用不应被我们忽视。作为识别形成之诉的标准，形成之诉的利益是我们更好地剖析形成之诉的基础。因此，探究形成之诉的利益对于完善形成之诉具有重要的意义。

一、诉的利益概述

（一）诉的利益的内涵

作为大陆法系民事诉讼理论上的重要概念，诉的利益是指对于具体的诉

---

* 张静，中国人民公安大学 2010 级公安法制专业本科生，中国政法大学 2017 级民商经济法学院硕士研究生；

** 杜珂，中国人民公安大学 2010 级公安法制专业本科生，北京市公安局西城分局民警；

*** 叶晓川，法学博士，中国人民公安大学法学院副教授。

讼请求，是否具有进行本案判决的必要性和实效性（判决所能够实现的实际效果）。[1]日本学者山木户克己认为，诉的利益乃原告谋求判决时的利益，即诉讼追行利益。[2]在民事诉讼中，由于原告所主张的实体权利或实体法律关系现实地陷入危险和不安中，基于维护自身权益或稳定法律关系之考量，原告直接诉诸诉讼救济以去除该危险和不安。

广义"诉的利益"的概念的涵义包括：①本案判决的一般资格（权利保护资格）；②当事人适格；③（狭义）诉的利益。[3]其中，权利保护资格涉及民事诉讼主管问题，即原告所诉的纠纷应在法律规定的人民法院受理民事案件的范围内，系案件进入民事诉讼程序的基本要件。而作为一种资格，当事人只有对诉讼所指向的权利或法律关系可以进行诉讼并受本案判决约束才是适格的当事人。由此观之，三者在其内涵与功用上有共通之处，但是，通说通常从狭义涵义剖析诉的利益，因此，本文所议诉的利益采狭义理解。

（二）诉的利益的性质

学界对于诉的利益是民事诉权行使要件几无异议。然而，对于诉的利益的性质问题，即在民事诉讼中，诉的利益是作为人民法院受理和审判争议案件的诉讼要件还是权利保护要件，产生了不同的学说：第一种学说是诉讼要件说，该学说主张，与一般诉讼要件同质，原告之诉如果不具备诉的利益，法院将以诉不合法的诉讼判决驳回。德国和日本实务中采用这种做法。第二种学说是权利保护要件说，该学说认为诉的利益在性质上属于权利保护要件，即在原告之诉不具备诉的利益的情况下，法院将判决驳回无理由之诉。我国台湾地区实务上采用这种做法。第三种学说是折中说，该学说认为诉的利益属于诉讼要件，但有些事项也属于权利保护要件。主张这一种观点的是日本学者中村英郎。

（三）诉的利益的功用

随着确认之诉的产生，国家在配置司法资源进行民事争议的解决时，将具备一定的利益作为人民法院受理和审判民事案件的要件之一。如果对于提

---

〔1〕 张卫平："诉的利益：内涵、功用与制度设计"，载《法学评论》2017年第4期。

〔2〕 ［日］山木户克己："诉的利益之法构造——诉的利益备忘录"，载《吉川追悼文集（下）》，转引自［日］谷口安平：《程序的正义与诉讼》，三民书局1996年版。

〔3〕 邵明："论诉的利益"，载《中国人民大学学报》2000年第4期。

起确认之诉的诉讼标的不加以特殊规制，那么当事人可就任何法律关系或事实提起确认之诉。一旦当事人为维护自己私利而滥用其诉权，被告也会因此被迫卷入不必要的诉讼，这无疑会造成国家司法资源的浪费。因此，将确认利益作为当事人提起确认之诉的诉权要件成为维护当事人权利和规范诉讼秩序的应有之义。同样，在给付之诉和形成之诉中也将诉的利益作为人民法院对于本案进行审判的要件，这便构成了诉的利益之消极功用，也平衡了民事诉讼中国家利益和当事人利益之间的矛盾。日本学者三月章教授认为，诉的利益在本质上是运用诉讼制度所体现的国家利益。法院处理法律上的争讼，必须考虑到统制司法制度运转的国家利益。[1]因此，当事人之间的争议如果没有通过审判程序解决的必要，那么就不适合采用民事诉讼。

同时，我们也应重视诉的利益之积极功用：第一，诉的利益保障了当事人在民事诉讼中诉权的行使。即在民事诉讼中，如果诉的利益存在，且其他诉讼要件和权利保护要件都具备时，法院就应当对当事人之间的争讼进行审判。第二，诉的利益有制约审判权的功用。在信息爆炸的当今时代，社会变化日新月异，当事人提出法律尚未规制的权利主张时，法律是否应予受理，其基准便是当事人的诉讼请求是否具有诉的利益。正如日本学者谷口安平教授指出，诉的利益概念就是启动权利主张进入诉讼审判程序的关键，也就是通过诉讼审判创制实体法规范这一过程的重要开端。[2]第三，诉的利益有利于实体权利的生成。在受理当事人提出的法律尚未规制的权利诉求后，法院基于诉的利益之考量对案件事实进行查明并发挥法律规范的引致作用，对争议案件所做的裁决无疑有促进新的民事权利生成的重要意义。

二、形成之诉概述

(一) 形成之诉的内涵

作为原告请求人民法院通过审判权变更或消灭其所主张法律关系的诉讼，形成之诉与确认之诉、给付之诉共同构成民事诉讼的三大基本类型诉讼。德国学者奥特马·尧厄尼希认为，按照原告所要求的权利保护种类，形成之诉

---

〔1〕 刘敏："论诉的利益之判断"，载《国家检察官学院学报》2012 年 8 月。转引自：[日] 三月章：《民事诉讼法》，汪一凡译，五南图书出版公司 1997 年版，第 61 页。

〔2〕 刘敏："论诉的利益之判断"，载《国家检察官学院学报》2012 年 8 月。

是指原告通过该诉申请获得判决，既非确认也非实现现存的法律状态，而是改造现存法律状态并创造新的法律状态。[1]不难看出，形成之诉被视为原告通过诉讼请求形成一定法律状态或法律关系的权利救济手段。

（二）形成之诉的域外立法规制

根据德国学者奥特马·尧厄尼希对于形成之诉的三种分类，德国联邦法院也将法律的形成判决分为三种，即有关家事诉讼的形成判决、商事诉讼的形成判决和执行法上及要求变更诉讼法律状态的形成判决。并且形成判决的主文必须载明所创设形成的为何种法律关系。

根据形成权成立依据的不同，日本的民事诉讼法将形成之诉分为三类：一是依形成诉权提起的形成之诉；二是依权利关系变更请求权提起的形成之诉；三是针对国家的形成要求权提起的形成之诉。

我国台湾地区除继受了形成之诉的"三分说"之外，在其公司法和民事诉讼法中还有关于再审之诉、宣告调解无效之诉等形成之诉的规定。

法国法也规定了形成之诉，然而较为特殊的是，法国法在合同瑕疵、不履行双务合同、离婚诉讼等都未赋予形成权人简单形成权，而是给予其形成诉权，可见法国法对于形成权人权利行使的严格限制。

（三）形成之诉与确认之诉、给付之诉对比

通过分析对比三大基本的民事诉讼类型，我们可以推知其各自独特的价值：

第一，从诉讼目的来看，给付之诉的原告起诉意在希望法院作出责令对方当事人履行给付财物或行为义务的判决；确认之诉的原告起诉旨在明确双方当事人之间现存的法律关系或事实，并无给付或变更请求；而当事人提起形成之诉则是为了通过法院的形成判决来变更双方之间现存的法律关系。

第二，从诉讼前提来看，当事人提起给付之诉的前提是双方在诉前形成单向或双向给付义务的事实；确认之诉的前提是当事人对于双方之间现存法律关系或事实的状态产生异议；形成之诉的前提则是形成权人在除斥期间欲产生、变更或终止双方当事人之间现存的法律关系。

第三，从判决效力来看，给付判决具有强制执行力，即如果债务人未依

---

〔1〕 李晓薇："试论形成之诉"，复旦大学 2008 年硕士学位论文，转引自：［德］奥特马·尧厄尼希：《民事诉讼法》，周翠译，法律出版社 2003 年版。

给付判决履行义务，债权人可依法向执行机关申请强制执行；确认判决的确认力有拘束力的决定了某一法律关系存在与否或某一法律文书的真实性；而形成判决的形成力则会在判决生效之时自动产生变更双方当事人之间法律关系的效果。

三、形成之诉的利益

（一）形成之诉的利益之内涵

在形成之诉中，原告起诉的目的在于利用法院作出的形成判决将现存的法律关系或法律状态变更成为另一新的法律关系或状态，即当事人对于双方现存的法律关系并无异议。因此，判断形成之诉的利益，关键在于对于当事人的形成诉求是否有作出本案判决的必要性和实效性。如果法院在审查原告的形成诉求后，认为有必要对本案进行审判并依法作出原告胜诉的形成判决，那么自判决生效之时，当事人之间的法律关系无须强制执行即发生自动变动的法律效果。同时，因形成之诉多牵涉家事诉讼、商事诉讼等领域中多数主体的利益，形成判决的形成力往往不仅及于双方当事人，还具有及于第三人的对世效力。因此，在判断形成之诉的利益时应谨慎为之。

（二）三大类型诉讼诉之利益的共通之处

从诉的利益之作用来看，它体现了法官在民事诉讼中平衡国家利益与当事人利益之间矛盾的过程。这里所指利益并不仅仅是法律明确规定的当事人权利的范围，而是一个以现有法律所设定的利益为中心、以社会需求为基线向外辐射的一个多元利益格局。[1]在这一格局中，对于三大类型诉讼的诉之利益的判断，有以下共通之处：

第一，须是就具有可诉性的法律关系或状态提起之诉讼。尽管存在着某些还未通过实体法明确规定的民事权利，但是当事人将其诉至法院，裁判者是否予以受理审查，需要结合案件具体情形、社会主流价值观、公共政策、社会发展现状等因素进行多方面考量，并最终将其上升为权利。因此，当事人须首先就具有可诉性的法律关系或状态提起诉讼，使得争议案件进入民事诉讼程序，然后再由裁判者考虑应否支持当事人的诉讼请求。

---

〔1〕　常怡、黄娟：“司法裁判供给中的利益衡量：一种诉的利益观”，载《中国法学》2003 年第 4 期。

第二，不存在排除诉之利益的消极事项。这些消极事项是诉之利益消极功用的具体体现，有效地防范了当事人滥用其诉权，主要包括：当事人所诉事项不属于法院主管的民事纠纷范围；重复诉讼；法律明确规定的在一定期限或条件下不得提起诉讼；双方当事人已约定了仲裁管辖等。

日本学者高桥宏志先生认为，将消极的诉讼要件与诉的利益予以联系的思考方法虽然具有体系上的宏观意义，但多少存在"使诉的利益概念之内容发生扩散"的危险，因此，应注意把握好诉的利益与消极诉讼要件的联系与界限。

（三）形成之诉的利益之特征

作为基于实体法规定的形成诉权而提起的诉讼类型，法律较为明确地规定了形成之诉的诉讼要件和权利保护要件。因此，与确认之诉和给付之诉的利益相比，形成之诉的利益具有以下特征：

1. 形成之诉的利益具有法定性

即对于原告提出的形成诉求是否有作出本案判决的必要性和实效性，法律是有明确的规定的。当原告提起符合法律规定的要件的形成之诉时，该诉往往具有形成之诉的利益。例如我国《合同法》第 74 条对于债权人撤销权的规定：因债务人放弃其到期债权或者无偿转让财产，对债权人造成损害的，债权人可以请求人民法院撤销债务人的行为。法律对于债权人提起的撤销之诉的事实基础、适格当事人、诉的利益等都做出了规定，这对于我们判断形成之诉的利益而言无疑提供了很好的引致作用。

2. 形成之诉的利益具有时限性

作为形成权的一种，形成诉权的行使同样要受到除斥期间的约束。即形成权在除斥期间届满后消灭，形成之诉的利益较强的时限性有利于尽快消除因形成诉权的长期存续带给当事人法律利益的不确定状态，稳定了双方当事人之间的法律关系和交易秩序。例如我国《婚姻法》第 11 条对于可撤销婚姻除斥期间的规定；《合同法》第 75 条对于债权人撤销权除斥期间的规定等。同时，在诉讼进行中，当由于客观情势变化的因素致使诉讼已无必要时，此诉便丧失了诉的利益。

3. 形成之诉的利益具有现实性

探析形成之诉的利益，应着重思考两方面问题：第一，对于当事人要求形成特定法律关系或状态的诉，法院是否有作出本案判决的必要？当事人向法院提起形成之诉的前提并非基于对现存法律关系存有争议，而是请求对于现存法律关系予以变更，形成新的法律关系。形成之诉的法定性决定了具有诉之利益是形成诉权人进入诉讼程序并获得法院支持的要件，这对于法院判断形成诉求是否具有诉的利益也起到很好的指引作用。第二，通过本案判决能否解决当事人的形成诉求呢？裁判者通过对形成之诉的审理，若认为原告的诉求有充分证据印证，于法有据，作出原告胜诉的形成判决，则自判决生效之时，双方当事人之间的法律关系自动发生变更，形成权人的诉求得以解决。由此观之，形成判决的形成力满足了形成之诉的实效性。

四、以合同解除权为例浅析形成之诉的利益

合同解除权是指合同当事人依照合同约定或法律规定所享有的解除合同的权利。作为典型的形成权，合同解除权的行使将直接导致合同权利义务的消灭。我国《合同法》第 96 条将合同解除权人行使权利的方式规制为通知，并未明确规定当事人是否可以提起合同解除之诉来行使该形成权。

以通知方式解除合同，于解除权人而言是一种简便快捷的救济方式。然而在实践中，因解除合同涉及合同解除之后恢复原状、赔偿损失等后续举措。有些情况下解除权人向相对人发出合同解除通知之后，后续举措的实现并不尽如人意，此时对于已经遭受损失的解除权人而言，其承担的风险与日俱增。因此，司法实务中，不少解除权人在履行通知程序后又选择向人民法院起诉解除合同或直接在未履行通知程序的情况下提起解除合同之诉。在这种情形下，当事人提起合同解除之诉，除了向人民法院提出要求解除双方当事人之间合同之外，往往还伴随着恢复原状、支付违约金、赔偿损失等诉讼请求。此时，人民法院审理合同解除之诉因对于解除权人履行通知程序的性质理解不同而有所差异：

第一种情形，将解除权人在诉前履行的通知程序或提起解除合同之诉的行为视为行使解除权。此种情形下，人民法院通常将当事人要求解除合同的诉作为确认之诉来进行审判，即如果法院支持原告的诉求，通常作出确认解除权人解除合同行为有效的判决。若解除权人已在诉前履行通知程序，则判决确认合同自合同解除通知到达合同相对人之日解除；若解除权人未在诉前履行通知程序，而是直接向人民法院提起合同解除之诉，则判决确认合同自

原告的起诉状副本到达被告之日解除。例如，在中国建设银行股份有限公司北京某支行诉王某一案中，双方于 2010 年 5 月 7 日签订了个人住房（商业用房）借款合同，约定借款人王某应将借款用于购置北京市朝阳区常营乡北 1 号办公楼×层××商住两用房屋，售房人为北京某投资有限公司。借款本金 64 万元，借款期限 120 个月。贷款利率为月利率，执行浮动利率。同时，该合同约定借款人不按本合同约定按时足额偿还借款本息或其他应付款项等构成根本违约。原告于合同签订当日即向北京某投资有限公司指定的账户支付贷款。而被告王某自 2014 年 9 月起就未按照合同约定按时足额偿还借款，构成根本违约。故原告诉请人民法院依法判令解除原被告之间的借款合同。法院经审理后认为合同的解除权属于当事人意思自治的范畴，应由当事人依法行使。人民法院仅能在当事人提出异议时依法确认合同解除的效力，而非依职权判决解除合同。在本案中，原告在起诉状中明确表达了解除合同的意思，被告王某于 2015 年 7 月 1 日签收起诉状副本，则双方签订的借款合同已于 2015 年 7 月 1 日解除。故法院最终做出了确认原告解除合同的行为有效的确认判决。[1]

第二种情形，将解除权人提起的合同解除之诉定性为形成之诉。在此种情形下，解除权人借助国家审判权这一公权力来实现私益的救济，以保障自身的利益不受损失，弥补私力救济的局限性。即使解除权人已在诉前履行通知程序或在诉前未履行通知程序而直接诉请解除合同，法院在审理案件后若支持原告的诉讼请求，则会作出合同自本判决生效之日起解除的形成判决。例如，在郭某诉马某一案中，原告作为出借人先后于 2014 年 6 月 24 日和 6 月 28 日与被告借款人签订两份借款协议，协议约定被告马某向原告郭某借款。其中，2014 年 6 月 24 日签订的协议（后称协议一）借款本金为人民币 100 万元整，借款期限为一年，自 2014 年 6 月 24 日起至 2015 年 6 月 23 日止。2014 年 6 月 28 日签订的协议（后称协议二）借款本金为人民币 50 万元整，借款期限为半年，自 2014 年 6 月 28 日起至 2014 年 12 月 27 日止。两笔借款的利率均为月息 2 分，由马某将利息打到郭某指定的账户。后协议二的借款到期后，被告不能及时偿还该笔借款，已构成根本违约，且其所经营公司目前状

---

[1] 本案例经北京市东城区人民法院（2015）东民（商）初字第 06807 号民事判决书整理简化而来。

况恶化，故原告诉至法院请求解除双方于 2014 年 6 月 24 日签订的借款协议一。法院经审理后，认为被告未按约支付利息导致该笔借款不能正常履行，属《合同法》第 94 条规定情形之一，即当事人一方迟延履行债务或者有其他违约行为致使不能实现合同目的，当事人可以解除合同。故法院做出解除原、被告 2014 年 6 月 24 日签订的借款协议的形成判决。[1]

由上述案例可得，当事人提起解除合同之诉，在诉讼要件和权利保护要件具备的情形下，对于当事人的诉讼请求是具有作出本案判决的必要性和实效性的。但是，基于对于解除合同之诉性质认识的不同，将其定义为确认之诉或形成之诉。但解除合同之诉的利益无疑是解除权人利用诉讼武器保护其合法权益，及时弥补损失，稳定法律关系与交易秩序的应有之义。

参考文献：

[1]　[日] 谷口安平：《程序的正义与诉讼》，王亚新译，三民书局 1996 年版。

[2]　[日] 高桥宏志：《民事诉讼法——制度与理论的深层分析》，林剑锋译，法律出版社 2003 年版。

[3]　[日] 三月章：《民事诉讼法》，汪一凡译，五南图书出版公司 1997 年版。

[4]　[德] 奥特马·尧厄尼希：《民事诉讼法》，周翠译，法律出版社 2003 年版。

[5]　邵明："论诉的利益"，载《中国人民大学学报》2000 年第 4 期。

[6]　张卫平："诉的利益：内涵、功用与制度设计"，载《法学评论》2017 年第 4 期。

[7]　常怡、黄娟："司法裁判供给中的利益衡量：一种诉的利益观"，载《中国法学》2013 年第 4 期。

[8]　刘敏："论诉的利益之判断"，载《国家检察官学院学报》2012 年 8 月。

[9]　李晓薇："试论形成之诉"，复旦大学 2008 年硕士学位论文。

[10]　杨军："论诉的利益之定位——基于大陆法系诉的利益与英美法系救济法的比较视角"，载《社会科学家》2014 年第 7 期。

---

〔1〕　本案例经山西省临汾市尧都区人民法院 (2015) 临尧民初字第 240 号民事判决书整理简化而来。

论强制证人出庭作证制度

——以《刑事诉讼法》第 188 条为视角

黄飞翔* 董旭超**

内容摘要：2012 年修改后的《刑事诉讼法》第 188 条赋予了人民法院强制证人出庭作证的权利，但同时也对被告人的配偶、父母、子女作出了不被强制出庭作证的例外规定。因此，该规定被誉为新刑诉法的一大亮点，体现了我国古代的"亲亲相隐"制度，但不能据此认为我国已确立了亲属免证权。同时，在司法实践中存在着一些具体问题亟待解决。对此，应当对强制证人出庭作证制度进行分析，提出相应的立法建议，完善我国的强制证人出庭作证制度。

关键词：《刑事诉讼法》第 188 条 亲亲相隐 亲属免证权 立法建议

2012 年新的《刑事诉讼法》正式出台，该法修改后第 188 条首次确立了强制证人出庭作证这一制度性的规定，[1]该制度的确立符合我国尊重和保障人权的立法要求，有利于改变过去证人出庭率较低的状况，有利于推进刑事审判的开展，同时对于推动我国刑事诉讼进程意义重大。然而，该法条对强制证人出庭作证制度的规定过于系统和抽象，目前在日常的司法实务中难以

---

　* 黄飞翔，中国人民公安大学 2016 级硕士研究生；

　** 董旭超，北京市公安局海淀分局法制支队。

　〔1〕《中华人民共和国刑事诉讼法》第 188 条规定："经人民法院通知，证人没有正当理由不出庭作证的，人民法院可以强制其到庭，但是被告人的配偶、父母、子女除外。证人没有正当理由拒绝出庭或者出庭后拒绝作证的，予以训诫，情节严重的，经院长批准，处十日以下的拘留。被处罚人对拘留决定不服的，可以向上一级人民法院申请复议。复议期间不停止执行。"

得到有效的落实和维护。要想达到立法预期目的，必须对相关的法律条文进行细化，从而保障该制度能够有效地实施。随着司法改革的深入，有理由相信我国的强制证人出庭作证制度会更加完善，对建设社会主义法治国家具有重大而深远的意义。

一、亲亲相隐制度之研究

（一）亲亲相隐制度的概念

亲亲相隐，亦称为亲亲得相首匿，指的是亲属之间能够彼此隐瞒犯罪行为，不予检举和揭发，法律也不会追究其责任的行为。从本质而言，亲亲相隐是一种私权，具有对抗公权力的性质。亲亲相隐制度被认为是亲属免证权最早的表现形式之一，它符合中国传统的纲常伦理，对于维系封建社会具有重要的作用。

（二）亲亲相隐制度的发展历程

亲亲相隐制度历史悠久，最早寻迹于春秋战国时代。孔子在《论语·子路》中宣扬"父为子隐，子为父隐，直在其中矣"[1]，孔子主张，父子相互容隐，体现了人性中正直的一面。这在中国法制史上是最早可以考证这一制度的历史文献记载。在秦朝，随着成文法典的出现，亲亲相隐制度也被应用于法律，《秦律》中记载"子告父母，臣妾告主，非公室，勿听。而行告，告者罪。"[2]（《法律答问》P.226）其主要意思是，子女控告自己的父母，臣妾等仆人告发自己的主人的案件为非公室告案件，官府不予受理，此举是为了提倡亲属之间相互隐忍，维护封建纲常伦理。到了汉代，汉武帝时期的"罢黜百家，独尊儒术"被广泛宣扬，国家开始注重"孝治"，"亲亲得相首匿"原则在日常实践中被予以明确化和规范化，最终在汉宣帝上升为立法，由此奠定了亲亲相隐制度的立法基础，对此后中国社会的发展有着深远影响。唐宋时期，出于维护封建统治的日常伦理，亲亲相隐制度更加完善。《唐律疏议·名例律》中规定了"诸同居，若大功以上亲及外祖父母、外孙，外孙之妇、夫之兄弟及兄弟妻，有罪相为隐；部曲、奴婢为主隐；皆勿论，即漏其事及摘语消息亦不坐。"[3]可以看出，无论从道德伦理抑或法理制度而言，亲

---

〔1〕 李学勤主编：《十三经注疏·论语注疏》，北京大学出版社 1999 年版。

〔2〕 云梦睡虎地秦墓竹简整理小组：《云梦睡虎地秦墓竹简》，文物出版社 1978 年版。

〔3〕 《唐律疏议》，法律出版社 1999 年版。

亲相隐是情理与法理相互交融的体现，维系着社会秩序的和谐化发展。宋元明清时期，在吸收和借鉴历代立法制度的基础上，制定的法律较《唐律》有了更为严格的规定，亲亲相隐制度的范围也进一步扩大，包括妻亲在内的岳父母、女婿、妻弟等。

清末至民国时期，西方的先进思想开始传入中国，一些有识之士开始变法图强，由于亲亲相隐制度作为中国传统文化不仅符合现代西方的法治思想，而且能"去粗取精，去芜存精"，因此得以延续。民国时期，近亲属免证的范围继续扩大，根据相关法律规定，具体包括五等以内血亲以及三等以内姻亲。[1]但在新中国成立之来，亲亲相隐制度并未成为我国法律的一部分，随着各项法律的实施，审判受"以事实为根据，以法律为准绳"的影响，"大义灭亲"的法治理念被官方推崇，而亲亲相隐的旧有观念逐步被淡化。一直到2012年，《刑事诉讼法》的修订使得亲亲相隐制度重新被提及，对亲属免证权的构建具有重大的意义。

（三）亲亲相隐制度的现实意义

亲亲相隐制度在维护家庭伦理道德，促进社会和谐等方面发挥了重要的作用。社会和谐作为新时代中国特色社会主义的本质特征，对国家、社会建设以及公民的人格培育起着至关重要的作用。家庭和谐是社会和谐的根本，如何保证在刑事诉讼中被告人近亲属不被强制出庭，防止在庭审过程中出现亲人之间相互指证的尴尬局面，才能稳定家庭关系，进而促进社会和谐。道德和法律同是作为维系社会秩序的工具，二者孰优孰劣并不重要，更看重的是维护社会稳定和保障公民人权的实际效用。可以看出的是，《刑事诉讼法》不仅仅是以打击犯罪为唯一目的，因此，也不能放任其他任何取证手段，那么至少从这一点上来看，亲人反目、众叛亲离的现象将会比比皆是，这无疑是对人性的扼杀，不利于和谐社会的建设。

亲亲相隐制度在维护法律的权威方面发挥了重要的作用。霍姆斯曾言："法律的生命不在逻辑，而在于经验。"[2]道德习俗、习惯对于维护法律权威意义重大。亲亲相隐作为中国法律思想史的重要组成部分，两千年来的实践

---

〔1〕 参见1935年《中华民国民事诉讼法》第307条、1935年《中华民国刑事诉讼法》第167条。

〔2〕 Oliver Wendell Holmes, *The Common Law*, Harvard University Press, 1963, p. 5.

使这种制度日臻成熟。党的十八届四中全会明确提出："坚持依法治国和以德治国相结合。既重视发挥法律的规范作用，又重视发挥道德的教化作用。"当前，中国正在全面推进依法治国，建设社会主义法治国家。亲亲相隐制度体现了国家尊重和保障人权以及维护社会秩序，必将有力地维护法律的权威。

二、亲属免证权的不完整性之探讨

亲属免证权属于证人拒绝作证权利之一。所谓亲属免证权，是指在刑事诉讼中，知道案件情况并有能力作证的人，基于其与被告人有亲属关系的特定的身份，依法享有的拒绝出庭作证的权利。[1]《刑事诉讼法》第188条规定："经人民法院通知，证人没有正当理由不出庭作证的，人民法院可以强制其到庭，但是被告人的配偶、父母、子女除外。"该条赋予了法院强制证人出庭的权利，同时也赋予了部分亲属的免证权，有学者据此认为我国建立了亲属免证权制度，但笔者认为，这只能看作是不完整的亲属免证权。

（一）亲属免证权的行使主体具有不完整性

修改后的《刑事诉讼法》对于亲属免证权的主体范围仅限定在被告人的配偶、父母、子女这三类群体，却不完全是被害人的近亲属的范围[2]。在我国，有相当多的当事人自幼与祖父母或外祖父母在一起生活，也有相当多的当事人与兄弟姐妹以及其他亲戚朋友的关系比上述三类更为亲密。其他法律对于近亲属的限定也不尽相同。[3]由此可见，修改后的该条款所规定亲属免证权的范围过于狭隘。

（二）亲属免证权的行使阶段具有不完整性

《刑事诉讼法》第188条既赋予了人民法院可以强制证人出庭作证的权利，也规定了部分近亲属享有免证权，可见，近亲属的免证权只是在法庭的

---

〔1〕　汪海燕、胡常龙：《刑事证据基本问题研究》，法律出版社2002年版。

〔2〕　《刑事诉讼法》第106条规定的近亲属包括夫、妻、父、母、子、女、同胞兄弟姊妹。

〔3〕　《最高人民法院关于适用〈民法通则〉若干问题的意见》第12条规定："近亲属包括配偶、父母、子女、兄弟姐妹、祖父母、外祖父母、孙子女、外孙子女。"；《最高人民法院关于适用〈中华人民共和国行政诉讼法〉的解释》第14条规定："行政诉讼法第二十五条第二款规定的'近亲属'，包括配偶、父母、子女、兄弟姐妹、祖父母、外祖父母、孙子女、外孙子女和其他具有扶养、赡养关系的亲属。"

审判阶段，在案件的其他阶段近亲属必须去作证。这样难免会产生矛盾，司法机关既可以要求被告人的近亲属在侦查阶段或者庭前审查阶段提供书面证言，也能够以被告人近亲属享有亲属免证权为由，拒绝其近亲属出庭作证而采取其书面证言。2012年的"薄案"更是很好地体现了这一点，2012年，被告人薄某某被依法逮捕，被指控犯受贿罪，作为被告人妻子的谷某某，在庭前审查阶段通过录音录像的形式证明了薄某某利用职务之便为他人提供便利并收取巨额费用，然而，在庭审阶段，薄某某对妻子的证言表示极力反对，两次强烈要求其妻子当面与其质证，但是谷某某明确表示拒绝出庭作证，最终也未出庭作证，法院所采取的根据是该法第188条，谷某某作为被告人的近亲属不得强制其出庭作证，这不得不引发我们重新思考，我们的立法初衷是为了避免近亲属之间相互指正的尴尬，维护家庭关系，促进社会和谐，然而该项立法并没有完全免除近亲属的作证义务，近亲属在庭审之外仍然具有作证的义务。

（三）亲属免证权的例外情形具有不明确性

1. 近亲属之间发生的违法犯罪行为不适用亲属免证权

《刑事诉讼法》第188条的设立是为了维护家庭关系以及伦理亲情，然而，当家庭关系出现不和睦甚至破裂从而闹上法庭的时候，这种亲情关系不应该去维护。比如，某甲虐待妻子乙，乙将甲告上法庭，此时作为知情方的甲的父母以及女儿虽然具有亲属免证权，但他们应该去作证。如果只是因为法条规定他们具有亲属免证权从而不去作证，那么就会助长此类案件的发生，不利于犯罪者的悔改，不利于惩罚犯罪。

2. 近亲属危害国家安全和公共安全的犯罪不适用亲属免证权

对于侵犯中华人民共和国国家安全的犯罪，例如分裂国家罪、投敌叛变罪、间谍罪等，应该做到零容忍。对于这类案件，必须严厉打击，为了国家的利益，应该排除亲属免证权。对于危害广大人民群众生命健康和公私财产的安全，足以使多数人伤亡或使公私财产遭受重大损失的行为，也应做到零容忍。对于这类案件，很容易造成社会的恐慌，在这种关键的时刻，打击犯罪，消除民众的恐慌变得尤为重要，这时候，为了维护广大群众的利益，理应排除被告人的近亲属免证权。

三、司法实践中的具体问题之分析

2012年修订的《刑事诉讼法》第188条对证人出庭制度有了具体详细的

规定，有利于改变过去以书面证言审查为中心的现状，有利于改变过去证人出庭率低的现象，有利于司法机关更加注重尊重和保障人权，体现了依法治国与人民当家作主的有机统一。但是与此同时，第188条在具体的司法实践中也遇到一些问题，需要理性地看待与分析。

（一）证人不出庭作证的正当理由界定不明确

关于正当理由，《最高人民法院关于适用〈中华人民共和国刑事诉讼法〉的解释》做了较为具体的规定，[1]根据法条规定，我们不难看出，法律尊重每一个人的选择，确有原因无法出庭的，法律不强人所难。但是，根据本条第（四）项规定的内容来看，未免太过笼统，"客观原因"指的是什么？给予司法人员的自由裁量的权力是否过大？我们无法得出一个准确的答案。这样就不可避免地造成了一个后果，在司法实践过程中，当法官对正当理由的判定模棱两可之时，这就往往需要法官依据经验作出判断，申言之，法官的自由裁量权过大。

（二）人民法院采取的惩罚措施跨度过大

根据《刑事诉讼法》第188条可以看出，对于证人拒不出庭作证的情形，人民法院可以予以训诫，情节严重的，最高可以处以10日以下的拘留。从训诫直接到拘留，未免显得跨度过大。从域外国家的立法来看，对于证人拒不出庭作证的制裁措施是一个比较缓和的过程，最为全面的是从训诫到拘传，从罚款到拘留最后到定罪判刑。

（三）证人拒不出庭作证被视为情节严重的情形不明确

《刑事诉讼法》第188条规定了"证人没有正当理由拒绝出庭或者出庭后拒绝作证的，予以训诫，情节严重的，经院长批准，处以十日以下的拘留"。关于"情节严重"，该如何理解，法律及其相关的解释并没有规范的规定。笔者认为，情节严重应从证人的主观方面、不出庭作证造成的后果以及拒绝出庭作证的次数等方面进行论证。如果证人主观上是故意不出庭作证，以"事不关己高高挂起"的态度看待作证，经过多次劝导，仍不出庭的应该被视为情节严重。如果证人拒不出庭作证给国家以及社会的公共利益造成巨大损失，

---

〔1〕《最高人民法院关于适用〈中华人民共和国刑事诉讼法〉的解释》第206条规定："证人具有下列情形之一，无法出庭作证的，人民法院可以准许其不出庭：（一）在庭审期间身患严重疾病或者行动极为不便的；（二）居所远离开庭地点且交通极为不便的；（三）身处国外短期无法回国的；（四）有其他客观原因，确实无法出庭的。具有前款规定情形的，可以通过视频等方式作证。"

应该被视为情节严重。如果法院为证人设立了保护机制以及经济补偿机制来保障证人出庭作证，证人仍以种种理由推脱拒绝作证两次以上的，笔者认为应视为情节严重。

(四) 关于亲属证人不出庭作证的证人证言采纳问题争议颇大

由于新《刑事诉讼法》没有对亲属证人不出庭作证的证人证言的采纳做出详细的规定，致使一些案件在司法审判中产生了较大的争议。例如 2012 年的"薄案"，被告人薄某某被指控犯受贿罪，被告人妻子的谷某某，在庭前审查阶段提供了证人证言证明薄某某犯受贿罪，然而，在庭审阶段，薄某某对妻子的证言表示极力反对，两次强烈要求其妻子当面与其质证，在审理过程中，谷某某明确表示拒绝出庭作证，人民法院也未强制其出庭作证，最终依法对薄某某做出有罪判决。

新《刑事诉讼法》第 59 条规定："证人证言必须在法庭上经过公诉人、被害人和被告人、辩护人双方质证并且查实以后，才能作为定案的根据。"法律的实施是为了更好地尊重和保障人权，本案中被告人极力否认证人证言，而证人又没有出庭作证，法院最终也采纳了证人证言，这样做不仅侵害了被告人的质证权，也与我们的立法初衷相违背。

四、《刑事诉讼法》第 188 条之立法建议

针对新《刑事诉讼法》第 188 条在法律适用过程中存在的弊端，在总结我国先进经验的基础上，注重移植国外司法体系中有益于我国的部分，提出符合我国实际，有利于促进我国法治建设的立法建议。

(一) 适当放宽近亲属免证权的适用范围

笔者认为可以先将亲属免证权的范围扩大到《民法总则》中的近亲属的范围，除了被告人的配偶、父母、子女，其他的近亲属比如兄弟姐妹、祖父母、外祖父母、孙子女、外孙子女均可以行使亲属免证权。这样不仅有利于维护家庭关系的和谐稳定，而且有利于和谐社会的发展。

(二) 明确近亲属免证权的例外规定

维护近亲属之间的家庭关系固然重要，但是被指控为家庭暴力犯罪时，此时家庭关系和谐的基础已经被打破，亲属免证权也就变得没有意义。在某些特殊情况下，惩罚犯罪是为了维护国家和社会的利益，此时就不能为了维

护小家而舍弃大家。因此，只有明确近亲属免证权的例外规定，才能更好地打击犯罪，维护最广大人民的利益。

（三）法条规定应当精确化

针对《刑事诉讼法》第 188 条中提到的正当理由，修改后的刑诉法中的兜底条款"有其他客观原因，确实无法出庭的"未免过于系统和抽象；针对《刑事诉讼法》第 188 条中提到的情节严重，修改后的刑诉法没有相关的法律规定。这样理由的正当性以及情节严重的情形最终都需要法院来裁定，致使法院的自由裁量权过大。因此，笔者建议在以后的立法中，法律应尽可能地具体而明确，而不是过于系统和抽象。

（四）完善对拒不出庭作证的制裁措施

修改后的《刑事诉讼法》第 188 条对证人拒不出庭作证只规定了训诫和拘留，未免显得手段单一，跨度大。因此，笔者建议应建立训诫、拘传、罚款、拘留、定罪这样逐层提高制裁措施。

参考文献：

［1］李学勤主编：《十三经注疏·论语注疏》，北京大学出版社 1999 年版。

［2］云梦睡虎地秦墓竹简整理小组：《云梦睡虎地秦墓竹简》，文物出版社 1978 年版。

［3］《唐律疏议》，法律出版社 1999 年版。

［4］汪海燕、胡常龙：《刑事证据基本问题研究》，法律出版社 2002 年版。

浅析我国规范警察权力之现实意义

任 航* 钱 程**

内容摘要：最近，由于少数民警在执法中出现的失误乃至玩忽职守或滥用职权，伤害了部分人民群众的利益，在社会上引发了较为严重的不良影响，也间接导致了关于限制警察权问题的讨论。健全公安法治建设任"路漫漫其修远兮"，应先采取规范执法的方法，而不是对警察权进行强硬限制。深入了解公安执法现状，进一步深化对警察权力的认识，切实提升自身素养，严格执法，依法办事具有重大现实意义。

关键词：规范警权 警察权力 滥用现状 制度完善

近期，公安队伍在执法过程中出现的不规范、不正式、不程序化、使用权力不得当的现象屡有发生，引发了较为广泛的社会影响。何为警察权？对警察权力该采取限制还是以规范加以疏导？我们将从这两个角度入手，探讨我国规范警察权的现实意义。

一、警察权力的性质

警察权，即警察作为行政机关代表国家依法履行治安管理职能时所享有的权力。从定义上我们不难发现，警察权是作为行政权的一个分支而存在的。但也有学者提出，警察权在某种意义上是具有司法和行政双重意义的一种特殊权力形式，但显然，这样的定位无法让我们明确、彻底地认识警察权的实

---

* 任航，河北秦皇岛人，2017级刑法学硕士研究生；

** 钱程，甘肃兰州人，硕士学历，就职于兰州市公安局。

质，为了深刻明晰这一概念，我们将司法权与行政权从以下角度加以比较，对警察权属于行政权进行进一步的明确。

（一）积极性角度

司法权是消极被动的权力，而警察权力和行政权一致，是积极主动的权力，由侦查机关主动地干涉公民的日常活动，打击犯罪，保护人民。

（二）独立性角度

司法权的行使是在党的领导下完全独立于其他任何机关、个人、社会团体的，"以事实为依据，以法律为准绳"是司法权行使不变的信仰与追求。而警察权的行使则必须服从上下级机关的隶属关系，上传下达，层次分明。

（三）终极性角度

司法权的行使是具有终极性的，以诉讼为例，判决一旦生效则具有法律效力，可强制当事人履行某种义务或承担相应责任。而警察权力干涉下产生的规制结果应受到以检察机关为代表的中立机关的监督和审查，其做出的决定并非最终结果，即从性质角度来看，警察权是属于行政权的。[1]

二、规范警察权力的背景

有权力就会有腐败，周总理说："和平时期，国家安危，公安系于一半。"由于警察权自身的种种特性，说明其也极易滋生滥用、贪污等作风问题，但我们不该因噎废食，采用制约警察权这种偏激的办法，而该以更加科学的制度规范等手段，在分析清楚问题所在的前提下，有的放矢，精准整治。

（一）警察权的滥用现状分析

警察权是行政权的重要分支，但并不完全与行政权相同，较之其他行政权力，警察权更具有暴力性、强制性、膨胀性、扩张性、攻击性和侵犯性。它能够对公民的人身、财产自由进行限制。其行使是出于公共利益的需要，是对社会主义核心价值体系追求的体现，是范围最广、影响最大、强制性最强的国家权力。警察权能够对公民的人身权利和财产权利进行侵犯，若不能采取有效手段加以制约和限制，将会导致严重后果，使民众对法律的信任感大大降低，也会严重损害警察在群众心目中的形象。警察权的滥用现状总结

---

〔1〕 参见苏宇："论警察法学理论体系的独立性及其构件进路"，载《中国人民公安大学学报（社会科学版）》2017年第1期。

为四大类：一是越权行事，即超越法律规定的范围行使警察权力；二是不当用权，即行使警察权力的结果与法律规定明显不符；三是违法用权，即违反法律的相关规定行使警察权力；四是不规范用权，只注重结果的正义，而不重视范式的结构流程。

（二）警察权力的滥用原因分析

1. 行使警察权主体的先天缺陷

警察权行使的承担者是人，执行者也是人。那么作为人就不可避免地存在着先天的缺陷和不足。当掌握警察权的人行使权力时，在各项社会、人为因素的干扰、影响下，其对案件的判断、权力的使用便难以保证完全准确、正义，这便是我们所说的警察权主体的先天缺陷。比如近期关于警察权行使不当的新闻报道中，有的警察醉酒上岗摔死无辜的儿童；有的警察擅自用枪报复亲戚；有的警察对案件危急情形判断失误导致不当处理的。这都验证着警察作为人是不可避免地存在着执行警察权的先天缺陷的。不可否认主体问题导致警权滥用的现象比较严重，但究其根源，笔者认为更深层次的问题还出在制度设计方面。

2. 制度设计不够完善

警察权力涉及的范围非常广泛，足以渗透到群众工作、生活中的方方面面，也正因为是规范这样一种广泛的权利，《警察法》便很难对警察权力做出详尽、具体的规定。这样一种《警察法》的不具体、不完整性也就给警察权的行使无形中加大了难度，很容易就会导致监督力度不足从而出现警察权滥用等问题。所以我们说制度设计上的缺陷是警察权滥用最为根本的症结所在。事实上，从警察组织在我国出现以来，其职能一直处于一种扩张化、膨胀化、不断发展、壮大的状态，不可否认的是这种膨胀的过程在为我国经济建设和社会稳定保驾护航的过程中发挥了金盾利剑的作用，但也正是这种膨胀使得原本单一的行政职权逐步向社会生活的方方面面蔓延，甚至已经达到一种无序化、不可控的状态，并在极短的时间内发展到了如今庞大的警察权力体系。我们都知道，在权力体系中，纷繁复杂的内容所对应的一定是专门的、对应的相关程序。由于警察权的这种范围广泛的特点，在行使警察权的具体实践中难免会出现程序不同的情形，而程序正义恰恰是权力规范行使所必需的要求。所以，仅仅一部《警察法》对警察权的规定是无法使其具象化发挥应有作用的。举几个典型的例子：在《人民警察使用警械和武器条例》里，对警察使用武器的限制是在不得已的情形下，即采用其他方法无法避免人身危险的情形下才可使用警械，但是警察法中却没有相关的规定，只是说明要亮明警察身份。这明显是程序上的漏洞，会导致警察在日常执法活动中在概念和行为上产生模糊，隐患无穷。

3. 规范警察权力的现实意义

（1）完善警察法立法的现实需要。警察权力是行政权力的一种，而行政权的行使必须是合法的而且是依法的，这就要求警察权的行使必须是在有法可依的前提下进行的。《警察法》是警察的风向标，为警察的日常执法提供着最为明确、可靠的指导作用，那么我们所说的规范警察权力，就该从规范警察法的规定开始。一部法律是否正义、是否切实可行，首先要看它的基本原则是否具有现实意义，是否具有生命力。在警察法的基本原则中以下原则至少应得到相应体现：

①及时有效原则

行政权行使的一个基本原则便是效率，因社会世务纷繁多样，这要求行使警察权时也要因时而变、因地制宜，实事求是，高效、快速地解决、处理问题，不仅仅要求处理、解决问题，更要保质保量，在及时的原则基础上做到有效，即切实地使国家和人民群众的利益不受侵害或者减少损害。

②依法行使的原则

依法行使警察权力不仅仅是依法执法，更要依程序执法，这是新时代中国特色社会主义法治理念的重要思想和鲜活实践要求。正如我们在上文中所提及的，在《警察法》中应当将警察日常执法的相关事项予以进一步的明确、具象化，使广大人民警察在自己的工作岗位上做到切实的"有法可依、有章可循"。这些需要具体化的内容包括（以上述使用警械为例）：在表明身份的前提下，危险程度已经达到非使用警械不可的地步方可使用警械。事先应进行一系列的防卫升级措施，比如举手戒备，言语交流，鸣枪示警等。

（2）完善司法监督的客观要求。众所周知，权力必须与监督共存，否则就会滋生腐败。警察权也不例外，自其诞生之日起，其所作的每个决策都要自觉接受司法机关监督。但要说明和提出的是对于警察权的司法监督，为了达到规制警察权的目的，不该将案件的决定权下放到公安机关，应摆正其执行机关的地位和职责，尤其是当案件已经严重影响、涉及公民的基本权利和利益时，应将案件的处决权交由法院，让法院的判决成为案件处理的最终结果。在上文我们已经进行过比较,警察权行使的结果不具有最终效力,只要当事人对结果不服可以提出行政复议以及其他法律手段重新启动案件的审理。这样一来,使得公安机关的资源消耗增多,同时,复议的提出虽是公平正义的真理体现,但也会某种程度上降低、损害公安机关的公信力。如果我们以规范警察权力的方式,将案件的决定权都交由司法机关,则会使这种情形得到很大改善。正如我们在上文中论证的,司法权的行使是具有终极效力的,一经决定即具有最高效力,无可辩驳。这样也可免去由公安机关对某些处罚进行决断所导致的民事纠纷,节约了司法资源,优化了司法结构。

(3)改善执法环境的直接体现。我国行政机关之间的关系错综复杂,往往会在案件的处理上出现许多交集,这也就导致了处理结果会受到不同机关、团体、个人等非事实因素的干扰和影响,执法环境很是浑浊,不明晰。[1]那么要做到规范警察权力即确保警察权行使时的独立性,也就是在最直接地澄清执法环境。好比司法权的行使,司法权的行使是完全独立于其他机关、团体、个人的,法官只需对案件负责,用证据说话,用公平正义的法律、道德原则作出最合理的裁决。但是警察权力的行使则受到各方各面现实情况的制约,改善执法环境,规范警察权力的重要一步就是尽可能地使警察权的行使独立开来。反观我国的警察权使用,警察法立法现状,明显地存在着一股无序混乱的势头,保证各方利益不在警察权的行使过程中浑水摸鱼是难上加难。规范警权,使之独立、独行、减少甚至避免与其他权力的纠葛就显得意义非凡。警察也就可以类似法官的生活状态,对法律负责,对案件负责,而不是一味地对领导负责,也可将更多精力投入到提升业务水平方面来,脑力兴警、科技强警。

(4)提高执法人员素质的必然选择。正所谓"徒法不足以自行",有了好的规范必须要有人才去深入贯彻实施,多举并措,确保好的制度落到实处。反过来好的规范也有助于执行人员提升自身的办事能力和业务水平。权力是由人来执行的,警察作为警察权力的执行者,应按照《警察法》的要求,扎扎实实完成好、执行好各项规定。这是规范警察权力的必然需要。在身体力

---

〔1〕《中华人民共和国治安管理处罚法》第77条规定:"公安机关对报案、控告、举报或者违反治安管理行为人主动投案,以及其他行政主管部门、司法机关移送的违反治安管理案件,应当及时受理,并进行登记。"

行，潜移默化的实战工作之中，规范警察权力行使给人民警察带来的积极影响将会推进公安工作开展的思路更广泛、视野更开阔，方式更新颖。是提升执法人员基本素养的必然选择。

四、结语

规范，是规矩加示范，把《警察法》的规矩立好，执法人员才能更明确地做好示范，实践出真知，执法工作人员的日常实践又必将促进法律理论的创新、进步。规范警察权力是现实之选，现实意义重大，必将是保证我国新时代中国特色社会主义建设稳步向前的明智之举。

参考文献：

[1] 惠生武："警察法学的研究对象与学科体系构建"，载《山东警察学院学报》2011 年第 6 期。

[2] 薄振峰、张慧敏："论我国警察法学的学科地位"，载《黑龙江省政法管理干部学院学报》2013 年第 5 期。

[3] 蒋红珍：《论比例原则》，法律出版社 2010 年版。

[4] 程琳："警察法学的主要特性"，载《中国人民公安大学学报（社会科学版）》2013 年第 5 期。

[5] 申卫星："对民事法律关系内容构成的反思"，载《比较法研究》2004 年第 1 期。

[6] 师维：《警察法学》，中国人民公安大学出版社 2013 年版。

[7] 王能武、胡强："浅析基层公安机关警力不足的原因及解决对策"，载《江西公安专科学校学报》2010 年第 4 期。

论社会转型期下警察执法权威的重塑

李　臣* 丁　威**

内容摘要： 目前我国正处于社会主义初级阶段的发展转型时期。在社会转型的时代背景下，一方面经济迅速发展，公民的物质和精神生活都得到了极大的满足，社会得到了全面的进步；另一方面，社会秩序面临着严重的挑战，人们对法律规范和执法行为的敬畏之心大大减弱，出现了大量影响社会秩序的违法行为。人们挑战社会规范的最直接表现就是对执法权威的无视，就警察执法情况来说，警察执法权威开始降低，警民矛盾激化严重，暴力抗法、诬告陷害等违抗警察执法行为频频出现。警察作为维持社会秩序的执法人员，其执法权威日益衰微。因此为了我国社会顺利转型发展，必须要保护警察执法权威，重塑警察权威，维护公平正义。

关键词： 警察执法权威　社会转型　执法权保护　路径重塑

　　近期，我国河南南阳和开封、湖南长沙以及山东济南和菏泽等地相继发生一线公安民警和辅警正常执法执勤过程中遭遇暴力抗法和辱骂殴打事件。极少数不法分子违反法律法规和破坏社会秩序，不服从现场的执法管理，肆意殴打、辱骂、造谣诽谤执法民警，对执法民警人身和声誉均造成严重损害，损害了警察的执法权威和挑战了社会的正常秩序。公安部对此高度重视，派出工作小组分赴山东、湖南、河南等地慰问受伤民警，要求各级公安机关采取一定措施，保障民警执法权益，坚决维护国家法律尊严和警察执法尊严。

　＊　李臣，中国人民公安大学法学院研究生；

　＊＊　丁威，中国人民公安大学法学院研究生。

在社会转型时期如何保障我国警察执法权威，已成为一个急需解决的问题。

一、警察执法权威的含义和属性

（一）警察执法权威的含义

警察执法权威，是指警察机关及其执法人员作为国家法律的执行者和维护者，在执行国家法律、依法进行公务活动时所应体现的权力和由此形成的威望，以及警察机关及警察的执法行为、执法程序和执法结果所产生的能使执法对象自愿服从并自觉履行相对义务、使人信服的力量，是警察机关及其人员在执法过程中所产生效力的综合反映。

警察执法权威是权威在公务行为中的一种，它具有权威的一般属性，由于其特殊地位而拥有特殊属性，它是警察机关和人民警察在行使警察职权时，形成的让公民服从的力量，是公安机关以及警务人员依照国家法律法规，履行职责时所表现的不容侵犯的权力权威。警察执法权威和警察的社会职能紧密联系，警察机关通过执行职权影响人们的生活状态，并把人们对警察权力的认可有机统一起来，主要有下面一些基本特点：一是警察执法权威的法定性。警察进行执法时依照国家法律法规，其特定的行政权力及执法条件的保障均由法律规定。我国《人民警察法》以及其他法律明确规定了警察的权力和履行权力的保障，在法律层面上肯定了警察的执法权威。二是警察执法权威的自塑性。警察执法权威的形成和大小不仅和法律强制性的规定有关，而且还受警察自身执法过程中诸多因素影响。三是公众对警察执法权威的认可服从性。"权威是一种影响力量的方式，一种权力行为形式，它来自公民权力的让渡，它从自愿遵从、为人民所认可中得到力量。"警察执法权威无疑也是如此，在履行职务职能时必须被人们认可，成为大众遵循的力量，才能真正体现出其权威性。

（二）警察执法权威的属性

1. 警察执法权威是国家强制力外化的表现形式

警察是国家强制力的重要组成部分，社会管理和政治镇压是其主要的政治职能，警察拥有的国家行政和刑事力量具有暴力压迫性，警察的这种国家强制力属性是保障警察权威有效施行的必然要求。警察权威的基础来源于国家政治权威，是政治权威重要的组成部分。由于社会经济的不断发展，警察的社会管理职能愈发重要，无论需要警察执行法律、提供服务，还是需要用暴力维持治安和恢复秩序，警察从来都是政府调控社会的官方机构，是一个在必要情况下可对社会采用强制力的暴力机构。执行法律、维护秩序、服务社会是我国警察机关现阶段的主要职能，统治阶级的利益需要警察通过调控社会需求来维护。警察从来都摆脱不了与政治的紧密联系，而且实际上也通过行政执法在为支撑和维护政治稳定而努力。随着国家法治水平的提高，执法规范化的全面推行，群众适应高水平的法治社会，国家在进行社会管理时直接运用暴力的情况将大为减少，而暴力的威胁和震慑将成为主要的执法方式，这种执法方式的转变，使作为国家强制力外在表现形式的警察权威变得越发重要。

2. 警察执法权威是国家法律权威的反映和保障

警察作为国家法律的执行者和维护者，其执法目的就在于维护国家法律尊严，警察的执法权威和法律的权威相互保障两者统一于国家的稳定发展，警察的权力必须依靠法律授予，依法有效实施警察行政执法职能能够逐渐形成警察权威，警察执法权威需要由国家法律进行规范和保障才能有效形成。警察因为其工作性日益成为同社会脱离的国家权力机构，需要用特别的法律保障其执法权威，由于这种特别法律规定的保障，他们就享有特殊的地位变得不可侵犯了。警察依法执行公务行为，解决社会治安问题，综合运用法律宣传、暴力压制、行政管理和批评教育手段，则可使法律和警察执法权威统一于一体，谁反抗警察执法权威，则意味着与法律及其权威的对抗，那么警察就会在法律上处于上风地位。法律权威的实现，需要其执行者和捍卫者的权威得到保障和实现，否则法律将毫无权威。警察的执法权威性来源于国家法律规定，而国家法律的权威性需要警察执法权威来保障，警察执法权威性和法律权威性在反映国家意志的公共权力中相统一。所以，警察应该严格在国家法律规定的框架内进行执法，合法合理地行使国家法律赋予的职权，树立法律至上的理念，维护国家法律权威，从而获得自身的执法权威。防止执法的随意性，一旦"人治权威"在我国警察执行公务过程中出现，将是对警察执法权威的亵渎，是对国家法律权威的严重侵犯。

3. 警察执法权威是强制力和信服力的有机结合

警察执法权威区别于其他权威在于其执法行为的强制力量，警察通过警械武器等强制力量来控制社会冲突，消除社会的不安因素，保护国家利益，维护国家稳定。警察通过直接使用暴力和间接暴力相威胁，使公众明白警察执法权威的不可抗拒性，从而形成社会公众对警察执法权威的认识和服从。警察在执法过程中不仅要强调警察执法行为的权威性，而且应重视警察个体素质在警察执法权威中的影响。社会公众对警察执法行为的服从，主要是因为执法民警代表着正义和法律规定，如果执法民警自身有法不依、执法不严、违法不究、则公民不会信服警察的执法行为，警察的执法权威也无建立基础，所以警察的执法权威的建立必须把强制力和信服力有机结合起来。

二、警察执法权威弱化的原因分析

（一）民众的法律信仰缺失

"法律必须被信仰，否则它形同虚设"。法律作为一种行为规则，它的实施需要民众发自内心的信仰，然而我国历史上是传统的农耕社会，实行的是自给自足的经济体制，商业上的契约精神缺失导致公众的社会规则意识缺失，法律信仰缺失。再者我国封建社会时期片面强调法律的工具作用，使民众把法律视为统治阶级的统治工具，导致人们天生抗拒法律、怀疑法律，逐渐成为一个法律信仰缺失的民族。既然社会公众漠视规则、漠视法律，对法律持怀疑态度，抵制法律的推行，公民普遍缺乏法律信仰，作为法律执行者的警察，公民当然也不会给予尊重和认可，自然也不会认同警察执法的价值，难以服从警察的执法权威。

（二）法律法规有待完善

1. 警察使用武器、警械的限制条件过于苛刻

行政相对人的权益在我国现行法律规范中受到严格保护，但我国法律过分限制了警察的执法权力，现行的人民警察使用警械和武器条例的规定严苛，忽视了警察执法权力的强制性和便捷性，几乎捆住了警察的手脚。对于警察现场处理妨碍公务的行为和面临紧急情况下可以采取的强制手段，均未授予足够的权力。

2. 警察执法权威缺乏明确的法律保障

我国现行的法律没有专门对暴力袭警做出特别规定，而警察执法因其特殊性又区别于一般的公务行为，因此现有的法律规定难以保障警察执法权益。关于保障警察执法权力的法律，现有的法律规定得不够详细，对于阻碍抗拒

警察执法的违法行为，现有法律只规定了一小部分，对于未列举的违法行为，则警察执法时不知如何合法处理。法律保障强度在警察执法时体现的不足，抗拒警察执法的违法行为通常只有两种法律后果，治安处罚或轻微的刑事处罚，显然抗拒警察执法成本过低。最不合理的是对暴力、威胁方法阻碍警察执法行为，没有单独的法律规定对其处罚，只是将这种违法行为定性为阻碍国家机关工作人员依法执行公务罪，把警察视为一般的国家机关工作人员，没有充分考虑到警察执法工作的现场危险性，对袭警的犯罪分子只以普通的妨害公务罪定罪量刑。而没有规定单独的袭警罪来处罚，缺乏法律应有的特别保护。

（三）舆论导向的误导

1. 错误的思维定式长期存在

由于我国古代社会长期存在小农思想，小农思想的基本心理状态就是谨小慎微，对待权力的态度通常为畏惧、抗拒，对政府机构存有不信任、抵制的态度。在现代社会媒体中通常侧重宣传警察的执法职责和公民享有的权利，而对公民应当支持和配合警察执法的义务没有充分宣传。在警察执法时如果发生警民冲突，舆论报道一边倒的思维定式时常发生，似乎警察都是错误的，在滥用职权。舆论错误的报道和公民的定性思维，不仅使公民对警察执法产生了偏见，更是造成了警察执法权威在社会上的丧失。

2. 媒体不实的报道

现代社会信息数量庞大，民众对纷杂的信息产生疲劳免疫，一般的媒体报道引不起公民的兴趣。而警察作为政府部门的特殊代表，往往能引起公众的兴趣，而部分媒体为了吸引公众的关注，过分对警察负面信息进行炒作，将这种不实炒作作为提高公众影响力的方式。信息社会意味着新闻媒体有其独特的媒体优势，而新闻媒体对公安机关的报道，对公众对警察执法行为的看法和态度起决定性作用，错误的舆论导向会误导公众对警察执法行为的理解，进而公众将不配合警察执法。部分媒体把极少数警察的违法违规、徇私枉法等问题，放大到整个公安机关上来。这些过多的负面报道和炒作，严重损害警察公众形象，加剧社会公众对警察的仇视和不满，降低社会公众对警察群体的评价，严重弱化警察的执法权威。

（四）警察执法权力配置不合理

警察执法是为了保障人权和控制违法这两个目标的实现，并且这两个目标不可能在每个阶段均衡实现，而是随着时间和场合的变化有所侧重。警察执法权力配置必须在这两大目标的框架内，否则容易造成警察权力配置的不合理，阻碍警察执法权威的形成。目前我国关于警察执法权限的法律规定，存在着较为不合理的权力配置形式，表现在警察执法方面上主要是现场处置权力过小，非现场处置权力太大。现场处置权力过小，容易使警察执法时束缚住手脚，难以控制违法行为，从而不易形成执法权威；警察非现场处置权力过大，会使违法人员产生对警察的不信任感，认为警察执法存在随意性，产生强烈的对抗情绪，从而降低警察的现场执法权威。

三、维护警察执法权威的必要性

（一）维护国家权威和法律尊严的需要

国家权威的本质是社会公众服从国家机关管理。警察是国家法律的重要执行者，国家的权威和法律的尊严需要警察维护，警察执法权威代表着国家权威，而一旦警察的执法权威受到威胁，国家的法律就可能失去权威，法律一旦失去其威严，整个社会就可能陷入无序的状态。这种无序的状态又会影响其他政府机构的执法权威，最终会使国家权威受到威胁。因此妨碍警察执法的行为不仅损害警察执法权威，更是对法律的亵渎，对国家尊严的蔑视。因此维护警察执法权威，最终的目的是维护国家权威，保障法律尊严。

（二）维护公共秩序和利益的需要

警察执法的目的主要是惩罚违法人员，维护被损害的公共秩序和利益。如果警察执行公务时遭到暴力反抗或辱骂诬告等行为不严肃处理的话，那么警察的执法目的难以达到。放纵对警察执法权威挑战的行为，等于阻碍了警察维护公共利益，最终受损害的还是广大人民的利益，而不是警察这个群体的利益。如果人们看到他们的违法行为受到宽恕，或者并不会受到严厉的处罚，那么就会煽动人们犯罪的心理。这种结果就会导致对社会公共秩序和利益的严重损害，最后必然引起难以控制的社会混乱。

（三）警察公务行为特殊性的需要

警察基本的职责是维护社会稳定，打击违法犯罪活动，警察职责的特殊性表明了其与一般公务人员执法的区别，警察依法打击违法犯罪时，其人身安全权经常受到威胁，如果警察执法的权威不被社会认可，那么这种威胁会更为严重，难以保障社会的稳定。当警察的人身权和执法权威都需要保障的时候，社会不会稳定，公民也不会有安全感。中国当前的袭警行为呈上升趋势，主要原因是社会矛盾激增，警民冲突不断，对一些违法袭警的犯罪分子打击力度不够。对于袭警行为的处罚不合理又会影响民警的工作积极性，降低了警察对违法犯罪活动的打击力度，弱化警察的执法权威，警察执法权威如果得不到加强，那么将无法履行法定的职责，因此警察执行公务的特殊性需要执法权威来保障。

四、警察执法权威重塑的路径

(一) 培养民众的法律信仰

保障警察执法权威，必须培养民众的法律信仰。一方面，我们要建立健全法律法规，促使警察执法真正做到有法可依、有法必依，减少执法的随意性，在执法过程中宣传法律，培养公民信仰法律的习惯。让公民信仰法律首先是法律的执行者信仰法律、依法执法，因此在警察执法时健全内部监督制约机制，避免警察违法行为的出现，让公民信任警察，只有这样公民才能信仰法律。另外，我们要扩大社会主义法律宣传的对象，法律是社会精英阶层制作，但宣传却不能为少数人所知，法律宣传应最大可能地宣传到每一个人，让公民了解法律内容，树立法律至上的观念。当公民的法律信仰普遍形成，公民就会知道应该享受哪些权利，需要履行哪些义务，会主动配合警察执法，遵守法律的规定，共同维护警察的执法权威。

(二) 优化权力时空配置

在社会转型的新时期，社会治安状况日益复杂，我国关于警察执法权力立法必须明确，警察在执行国家法律时代表的是国家，作为国家的暴力机构，警察执行公务必须具有绝对权威，任何不服从的行为都应受到制裁。现场执法警察有权力合理使用警械与武器，防止违法犯罪活动的进行，保护自己和他人的人身安全；在暴力或非暴力等情况反抗警察合理执法时，有权依照法律法规现场进行处置，以维护其执法的不容置疑性；在处置严重暴力性刑事案件时，只要违法犯罪者使用暴力抵抗，现场警察有权迅速采取强制措施控制犯罪，确保警察现场处置权力的有效实施。同时，为弱化警察与执法相对人的直接冲突，缓解警民矛盾，未来立法需要注重公民非现场程序的权利救济，当事人通过发言等方法将情绪和意见在法律许可的范围内合理发泄，使相对人对警察执法满意，增强警察执法行为的权威性。一些行政强制措施的适用，不妨把决定权交给法官，法官决定行政强制措施体现了决定的审慎，意味着该行政强措施适用的适当性与必要性，有利于维护法律尊严和警察执法权威。

（三）内化民众的执法认同

警察的执法权威只有获得公众的认可，并在认可的基础上达成合意，公众才能从心里自愿服从，认可警察的执法权威。尽管这种服从个别成员不愿接受，但如果这种权威是社会群众共同认可的，如果不遵从会遭到来自其他社会群众的集体施压，那么个别成员也会服从这种权威而非反抗。警察的执法权威要获得一种持久稳定的影响力，单纯的命令不足以维持其持久性，警察在执法活动中展现的个人能力和素质，对公民自觉服从警察有深远的影响。如果公民对警察的服从是出于信任警察的能力，而不仅仅因为法律强行的规定，警察在执行公务时又能充分考虑民意，警察执法权威就会不断强化。我国公安民警应不断提高业务能力，坚持服务为民的思想，坚持以人为本的观念，正确处理打击与服务的关系。自觉规范自己的行为，加强为人民服务的本领，树立正确的权力观，以让人民满意的工作标准来执法工作，塑造人民警察正义的社会形象，这样公民才能自觉服从警察的执法权威。

（四）建设良性的警察公共关系

借助新闻媒体加大警察的正面宣传，正确引导社会舆论对警察的评价报道，积极宣传优秀的警察事迹，树立警察的光辉形象，创造良好的舆论环境。对于公众关注的涉及警察的事件，应主动公开宣传报道，减少造谣传播的机会。对于侵犯警察正当执法权益的事件进行重点宣传，让群众了解阻碍警察执法的社会危害性，理解维护警察执法权威的重要意义，避免群众对警察执法的误解，改变其错误的看法和行为，共同维护警察执法的权威。在宣传警察正面形象的同时，应准确把握宣传尺度，不能过度美化，容易造成公民对警察的期望过高或逆反不信任的心理。以往过度的宣传，造成公民有困难找警察的观念根深蒂固，认为警察是万能的，一旦警察不处理或处理结果不满意就造成群众对警察的不满，从而降低警察的执法权威。因此，在正面宣传警察形象时应把握好尺度，警察执法范围和能力也受社会规律的限制，警察并非万能的，让公民了解警察的真实执法情况，有利于公民理解警察的执法行为，更好地配合警察的执法，共同促进警察执法权威的增强。

（五）完善法律法规的内容

在现有的法律法规中，关于警察执法权益的条文都湮没于公众的合法权益之中，没有突出警察的特殊身份和地位，不能很好地维护警察的合法权益。因此我国刑法需要单独设立袭警罪名，这样有利于警察更好地打击犯罪，威慑犯罪嫌疑人的暴力反抗，从而维护警察执法权威。国家法律应明文规定警察执行公务时，公民任何反抗警察执法的肢体接触行为都被视为违法，警察有权力基于保护自己的人身安全，对对方采取强制手段。应更加准确规定警察使用武器、警械的条件、方式等内容，放宽警察使用警械武器的限制，以便警察在处理犯罪分子时敢于运用警械和武器维护公众利益，这样既有利于警察的执法权威，也能保障警察自身的权益，减少警察的伤亡。

五、结语

重塑警察权威是社会转型期发展的迫切需要和必然要求，对于公安机关来说既是机遇也是挑战。在此次公安部的慰问和发布条例的状态下，看出我国维护警察执法权威的情况迫在眉睫，维护警察执法权威将会更有利于中国社会的治安，有益于中国社会的发展，更好地实现中华民族的伟大复兴。

中国辅警制度行政委托模式探究

戴明睿[*]

内容摘要：随着警力不足等问题的日益突出，辅警所扮演的角色及其法律地位日渐受到学界和业界的广泛关注。由于缺乏完善的制度体系以及制约其发展的内外因素较多，在执法过程中辅警的不规范行为时有发生，严重影响了辅警作用的发挥。本文通过将行政法中的行政辅助理论和行政委托模式等相关行政法理论与辅警的法律实践相结合，并参考辅警制度在国外和其他地区的发展情况，重点分析在现行司法改革的背景下我国辅警制度存在的诸多问题和解决方案，旨在探讨建立中国辅警制度行政委托模式的必要性与具体的建议和措施。

关键词：辅警制度　行政委托　警务管理

一、引言

长期以来，辅警的主体法律地位没有得到成文法律法规的明确，这给辅警的存在和管理带来了诸多障碍和不便。辅警的存在符合人类对安全和秩序价值的追求，合乎法律目的性。由于法律法规并没有明确的规定，所以从现在的各种学说和理论中看，很多专家认为辅警符合基于行政委托关系的国家工作人员的身份定位，而还有些专家认为辅警则更符合基于行政辅助关系的合同制的非人民警察身份的人员。辅警自身则相对于警察具有从属性、服务性、简单事务性等特征。

---

　*　戴明睿，中国人民公安大学宪法学与行政法学研究生。

辅警作为协助警察履行任务的重要力量，其存在的目的是缓解正规警力不足、维护社会治安。近年来，辅警在我国诸多地区得以广泛适用，在产生显著社会效果的同时，也出现了颇多的问题，譬如辅警参与执法时产生的问题、辅警队伍的管理问题，等等。这些问题的出现，若找不到解决的方法，必然会影响辅警作用的发挥，与建立辅警的初衷相悖，甚至有些地区辅警立了废，废了立，却仍不从根源上加以重视，忽视辅警存在的种种问题，怠于寻找解决问题的途径，从而导致了恶性循环，显然阻碍了辅警制度的发展与完善[1]。辅警法律地位不明确的现状，严重阻碍了辅警队伍的健康成长，成为辅警建设中亟待解决的问题[2]。

辅警与人民警察一样，都是社会治安防控体系中的重要主体，其目标都是为了维护社会治安秩序的稳定。作为公安机关最得力的助手，辅警在加强公安基础工作的同时，有效缓解了警力不足、节约了行政成本，有效打击了违法犯罪活动，维护了社会稳定。但长期以来由于缺少相应的立法规范，辅警存在着法律地位不明确、职责权限不清晰、管理不规范等问题。对中国辅警制度行政委托模式的探讨有利于消除对辅警的质疑和否定，有利于辅警在职责范围内依法执行任务，防止失职行为的发生，有利于辅警在履行职责过程中，自觉接受社会监督，不断加强自身修养和建设。

二、辅警制度在域外的发展情况

（一）英国辅警制度

英国辅警起源很早，早在英国国王统治时期就已经出现了早期的辅警。在1285年，英国通过法令，建立治安官制度，通过法律授权的形式授予治安官盘查询问权，对于图谋不轨者进行抓捕。在光荣革命之后，伴随着第一次工业革命，英国也开始通过议会颁布有关警察方面的法律，以此来明确警察职责，在这一系列的法令中，辅警制度也是其中不可或缺的内容。《1831年辅警法》更是以立法的方式对辅警的法律地位，辅警的权利义务，辅警的招募机制、晋升待遇等做出了详细的规定。在之后一次次地对这部法律作出相关修改和完善，逐步形成了英国的现行辅警制度。

---

〔1〕 汪珏："辅警参与执法规范化问题研究"，西南政法大学2014年硕士学位论文。

〔2〕 参见赵永昌："论辅警的法律地位及特征"，载《科技信息》2012年第34期。

英国辅警是典型的行政委托模式，以立法的形式制定辅警方面的法律法规，将一部分警察的行政职权授给招募的辅警，使他们拥有执法权，能够以自身的名义对社会中违反法律规定的行为作出处罚，对严重扰乱社会秩序的嫌疑人进行逮捕，并在一定程度上享有行政优先权和一部分的豁免权。能够佩戴枪械这是与其他的国家和地区差别最大的地方。英国通过这种行政授权方式使得辅警能够很好地帮助警察，控制现场秩序，高效地解决犯罪问题，缓解警力不足的情况，使社会秩序更加稳定。但是其辅警来源更多是各行各业的志愿者，使得辅警执法的规范化问题被更广泛地讨论。

（二）美国辅警制度

美国辅警相比于英国来说起源较晚，但也经过了近百年的发展，早在1919年，第一次世界大战时期，虽然战火并未波及美洲大陆，但因为美国是移民国家，导致大量的警察加入军队前往欧洲大陆参加对轴心国的战争。国内安全防范力量的空虚使得家庭自卫联盟等类似的民间力量应运而生。这些民间力量响应政府号召，志愿加入维护城市治安的队伍之中，有效地打击了犯罪，使家乡井然有序，对维护公共安全起到了极大的推进作用。这就是美国现在各个州、特区、市辅警的前身。而随着战争的结束，各个州府的"辅警"队伍也出现了极大的变动，很多之前已形成相应组织的"辅警"队伍相应解散，只留下一些以志愿者为主的治安防控队伍。而随着第二次世界大战的结束，冷战的爆发，美国在1950年决定加强民间防护力量，通过提高民众自身安全意识和相关防卫技能来使得整个国家更有秩序，更加安全。因此《1950年民防法》的出台，授权通过美国民防计划，而在这一计划中，辅警是其中很重要的一环。在全国性的法规作出了相应的规定之后，美国各个州的立法机构也纷纷根据各个州的具体情况出台了与辅警相关的法律规定，如《纽约州紧急防卫法》等一系列法律文件，这也标志着辅警制度在美国的确立，辅警的法律地位也得到了相应的明确，辅警的相关职责得以确立。而随着辅警制度进一步的发展，美国各个州府的辅警也逐渐开始统一称呼为 Auxiliary Police [1]。

美国的辅警制度是以基本工作时间来约束辅警人员的，虽然美国对于辅警人员的招录有相关机制，如必须具有一定的工作，无犯罪记录等其他条件，

---

[1] 参见栗长江："英美辅警体系研究：比较与借鉴"，载《政法学刊》2010年第2期。

但这种机制对于辅警人员行业、学历条件和年龄等并没有像正式警员一样有严格的要求，其更多是以一种鼓励其从事志愿活动的方式来进行。美国法律明确规定，辅警不是警察，没有相关执法权，只能从事一些辅助类工作，如开车进行巡逻、对于犯罪行为只能及时报告或者适当预防，这是与英国、香港等不一样的地方。但也由于美国自身执法环境的原因，很多州府的警局开始给辅警配发一些警用装备，以便更好地防身或制止犯罪。美国的辅警更偏向一种行政助手的地位，只是更好地为美国正式警员提供帮助，但这种定位也会使得美国辅警防止犯罪的能力有限，无法更好地达到维护社会秩序的稳定，保护人民生命和财产安全的目的，同时也在一定程度上造成了人力资源的浪费。

（三）香港辅警制度

香港在清朝末年在鸦片战争中被清政府割让给英国，香港在英国的殖民统治之下，经济和法制都取得了一定程度的发展，尤其是香港司法体系是承袭于英国的海洋法律体系，在这种法律体系下，香港再结合自身执法现状如曾被日本所攻占、大陆迁移居民众多等情况，香港的辅警制度也具有了与其他国家和地区，尤其是与内地辅警制度不同的自己的辅警制度。

香港辅警队伍成立时间早，其早在 1914 年就已经成立，那时的国际社会，第一次世界大战的爆发席卷欧洲，作为英国殖民地的香港由于英国人纷纷回国参加战争，出现了社会管理人员尤其是治安管理人员的严重不足，因此香港通过立法会的相关立法成立了"特别警察后备队"，这就是香港辅警最早的队伍。在 1956 年，香港爆发八七暴动，社会治安陷入极大混乱，从一开始的罢工到最后的炸弹，在香港政府极力维护社会稳定的过程中，香港辅警在其中发挥了重要作用，香港政府通过决议把之前成立的两支特别警察后备队和特别警察队进行合并，正式改名为香港辅助警察。其后，香港政府通过相关法律程序，制定了《香港辅助警队条例》，以正式的法律文件的形式明确了香港辅警的法律地位，执法权的大小，组织架构和职责范围，警区划分，晋升待遇等一系列内容。

相比于内地辅警，香港辅警文化水平高，管理能力强，法治程度高，有明确的法律地位，作为辅助警察并拥有一定的执法权，与英美国家的社会管理论相契合，在《香港辅助警队条例》里明确规定，香港辅警在执行治安管理等任务时享有一定的执法权，这种执法权是与香港警队警员的执法权相同，都有引导管理等职能，并可以承担相应责任。这就强调了香港辅警是具有法律法规明确授权的行政主体，而不是只能进行相应辅助工作而无执法权的行政助手，这就是香港辅警与大陆辅警之间最明显的区别所在。香港辅警在正式警员从事其他重要执法工作或任务时，能够按照法定程序对社会治安、交通等方面进行相应的维护，并能对自己作出的执法行为承担相应的责任，真正做到有法可依，在法律的规定下进行执法活动，受到法律的监督和保护，从根本上消弭因执法权不明确而产生的问题，从而更好地辅助香港警察履行职责，更有效率地维护社会的稳定，保护人民群众的生命财产安全。

辅警队伍是社会管理过程中不可或缺的力量，它可以通过低成本的人力投入换来高回报的社会秩序的稳定，而香港辅警通过几十年的不断探索，最终以制定管理条例的形式明确了辅警这一社会维护力量的法律地位，使得辅警执法能够合法化、规范化，在法律的框架下进行相应的社会管理行为，使公民能够通过法律方式来对其进行更好的监督，避免了执法的无序性和随意性，也通过对辅警队伍的系统培训，提高辅警的法律意识和执法能力，使其在以后的执法工作中更加规范合法。而通过立法形式来明确法律地位是一种行政委托的表现形式，其本质也是跟英美国家内社会管理的理论息息相关的。这种社会管理理论认为社会的管理不仅仅是由政府一方主导的，而应该是政府和民众力量的结合，这样能够从多方面对社会进行更好的管理，而在治安方面，香港这种辅警制度就是这种理论的产物。香港辅警大都不是全职辅警，而更多的是一些居民所做的兼职，他们主要也是在警力不足时给正式警员提供一种人手方面的帮助，而这种帮助因培训而变得正规化，也因法律的授权而变得合法化。

香港的辅警制度是英美法系法治理念的产物，在明确了政府与民众相结合的方式对社会治安进行管理的前提下，通过相关的立法，明确香港辅警的法律地位为一种行政授权行为，将自己职责范围内的事务通过法律授权给社会力量即辅警队伍来行使，已达到能够更好地对社会秩序进行管理，更有效地解决社会纠纷，维护整个城市安宁的目的。

三、中国辅警制度的现行问题

在中国进行司法改革的背景下，在建设服务型政府的要求中，我国的公安民警更多面临两个方面的挑战，即如何更好地服务人民群众，解决人民群众的生活所难和如何更有效地打击犯罪，降低城市犯罪率，使人民群众的生命财产安全能够更好地得到保障。但在应对这两方面挑战的过程中，因为执法环境复杂程度加剧，高科技手段的犯罪如电信诈骗、网上赌博层出不穷，我国人口基数庞大，人民警察在面对这两个挑战时会出现严重的警力不足问题，所以如何更好地兼顾这两方面是我们现今警察工作过程中所面临的最大问题。虽然公安部也针对上述问题出台了相关对策，比如明确报警电话中哪些属于警察管理的内容、不断研发新型警用装备并向基层普及，但都无法从根本上缓解警力紧张。而辅警则是解决警力紧张问题的有效方法之一。通过对辅警人员的相关培训，加强辅警人员的相关法律知识和执法技能，使其面对更复杂的执法环境，能够更有效地发挥其作用，缓解警力紧张，使共和国的警察队伍能够更好地服务于人民，更有效地惩治犯罪行为。

　　辅警虽然能够在一定程度上弥补我国警力不足，缓解社会矛盾，为更好地服务于人民群众和建设法治社会贡献自己的力量，但其法律地位不明确，是否拥有执法权，拥有何种执法权的问题一直在制约着我国辅警制度的发展。因为没有一部具体的法律，在全国各个地方的公安机关都有彼此不同的辅警招募和管理制度，这些门类众多但又不规范的管理方式滋生出地方辅警不作为、乱作为的情况，不断激化社会中的警民矛盾，不仅无法达到维护社会和平稳定的目的，反而对政府公信力造成不良影响。尤其是因为辅警的法律地位不明确，导致辅警经常在行政助手模式和行政委托模式之间摇摆，作为行政助手，只对民警进行辅助，面对社会上的违法行为，因为没有相关的执法权无法进行有效的制止，导致事态的恶化，公民的生命财产遭到极大破坏；而有没有法律法规对其委托行为进行相关的规范，导致无法对自己的行为承担法律责任，如交通辅警对乱停乱放车辆作出的违法停车记录告知单，虽是以民警的名义对其进行处罚，但整个的执法行为都是由辅警作出，其执法过程的合法性有待商榷。因此针对上述问题，结合国外经验和国内实际，探索一种辅警制度的新模式势在必行。

四、中国辅警制度的行政委托模式

　　行政委托是指行政机关在其职权职责范围内依法将其行政职权或行政事

项委托给有关行政机关、社会组织或者个人，受委托者以委托机关的名义实施管理行为和行使职权，并由委托机关承担法律责任[1]。针对辅警的行政委托，其实质就是根据法律的相关规定，公安机关根据行政执法过程中的实际情况，将一部分的行政职权委托给辅警来行使。这种只将一部分的职权委托出去的行为，既能使辅警在这一部分职权范围内充分行使自己的权力，高效地管理社会事务，又能将辅警的职权限定在这一部分内，使辅警不滥权，对于不属于自己职权范围内的活动不插手不乱作为。辅警制度的行政授权模式通过法律法规的直接规定明确了辅警的法律地位，使得辅警在维护社会秩序的过程中有法可依，按照法律的规定行使职权，能够使公安机关对辅警自身作出的行为承担责任。

我国现在辅警基数大，据不完全统计我国辅警已达到近 200 万人，有些地方的辅警已经出现了人数是正式民警两倍的情况。针对这种现状，行政委托模式可以明确辅警的职权和职责，真正将辅警的作用发挥到最大。各地公安机关可以针对执法过程中的具体问题，将一些服务性的工作或文职工作授权给辅警来完成，既能满足人民群众对于公安机关加强服务工作的要求，又能将更多的警力释放出来投入到更复杂的执法工作中，如将户籍民警的程序性的审批工作交给辅警完成，对于办身份证，户口本等事务对辅警进行简单培训之后委托给他们进行，民警只对其工作进行相关的指导监督，达到让更专业的人办更专业的事情的目的。而对于执法活动，可以委托辅警从事一些巡逻、疏导交通、维护公共秩序等预防引导工作，可派遣少量的正式民警对辅警工作进行相应的指导，即可达到保障社会秩序正常运行的目的，充分发挥辅警的人力优势。

这种行政委托模式又与英国、香港等地区的模式不一样，根据我国的现状，按照法律招募的辅警成员应为全职辅警。虽然通过志愿者的形式能够使公民广泛参与，但针对复杂的执法现状，警察要 24 小时保障人民群众生命财产安全，只有全职辅警才能更好地便于公安机关的管理，能够及时有效地处理突发事件，维护社会秩序。全职辅警也能更全面地接受公安机关的法律知识和执法技能的培训，不断提高自己的规范化意识，更好地为人民服务。

---

〔1〕 参见王贝贝："浅析治安案件的办理程序"，载《法制与社会》2015 年第 2 期。

五、结论

通过粗浅的相关探讨我们不难看出，行政委托模式与我国现行的辅警制度相结合的做法，可以极大地解放警力，与辅警制度建立的初衷相适应。此举利于辅警在受委托范围内行使职权，又保证了辅警不滥用职权。此外，亦可建议将部分简便易操作的行政工作交由辅警完成，保证效率，缓解警力紧张的问题。同时，也应当重视提升辅警的道德修养、专业素养和执法态度，加强辅警在相关方面的培训，在执法水平上加以保证。通过上述做法，较大程度上保证了辅警制度的有效实施，充分发挥其在我国现行司法体制下的重要作用，利于帮助公安机关在不断提高自己服务质量的同时，实现更好地维护社会秩序，打击违法犯罪的目的。

参考文献：

[1] 张洪波："辅警的主体定位及规范"，载《法学》2011 年第 9 期。

[2] 闵剑："辅警队伍规范化建设问题研讨"，载《公安研究》2011 年第 5 期。

[3] 王金鑫："对国际辅警制度的考察与有效借鉴"，载《成都大学学报》2008 年第 2 期。

[4] 周磊、李安娜："关于我国辅警的几点思考"，载《四川警察学院学报》2008 年第 4 期。

[5] 胡建淼：《行政法学》，中国人民大学出版社 2014 年版。

[6] 孟昭阳、高文英主编：《行政法与行政诉讼法学》，中国人民公安大学出版社 2012 年版。

图书在版编目（ＣＩＰ）数据

警察法学论文集/中国人民公安大学法学院编.—北京：中国政法大学出版社，2018.5
ISBN 978-7-5620-8314-6

Ⅰ.①警… Ⅱ.①中… Ⅲ.①警察法－法的理论－中国－文集 Ⅳ.①D922.141-53

中国版本图书馆 CIP 数据核字(2018)第 124664 号

出 版 者	中国政法大学出版社
地　　址	北京市海淀区西土城路 25 号
邮寄地址	北京 100088 信箱 8034 分箱　邮编 100088
网　　址	http://www.cuplpress.com（网络实名：中国政法大学出版社）
电　　话	010-58908285(总编室) 58908433（编辑部）58908334(邮购部)
承　　印	保定市中画美凯印刷有限公司
开　　本	720mm×960mm　1/16
印　　张	20.25
字　　数	330 千字
版　　次	2018 年 5 月第 1 版
印　　次	2019 年 1 月第 2 次印刷
定　　价	78.00 元